見ひらきで学べる Javaプログラミング

古井 陽之助　神屋 郁子　下川 俊彦　合志 和晃［著］

近代科学社

◆ 読者の皆さまへ ◆

平素より，小社の出版物をご愛読くださいまして，まことに有り難うございます．

(株)近代科学社は1959年の創立以来，微力ながら出版の立場から科学・工学の発展に寄与すべく尽力してきております．それも，ひとえに皆さまの温かいご支援があってのものと存じ，ここに衷心より御礼申し上げます．

なお，小社では，全出版物に対してHCD（人間中心設計）のコンセプトに基づき，そのユーザビリティを追求しております．本書を通じまして何かお気づきの事柄がございましたら，ぜひ以下の「お問合せ先」までご一報くださいますよう，お願いいたします．

お問合せ先：reader@kindaikagaku.co.jp

なお，本書の制作には，以下が各プロセスに関与いたしました：

・企画：山口幸治
・編集：安原悦子
・組版：藤原印刷（LATEX）
・印刷：藤原印刷
・製本：藤原印刷
・資材管理：藤原印刷
・カバー・表紙デザイン：藤原印刷
・広報宣伝・営業：山口幸治，東條風太

まえがき

本書は、プログラミングに興味をもってくださった皆さんが、楽しくプログラミングを学び身につけることを目標とした入門書です。

私たち著者一同の合言葉の1つが **プログラミングは楽しい** です。プラモデルを作ったり音楽を作曲したり料理を作ったり、何かを作り出すことには楽しさがあると私たちは考えています。そして、その楽しさは、もちろんプログラミングにもあります。楽しさを伝えるのは簡単ではないとは思います。本書を片手に、ぜひプログラミングを実践してみてください。その体験から、楽しさを感じていただければ嬉しいです。本書を通じて、読者の皆さんに、この楽しさが伝わりますことを期待しています。

本書では、Java（ジャバ）という言語を通してプログラミングを学んでいきます。詳細は第1章で述べますが、Java は 1995 年に登場しました。プログラミング言語の世界では、次々に新しい言語が生まれてきます。その中で、Java は既に歴史ある言語の1つといったほうが適切でしょう。その歴史を重ねる中で、携帯機器のプログラムから金融系のプログラムのようなものまで、さまざまな分野で幅広く利用されています。

本書は、九州産業大学理工学部情報科学科（そして、その前身である情報科学部）で、1, 2 年生の学生を対象として 10 年以上にわたって実施してきたプログラミング入門系科目の内容を書籍としてまとめたものです。したがって、もともとは大学の授業の教科書として使うことを想定して作成しましたが、独習の際にも役に立つよう配慮しました。教科書として使う場合のシラバス案は次節に載せています。本書は、まえがきと第1章を下川、第2章・第7章を合志、第3章から第6章を神屋、第8章から第12章を古井が主に執筆しました。

▶［シラバス］
大学における講義計画のことをシラバスといいます。

本書の出版にご尽力くださった近代科学社の山口幸治氏、安原悦子氏に心よりお礼を申し上げます。また、本書のドラフト段階の原稿に対して、受講生の皆さんからの意見をもとに改善を進めることもできました。協力していただいた受講生の皆さんに感謝いたします。

令和元年　著者一同

本書の読みかた

本書では、1つの項目は見ひらき2ページで説明するようにしています。適宜側注で説明を付記していますが、これらについてはかならずしも読まなくてもかまいません。また、「《発展》」と記述された節についても、当初は読みとばしていただいてもかまいません。

▶[側注]
これが側注の例です。

本書にはたくさんのプログラム例が記載されています。その中でも特にリストのタイトルに Sample05_07_Cart.java のようにファイル名がついているものは、ぜひ実際に動かしてみてください。

シラバス案

前述のように本書の内容は、私たちが大学における講義で伝えてきた内容をまとめたものです。私たちは、本書の前半を1年生の後期に15回の講義で、本書の後半を2年生の前期に15回の講義で授業しています。

本書を大学の教科書として利用される場合の参考として、半年間（15回）の講義する場合（表1）と、私たち同様1年間（30回）の講義で使う場合（表2）のシラバス案を示しておきます。これは本書を使って独習されるかたにとっても、学習の進度の目安としてお役に立つのではないかと考えています。

表1　半年コースのシラバス例

回数	内容	本書の章・節
1	ガイダンス	第1章
2	はじめてのプログラミング	第2章
3	変数と演算	第3章
4	条件分岐	第4章
5	繰返し	第5章
6	配列	第6章
7	メソッド	第7章
8	クラスと参照型	第8章
9	前半のまとめ	第1章〜第8章
10	インスタンスメソッドと修飾子	第9章
11	コンストラクタと多重定義	第10章
12	継承	第11章
13	インターフェースとライブラリ	第12章
14	後半のまとめ	第9章〜第12章
15	プログラミング演習	全体

表 2　1 年コースのシラバス例

回数	内容	本書の章・節
1	ガイダンス	第 1 章
2	はじめてのプログラミング	第 2 章
3	変数	3.1 節〜3.4 節
4	演算と式	3.5 節〜3.8 節
5	条件分岐 (1)	4.1 節〜4.3 節
6	条件分岐 (2)	4.4 節〜4.6 節
7	繰返し (1)	5.1 節〜5.4 節
8	繰返し (2)	5.5 節〜5.7 節
9	配列 (1)	6.1 節〜6.4 節
10	配列 (2)	6.5 節〜6.7 節
11	メソッド (1)	7.1 節〜7.5 節
12	メソッド (2)	7.6 節〜7.7 節
13	クラス	8.1 節〜8.4 節
14	参照型	8.5 節〜8.8 節
15	前半のまとめ	第 1 章〜第 8 章
16	前半の復習 (1)	第 1 章〜第 5 章
17	前半の復習 (2)	第 6 章〜第 8 章
18	インスタンスメソッド (1)	9.1 節〜9.3 節
19	インスタンスメソッド (2)	9.4 節〜9.6 節
20	メソッド (3)	9.7 節〜9.9 節
21	コンストラクタ	10.1 節〜10.3 節
22	メソッドの多重定義	10.4 節〜10.5 節
23	コンストラクタの多重定義	10.6 節〜10.7 節
24	継承 (1)	11.1 節〜11.4 節
25	継承 (2)	11.5 節〜11.8 節
26	インターフェース	12.1 節〜12.5 節
27	パッケージ・その他	12.6 節〜12.8 節
28	後半のまとめ	第 9 章〜第 12 章
29	プログラミング演習	全体
30	全体のまとめ	全体

サポート

本書読者のための Web ページがあります。Java プログラミングに必要な開発環境の導入方法や操作方法は本書の第 2 章でも説明していますが，より詳しい説明については下記 URL からご参照ください。

https://www.kindaikagaku.co.jp/support.htm

目　次

第 1 章

Javaプログラミングへの招待

▶▶▶ねらい

本章では、まず、本書で学ぶプログラミング言語 Java について概説します。次に、プログラムが実行されるときの流れについて説明します。この際に、プログラミングを学ぶ上で知っておくと便利なフローチャートについても簡単に説明します。最後に、 Java プログラミングの際に利用する統合開発環境について説明します。

この章の項目

Java
プログラミング
統合開発環境

1.1 プログラミング言語Java

いまやインターネットがない生活を想像することは難しいのではないでしょうか？ インターネットを使うとき、皆さんの手元には、スマートフォンや PC があると思います。あまり意識しないかもしれませんが、スマートフォンはコンピュータの一種です。また、近年はカメラや気象センサーなどさまざまな機器がインターネットにつながるようになりました。実は、これらの機器も中にはコンピュータが入っています。インターネットを離れても、家庭の中のエアコンやテレビなどの家電、街中の自動販売機、駅のデジタルサイネージなど、多くのものがコンピュータを内蔵しています。そして、それらを動かしているのが **プログラム** です。プログラムはいわばコンピュータに対する指示書です。

▶［さまざまな機器］
さまざまな機器がインターネットにつながってきていることを、IoT（Internet of Things, モノのインターネット）といいます。

プログラムを書くことを**プログラミング**といいます。プログラミングのためには、**プログラミング言語**を使います。本書では **Java** というプログラミング言語を通して、プログラミングを学びます。

ここで Java の歴史について簡単に触れておきましょう。Java はサン・マイクロシステムズという会社で開発され、1995 年に初めて公開されました。その後、サン・マイクロシステムズはオラクルという会社に買収され、Java の権利も同社に移りました。Java は、C や C++ といったプログラミング言語を先祖とし、より容易に、そして、より安全なプログラムが開発できることを目的に開発されました。身近なところでは Android を使ったスマートフォン上のアプリを開発するための標準的な言語が Java です。インターネット上で動いているさまざまなサービスも Java で書かれています。

IT の分野は進化がとても速いことは、多くの方がご存知でしょう。プログラミング言語の世界も同様にとても進化が速いです。新しいプログラミング言語が次々に現れています。20 年以上も前に公開された Java は、歴史も実績もある言語の 1 つといえるでしょう。では、すでに過去の言語なのでしょうか？ そんなことはありません。本書を執筆中の 2018 年に、Java のサポートポリシーが変更されることが発表されました。これはプログラミング界隈ではとても大きな話題になりました。これは Java が今も広く利用されていることの証拠です。

ここで、Java のサポートポリシーの変更について簡単に触れておきましょう。従来、Oracle が幅広い範囲で無償サポートを提供してきました。これが一部有償化されることになりました。しかし、プログラミングの学習をするうえにおいては、従来どおり無償で Java を使い続けることができます。また、商用利用する場合にも Oracle 以外が提供するサポートを利用する方法もあります。

▶［サポート］
軽視されがちですが、プログラミング言語に限らず、ソフトウェアではサポートが得られることは非常に重要です。

安心して Java を使ってプログラミングを学びましょう。

プログラムの実行方式

Java で書かれたプログラムは、さまざまな種類のコンピュータで実行することができます。このしくみについて順を追って説明します。

実はコンピュータは、人間が Java で書いたプログラムをそのまま実行することはできません。コンピュータが直接実行できるのは、**機械語**という言語で書かれたプログラムだけです。これは、母国語しか知らないひとが、外国語で書かれたり話されたりした指示を理解することができないのと似ています。コンピュータにとっての母国語は機械語です。コンピュータの頭脳にあたる **CPU** にはたくさんの種類があり、それぞれ異なる機械語を使います。

また、コンピュータも頭脳だけでは指示を実行できませんから、**オペレーティングシステム (OS)** とよばれる基本ソフトウェアで全体の動作を管理します。OS にも複数の種類があります。人間にたとえると、国や地域によって礼儀作法が違ったり、ひとによって気質が違ったりして、指示の書きかたや与えかたも一通りではないようなものです。

それでは、これから読者の皆さんが作る Java のプログラムをコンピュータはどうやって実行するのでしょうか？

一般に、人間の書いたプログラムをコンピュータが実行するときの方式には 2 つあります。1 つは、プログラムを事前に翻訳する**コンパイラ方式**です。翻訳にはコンパイラというソフトウェアを用います。この方式では事前の翻訳作業が必要ですが、いざ実行となると速いのが利点です。これは、外国語の書籍を翻訳するのには時間が必要ですが、翻訳が終われば母国語で速く読めることに似ています。

もう 1 つは、プログラムを同時通訳する**インタープリタ方式**です。インタープリタというソフトウェアを用いることで、一度書いたプログラムをそのままさまざまな種類のコンピュータで実行できるのが利点です。ただし、実行速度ではコンパイラ方式に劣ります。これは、同時通訳を利用すると事前の翻訳は不要であるかわりに、その場でいちいち訳されるので話を進めるのに時間がかかることに似ています。

Java のしくみは、この両方の利点を取り入れた 2 段構えです。まず、Java で書かれたプログラムのファイル（**ソースファイル**）を事前にコンパイラで変換して**クラスファイル**を作ります。次に、このクラスファイルをインタープリタで実行します。この 2 段構えのやりかたでは、事前の変換は必要ですが、クラスファイルはインタープリタが実行しやすいように作られるので、その実行速度は比較的高速です。また、機械語や OS の違いについてはインタープリタとそれに付随する**プログラム群**が調整してくれるので、クラスファイルはさまざまな種類のコンピュータで実行可能です。

▶[機械語]
機械語はコンピュータがわかりやすいように設計されています。このため人間が使うのは容易ではありません。ただし、コンパクトなプログラムを作ることができるという特徴もあるので、人間が機械語を直接使ってプログラミングをすることもあります。

▶[CPU (Central Processing Unit)]
コンピュータの演算処理をつかさどる頭脳にあたる装置です。有名なところでは Intel 社の Core シリーズ、ARM 系の Cortex シリーズなどがあります。

▶[OS (Operating System)]
PC 用では Windows や macOS、スマートフォン用では Android や iOS、サーバ用では Linux や Windows Server が代表的です。

▶[コンパイラ方式]
コンパイラ方式の言語としては C や GO などがあります。

▶[インタープリタ方式]
インタープリタ方式の言語としては Ruby や PHP などがあります。

▶[ソースファイル]
人間が書いたプログラムが保存されるファイルです。Java のソースファイルの拡張子は java です。

▶[クラスファイル]
Java のインタープリタが実行できる形式のファイルです。拡張子は class です。

▶[プログラム群]
クラスライブラリ。12.7 節を参照。

1.2 プログラムの実行の流れ

「プログラム」と聞くと「運動会のプログラム」を思い出す読者は少なくないと思います。「運動会のプログラム」と「コンピュータのプログラム」はとても似ています。

「運動会のプログラム」は、運動会で実施される競技が順に記述されています。「コンピュータのプログラム」は、コンピュータが実行する命令が順に記述されています。表 1.1 に、架空の運動会のプログラムを載せてみました。

表 1.1 運動会のプログラム例

順番	競技内容
1	開会式
2	準備体操
3	短距離走
4	卒業生によるリレー（天候不順のときは中止）
5	クラス対抗リレー
6	閉会式

この運動会では、最初に開会式、次に準備体操、そして短距離走と競技が続くことがわかります。見方を変えると、この「運動会のプログラム」を実行する「参加者」が何をしていくかが順に記述されているということです。「コンピュータのプログラム」では、「参加者」のかわりに「コンピュータ」がその内容を実行していきます。

また、この「運動会のプログラム」は単に競技の順番だけが書かれているわけではありません。4 番目の競技である「卒業生によるリレー」は、「天候不順のときは中止」という条件が書かれています。「コンピュータのプログラム」も、条件によって処理の流れが変わることがあります。

フローチャート

この「運動会のプログラム」のように、処理（ここでは競技）の順番が条件によって変わると表で示すのは少し難しくなります。このようなときには図を使うと見やすくなります。本書では「フローチャート」を使います。図 1.1 は、表 1.1 で示した運動会のプログラムをフローチャートで示したものです。

フローチャートにはさまざまな記述方法がありますが、本書ではその中から「処理」と「判断」の記述方法のみを使います。図 1.1 における長方形の枠が「処理」です。「開会式」や「準備体操」などの処理（競技）が 1 つの長方形に入っています。また、これらの枠は線でつながっていて、上から順に処理が進むことも示しています。

次に「短距離走」の次の枠を見てください。これはひし形の枠になっ

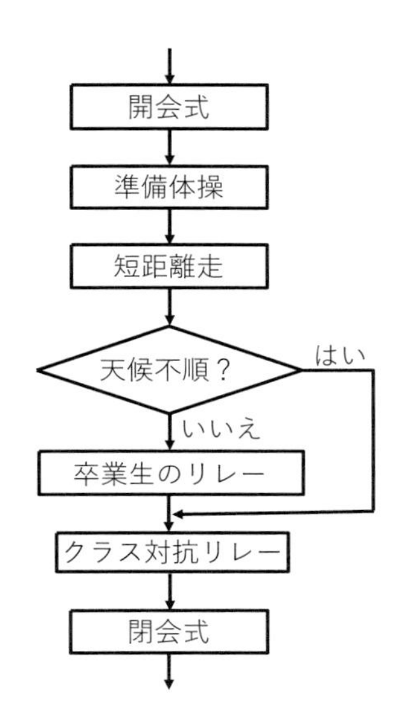

図 1.1　フローチャートの例

ています。これは「判断」を意味します。ひし形の枠の中に「判断基準」を記述します。ここでは「天候不順？」と書いてあります。これがここでの判断基準です。これまでの長方形の枠は 1 本の線が入ってきて、1 本の線が出ていました。つまり処理は一直線だといえます。一方、このひし形の枠は、これまでと異なり 2 本の線が出ています。これは「判断」の結果により、処理が分岐することを示しています。下向きの矢印の横には「いいえ」と書いてあります。つまり「天候不順？」という「判断」の結果が「いいえ」の場合の処理の流れが書いてあります。この線の先は「卒業生のリレー」という長方形の枠になっています。「卒業生のリレー」は通常の処理なので、出ていく線は 1 本です。この次は、「クラス対抗リレー」になることがわかります。さて、先ほどの「天候不順？」のひし形の枠に戻りましょう。右向きに「はい」と書かれた線も出ています。すなわち、「天候不順？」という「判断」の結果が「はい」の場合の処理はこちらになります。この線の先は、「クラス対抗リレー」につながります。このように、「天候不順かどうか」という判断の結果、「卒業生のリレー」が処理（実施）されるかされないかが記述されていることがわかります。

このように、フローチャートを用いることで、処理の流れをわかりやすく図示することができます。本書では、第 4 章以降でフローチャートを使ってプログラムの処理の流れを説明します。

1.3 Javaプログラミングの手順と統合開発環境

ここではJavaでプログラミングをおこなうときの手順の概略を説明します。Javaプログラミングに必要なソフトウェアの導入から活用までの具体的な手順は、次の第2章で説明します。

プログラミングの手順

それでは、プログラミングをする際の手順について説明しましょう。以下のような手順をとるのが一般的です。

1. プログラムを記述する。
2. プログラムを実行形式に変換する。
3. プログラムを実行する。
4. プログラムのバグを取り除くために1. に戻る。

▶[バグ]
プログラム中の誤りのことです。バグを取り除くことをデバッグといいます。

1. のために、一般的にはエディタというソフトウェアを使います。Windows上で標準で利用可能なエディタとしてはメモ帳があります。プログラミング用としてVisual Studio Codeやemacs, viなどのエディタも広く利用されています。この1. の結果としてプログラムが記述されたファイルがソースファイルです。

▶[javac]
Java 11という版からは、javacを使わずにJavaのプログラムを実行する機能が追加されました。2.6節の側注を参照。

2. のために、コンパイラを使います。Javaのコンパイラはjavacというソフトウェアです。この2. の結果としてクラスファイルが生成されます。

3. のために、Javaではjavaというソフトウェアを使います。

統合開発環境

このように、プログラミングでは、エディタ、コンパイラなどさまざまなソフトウェアを利用する必要があります。これは入門者の方には、かならずしも容易ではありません。これを避けるために、**統合開発環境**というソフトウェアが存在します。統合開発環境を使うと、それだけで、上述のすべての手順をおこなうことができます。

プログラミングを学ぶ上では、独立したエディタやコンパイラを使ってもかまいませんし、統合開発環境を使ってもかまいません。ただ、入門の時点では、統合開発環境を使うのがおすすめです。本書では、**Eclipse**という統合開発環境の利用を推奨します。Eclipseの使いかたについては、第2章で詳しく説明しますので、参考にしてください。

第 2 章

はじめてのプログラミング

▶▶▶ねらい

この章では、 Eclipse の使いかたとプログラムの入力のしかた、実行のしかたを学びます。また、 Eclipse のおすすめの設定やエラーの対処方法についても説明します。 Eclipse が使用できない環境のために、 JDK とエディタを使う方法も必要に応じて参照してください。読みやすいプログラムに必要な、コメントで説明を入れる方法やインデントについても説明します。

この章の項目

Eclipse
入力
実行
JDK
コメント
インデント

2.1 Eclipse (1) 開発環境の導入と設定

2.1〜2.4 節では Windows に Eclipse という統合開発環境を導入して Java プログラミングを始める場合について、その手順を簡単に説明します。Eclipse を使わない場合の開発環境については 2.5 節を参照してください。

▶[統合開発環境]
これらのソフトウェアは更新されていくので、最新版では操作のしかたが本書の記載とは異なる場合もあります。追加情報については本書の公式ウェブサイトを参照してください。

7-Zip のダウンロードとインストール

Eclipse を導入する際には 7-Zip の使用がおすすめです。

1. `https://sevenzip.osdn.jp/` から 7-Zip をダウンロードします。
2. そのファイルをダブルクリックしてインストールします。

Eclipse のダウンロードとインストール

統合開発環境である Eclipse に Java のシステムを一緒にして日本語化した Pleiades All in One を利用すると導入作業が簡単です。

▶[最新版]
本書執筆時点での最新版は、64bit 版の Windows 用なら Eclipse 2018-12 で、32bit 版の Windows 用なら Eclipse 2018-09 です。

1. Web ブラウザを起動し、`http://mergedoc.osdn.jp/` にアクセスします（または「eclipse pleiades」で Web 検索）。
2. Pleiades All in One をダウンロードします。

縦横の表のように Download の文字が書かれたアイコンが並んである中から、縦は Windows 64bit の Full Edition の行で、横は Java の列にある「Download」をクリックしてダウンロードします。

▶[¥]
半角の ¥ は環境やフォントによって円記号「¥」に見えたりバックスラッシュ「\」に見えたりしますが、文字コード上は同じ文字です。

▶[ファイルを展開する場所]
詳しい人は自分の好きな場所でかまいませんが長いパスだとエラーになります。ダウンロードした際の最初のページにある「Windows 上で zip を解凍するときの注意」を読みましょう。

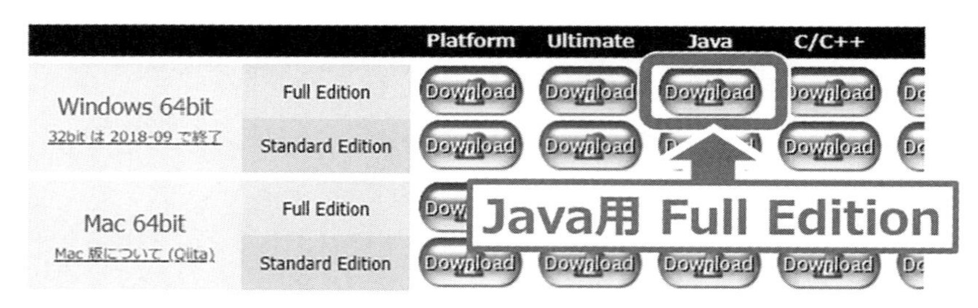

図 **2.1**　ダウンロードするファイルの選択

3. ダウンロードしたファイルを右クリックし、「7-Zip」→「展開...」を選択します。
4. 表示されたダイアログで、展開先を C:¥にします。
5. その下のチェックボックスがチェックされていたらチェックを外します（忘れやすいので注意！）。
6. 「OK」ボタンをクリックします。

Eclipse の実行

ここでは、実行のしかたを説明します。

1. 展開した pleiades フォルダの中の eclipse の中にあるアプリケーション eclipse (eclipse.exe) を実行します。C:¥に展開した場合は C:¥pleiades¥eclipse にあります。

▶ [eclipse (eclipse.exe)]
エクスプローラーにおいてファイル名の拡張子が表示されない場合は「eclipse」、表示される場合は「eclipse.exe」です。種類は「アプリケーション」です。
プログラミングをする上では、フォルダーオプションにおいて「登録されている拡張子は表示しない」のチェックを外してファイルの拡張子が表示されるようにしておくほうが便利なことが多いです。

図 **2.2** エクスプローラー中の eclipse.exe

2. 「ワークスペースとしてのディレクトリー選択」のダイアログが表示されます。ここでは、そのまま「起動」ボタンをクリックします。しばらく待つと Eclipse が起動されます。

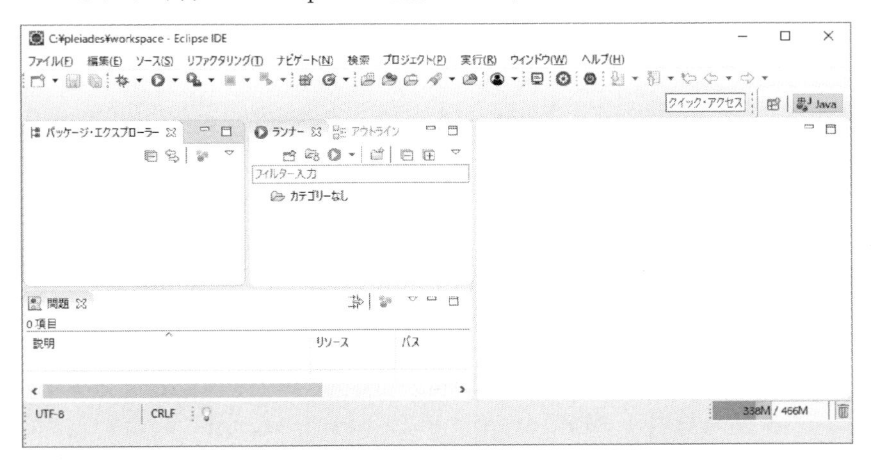

図 **2.3** エクスプローラー中の eclipse.exe

次回以降の起動のためにタスクバーにピン留めしておくとよいでしょう。ピン留めするには、タスクバーに表示されている Eclipse のアイコンを右クリックして「タスクバーにピン留めする」をクリックします。

2.2 Eclipse (2) はじめてのプログラミング

開発環境の準備ができたので、プログラムを作ってみましょう。

▶[プロジェクト]
Eclipse や多くの開発環境ではプログラムの開発に使うファイルをプロジェクトとしてまとめて管理します。
なお、本書のサンプルプログラムを入力するときには章ごとにプロジェクトを作成しましょう。詳細は 2.4 節を参照。

▶[プロジェクト名]
プロジェクト名の先頭のアルファベットは大文字にします。先頭を小文字にすると、クラスを作る際のダイアログに自動的にパッケージ名も入力されて不都合です。

▶[ソース・フォルダー (src)]
もしプロジェクトの中に src というフォルダのアイコンがある場合は、プロジェクトを作る際に設定を間違えたので、プロジェクトを別の名前で作ってそれを使うことをおすすめします。
プロジェクトをいったん削除してやり直す場合は、削除のダイアログで「ディスク上からプロジェクト・コンテンツを削除」にチェックを入れる必要があります。

▶[クラス]
Java でのプログラムの部品の単位です。Java のプログラムはクラスとして作ります。詳しくは 8 章を参照。

▶[Hello.java]
Java のソースファイルの名前には .java がつきます。1.1 節、1.3 節も参照。

▶[クラスの作成]
- package で始まる行がプログラムの先頭にある。
- public static void main (String[] args) がない。

このような場合には、パッケージ・エクスプローラーでソースファイルを右クリックしていったん削除し、クラスの作成からやり直すのがおすすめです。

プロジェクトの作成

1. メニューの「ファイル」から「新規」→「Java プロジェクト」を選択すると「新規 Java プロジェクト」のダイアログが表示されます。
2. プロジェクト名を `Test` と入力します（先頭は大文字）。
3. プロジェクト・レイアウトは「プロジェクト・フォルダーをソースおよびクラス・ファイルのルートとして使用」を選択します（忘れやすいので注意！）。
4. 「完了」ボタンをクリックします。
5. 「No source folder exists in the project.」というダイアログが表示されたら「OK」ボタンをクリックします。

Eclipse のパッケージ・エクスプローラー中に Test というプロジェクトを表すフォルダのアイコンができます。

クラスの作成とプログラムの入力

1. Test のアイコンを右クリックし、「新規」→「クラス」をクリックすると「新規 Java クラス」のダイアログが表示されます。
2. そのダイアログで、ソース・フォルダーが Test になっていることと、パッケージが空（未入力）であることを確認します。もしパッケージに「Test」など何か入力されていればそれを削除します。
3. 名前に `Hello` と入力し、「public static void main(String[] args)」にチェックを入れます（忘れやすいので注意！）。
4. 「完了」ボタンをクリックします。

リスト 2.1 の内容が入力された Hello.java のエディタが開かれます。ここで、4 行目の `public static void main(String[] args) {` と 7 行目の `}` のあいだにある、5 行目の `//` の真下（つまり 6 行目）にプログラムを入力します。しばらくは、それが約束事だと思ってください。

リスト 2.1　はじめてのプログラム（入力前）

```
1
2  public class Hello {
3
4      public static void main(String[] args) {
5          // TODO 自動生成されたメソッド・スタブ
6
7      }
8
9  }
```

プログラムを入力する場所にカーソルを移動する方法として、おすすめは5行目の `// ...　スタブ` の最後（「ブ」の次）をクリックしEnterキーを押して改行する方法です。自動で `/` の真下にカーソルが移動します。他の方法として、6行目に移動してTabキーで位置を調整してもいいです。

入力する内容は、`System.out.println("Hello, World!");` です。`System.out.println();` を自動で入力するために、`sysout` と入力してCtrl＋スペースというキー入力をすることができます。丸カッコ開き「(」と閉じ「)」のあいだにカーソルが移動します。そのままダブルクォート「"」を入力すると、「"」がもう1文字カーソルの後ろに入力されます。さらに、`Hello, World!` と入力します。これで入力が完了です。以下のようになっていることを確認し、保存します。保存は、メニューの「ファイル」から「保存」をクリックします。

リスト 2.2　はじめてのプログラム（入力後）

```
1
2  public class Hello {
3
4      public static void main(String[] args) {
5          // TODO 自動生成されたメソッド・スタブ
6          System.out.println("Hello,␣World!");
7      }
8
9  }
```

プログラムの実行

パッケージ・エクスプローラーのHello.javaを右クリックして「実行」→「Javaアプリケーション」をクリックします。コンソールが表示されて `Hello, World` の文字が表示されたら実行成功です！

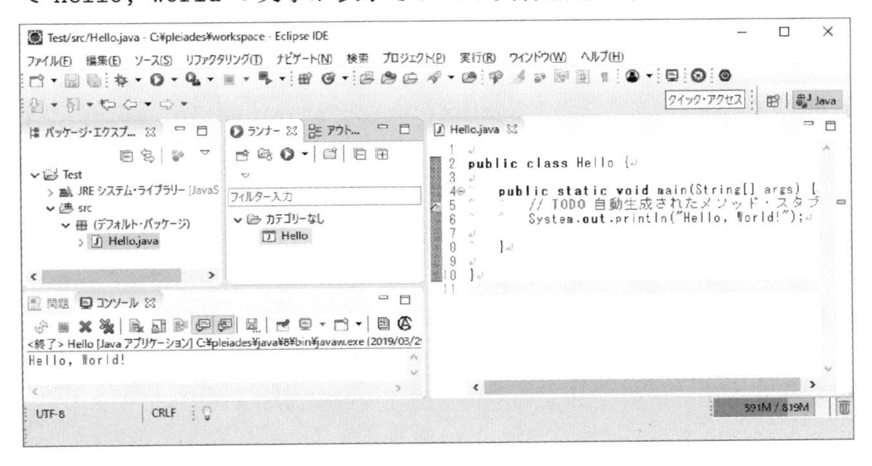

図 2.4　プログラムの実行

▶[System.out.println]
System.out.println は表示の命令です。
「println」の読みかたは「プリントライン」や「プリントエルエヌ」など諸説あります。自分のまわりのひとと話が通じる読みかたで読んでください。

▶[Ctrl+ スペース]
キーボードの左側にあるCtrl（コントロール）キーを押さえながら、スペースキーを1回押すという意味です。

▶[コンテンツ・アシスト問題]
もし「コンテンツ・アシスト問題」のダイアログが表示されたら、「閉じる」ボタンをクリックしてください。

▶[リスト 2.2 の 6 行目]
記号␣は半角スペースを表します。本書のプログラムリストにおいてはこのような記号が使用される場合があります。

▶[うまくいかない場合]
もしうまくいかない場合は、入力ミスがないか確認してみてください。また、次の2.3節も読んでみてください。

▶[再実行]
コンソールを閉じてしまった場合や編集して同じプログラムをもう一度実行したいときはCtrl＋F11で再度実行でできます。

2.3 Eclipse (3) エラーへの対処方法

プログラムに入力ミスなどがあるとプログラムは動作しません。最初のころは、大文字と小文字の間違いや、スペルミスや記号の間違いに気をつけましょう。エラーは、Eclipseが修正の手助けをしてくれます。

エラー例1 セミコロン忘れ

たとえば、`System.out.println("Hello, World!");` のセミコロン「;」がないとどうなるでしょうか？ ためしに「;」を消してみてください。丸カッコ閉じ「)」の下に赤い波線が引かれて、行番号の左に赤いバツ印が現れますね。この部分にカーソルをあわせてみてください。「構文エラーがあります。";" を挿入して BlockStatements を完了してください」という吹き出しが表示されます。「BlockStatements を完了してください」が何を意味するかまだ勉強していなくても、「";" を挿入して」とあるのでセミコロン「;」を入力すれば良さそうというのはわかりますね。このように、吹き出しの表示は間違いを修正する手掛かりになります。

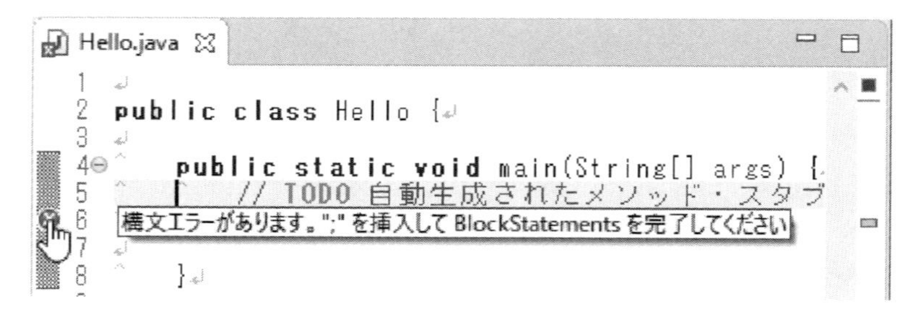

図 2.5 エラーメッセージの確認

エラー例2 ダブルクォート忘れ

他の例も見てみましょう。`System.out.println("Hello, World!");` の2つめのダブルクォート「"」がないとどうなるでしょうか？ ためしに「"」を消してみてください。`"Hello, World!);` の下に赤い波線が引かれて、行番号の左に電球マークと赤いバツ印が現れますね。この部分にカーソルをあわせてみてください。「文字列リテラルがダブル・クォートによって正しく閉じられていません」という吹き出しが表示されます。「文字列リテラル」が何を意味するかまだ勉強していなくても、少なくともダブルクォート「"」に間違いがありそうというのはわかりますね。これも間違いを修正する手掛かりになります。

▶［リテラル］
これが何を意味するかを今すぐ知りたいひとは3.3節を参照。

エラー例 3 大文字小文字の間違い

さらに他の例も見てみましょう。System.out.println の System を間違って system と小文字にするとどうなるでしょうか？ 今度は、system の下に赤い波線が引かれます。電球マークと赤いバツ印にカーソルをあわせると、「system を解決できません」という吹き出しが表示されます。「解決できません」が何を意味するかわかりにくいですね。ただ、少なくとも system に間違いがありそうというのはわかりますね。さらに、電球マークをクリックすると、修正の候補が表示されます。たくさん表示されていますが、「System に変更します (java.lang)」をダブルクリックして修正ができます。

エラー例 4 文字の間違い

さらに別の例も試してみましょう。System.out.println の println をわざと間違えて、print1n のように l（エル）を 1（数字のイチ）に変えてみましょう。フォントサイズが小さいとなかなか気がつきにくい間違いです。電球マークと赤いバツ印にカーソルをあわせると、「メソッド print1n(String) は型 PrintStream で未定義です」という吹き出しが表示されます。「未定義」が何を意味するかわかりにくいですが、少なくとも print1n に間違いがありそうというのはわかりますね。

コンソールでのエラーの表示

エラーを表示するには、実行してみる方法もあります。先ほどの print1n の間違いがあるプログラムを実行すると「ワークスペースでエラー」のダイアログが表示されて、「必要なプロジェクトでエラー：Test 起動を続行しますか？」と表示されます。続行のボタンをクリックするとコンソールに以下のエラーメッセージが表示されます。

▶ [例外 (exception)]
プログラムを実行していると「〜〜Exception」という通知を見ることがあります。このような、プログラムの実行中に生じた不具合や異常状態に関する通知を例外といいます。

リスト 2.3 コンソールでのエラーメッセージ

```
1 Exception in thread "main" java.lang.Error: Unresolved compilation
     problem:
2     メソッド print1n(String) は型 PrintStream で未定義です
3
4     at Hello.main(Hello.java:6)
```

先ほどの吹き出しと同じ内容を含んでいますね。ここで at で始まる行の Hello.java:6 の部分をクリックすると、Hello.java のプログラムを入力するエディタ部分の該当する行が青く選択されて表示されます。そのままキーを叩いて文字を入力しようとすると選択箇所が消されてしまうので一度エディタ部分のどこかをクリックしましょう。

2.4 Eclipse (4) おすすめの設定と操作のコツ

ここでは、Eclipse を使っていくうえでおすすめの設定と知っておくとよい操作のコツを説明します。

▶[プログラミングにおすすめのフォント]
フォントには Ricty Diminished Discord をインストールして使用するとプログラミングで使う文字が見やすくなります。
http://www.yusa.lab.uec.ac.jp/~yusa/ricty_diminished.html
このページで「バージョン」という項目の下の日付部分をクリックしてダウンロードしてください。
なお、URL は変わることがあります。最新情報については本書の「まえがき」からサポートの Web ページを参照してください。

おすすめの設定 1: エディタやコンソールのフォントサイズ

タイプミスを気づきやすいようにエディタやコンソールのフォントを大きめにしておくのがおすすめです。

1. メニューの「ウィンドウ」から「設定」をクリックする。「設定」のダイアログが表示されます。
2. このダイアログで、「一般」→「外観」→「色とフォント」を選択します。
3. 「色とフォント」にて「Java」→「Java エディター・テキスト・フォント」を選択し「編集」ボタンをクリックします。コンソールのフォントの変更の場合は、「色とフォント」にて「デバッグ」→「コンソール・フォント」を選択し「編集」ボタンをクリックします。
4. フォント名やサイズなどを変更して「ＯＫ」ボタンをクリックします。「設定」に戻るので、そのダイアログで「適用して閉じる」ボタンをクリックします。

▶[保存アクション]
プログラムの最初のほうに「import …」という記述があるときに、ここが書き換えられることがあります。

▶[その他の設定]
「設定」のダイアログで、「一般」→「ワークスペース」で文字エンコーディングの設定を変更できます。初期状態では UTF-8 ですが、Windows でよく使われるシフト JIS (MS932) に変更することができます。プロジェクトごとに設定を変えることもできます。プロジェクトを右クリックして「プロパティ」のリソースです。

▶[Java ソースファイル]
Java で書かれたプログラムが保存されるファイルです。名前には .java がつきます。1.1 節、1.3 節も参照。

おすすめの設定 2: 保存アクションの変更

導入時の設定のままでは、Eclipse が Java ソースファイルを更新するときにその一部分を勝手に書き換えることがあります。そこで、この設定を次の手順で無効にしてください。

1. メニューの「ウィンドウ」から「設定」をクリックします。「設定」のダイアログが表示されます。
2. このダイアログで、「Java」→「エディター」→「保存アクション」を選択します。「保存アクション」という項目が表示されます。
3. 「保存アクション」について「保存時に選択したアクションを実行」のチェックを外し、「適用して閉じる」ボタンをクリックします。

本書のサンプルプログラムを入力・実行するには

リストのタイトルに Sample05_07_Cart.java のようなファイル名がついているサンプルプログラムは実行可能です。それを Eclipse に入力して実行するときには、次のようにしてください。

1. 章ごとにプロジェクトを作成します。章ごとにプロジェクトを分けないと、プログラム中のクラス名が重複するなどの干渉が起きてエラーになることがあります。

2. このプロジェクトに新規のクラスとして Java ソースファイルを作成します。このとき、

- パッケージは指定しない。
- 作成するクラスの名前は Sample05_07_Cart のようにファイル名（の拡張子を除いた部分）と同じにする。
- 大文字・小文字や全角・半角の違いに注意する。

操作のコツ 1: パッケージ・エクスプローラーが表示されなくなった

メニューの「ウィンドウ」から「パースペクティブ」→「パースペクティブのリセット」をクリックします。それでも表示されない場合は、メニューの「ウィンドウ」から「パースペクティブ」→「パースペクティブを開く」→「その他」をクリックし、「パースペクティブを開く」のダイアログで「Java（デフォルト）」を選択し「OK」ボタンをクリックします。

▶［パースペクティブを開く］
「Java（デフォルト）」とは別に「Java」「Java EE」「Java 参照」などもあります。取り違えないようにしてください。

操作のコツ 2: クラスの名前を変更したい

クラスの名前を変えようと、public class クラス名 { のところのクラス名を直接書き換えるとファイル名とクラス名が違う名前になってエラーになってしまいます。Java では public クラスのクラス名と、ファイル名（拡張子を除く）は、同じ名前にする必要があります。そのため直接編集するのではなく、クラス名を選択して右クリックし「リファクタリング」→「名前変更」（または Alt + Shift + R）をクリックします。「Enter を押してリファクタリングします。」の吹き出しが表示されたら変更したい名前を入力し Enter キーを押します。これによってクラス名とファイル名を同時に変更できます。パッケージ・エクスプローラーに表示される Java ソースファイル名も変更されていることを確認しておきましょう。

▶［クラス名とファイル名］
ファイル名とクラス名が同じである理由は 9.6 節で説明します。

別の方法として、パッケージ・エクスプローラーの Java ソースファイル名を右クリックし、「リファクタリング」→「名前変更」をクリックして変更する方法もあります。この場合は、「コンパイル単位名の変更」のダイアログで新しい名前のところにクラスの名前を入力し「完了」ボタンをクリックします。

操作のコツ 3: プロジェクト名を変更したい

パッケージ・エクスプローラーのプロジェクト名を右クリックし、「リファクタリング」→「名前変更」をクリックして変更します。「Java プロジェクト名の変更」のダイアログで新しい名前のところにプロジェクトの名前を入力し「OK」ボタンをクリックします。

2.5 JDKとテキストエディタによる開発(1) インストール

▶ [JDK]
JDK は、Java 用のソフトウェア開発キット (Java Development Kit) で、コンパイラやデバッガといった開発者向けのソフトウェアが含まれますが、プログラムの入力に使うエディタは含まれません。
本書執筆時点の最新版は JDK 12 です。

2.5〜2.6 節では Windows で JDK を使って Java のプログラムを開発する場合のインストール手順について説明します。Eclipse を使う場合は 2.7 節に進んでください。

JDK のダウンロード

Web ブラウザを起動し、`http://jdk.java.net/` にアクセスし、Windows 用の zip ファイルをダウンロードします。

図 2.6 `http://jdk.java.net/` にアクセス

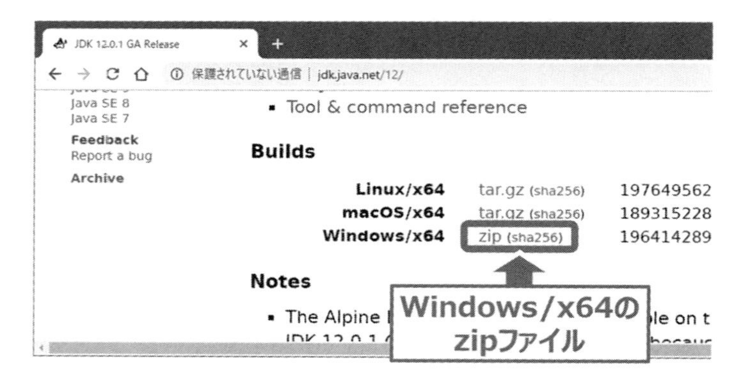

図 2.7 zip ファイルをダウンロード

▶ [¥]
半角の ¥は環境やフォントによって円記号「¥」に見えたりバックスラッシュ「\」に見えたりしますが、文字コード上は同じ文字です。

▶ [短時間で展開するには]
7-Zip (`https://sevenzip.osdn.jp/`) 等を使うと短時間で展開できます。

▶ [インストール先]
この例では C:¥jdk-12 にインストール (展開) されます。

JDK のインストール (展開)

ここでは、ダウンロードした zip ファイルを C:¥に展開します。Windows 標準の方法では、zip ファイルを右クリックし、「プログラムから開く」→「エクスプローラー」と選択するとエクスプローラーが開いて「圧縮フォルダーツール」が使用できる状態になります。「圧縮フォルダーツール」→「すべて展開」を選択すると、「圧縮 (ZIP 形式) フォルダーの展開」というダイアログが開きます。展開先として C:¥ と入力し、「展開」ボタンをクリックします。

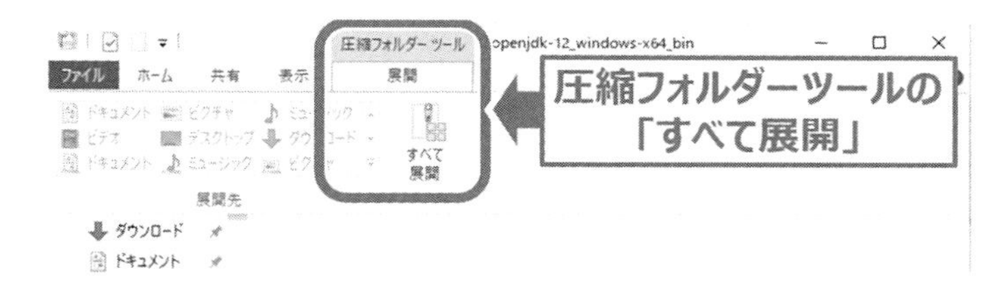

図 2.8 「すべて展開」をクリック

図 2.9 「ファイルを下のフォルダーに展開する」の入力欄に C:¥ と入力

環境設定用のバッチファイルの作成

1. スタートメニューで、「コマンドプロンプト」を検索するか、メニューの「Windows システムツール」→「コマンドプロンプト」からコマンドプロンプトを実行します。
2. C:¥Users¥「ユーザー名」> のところに notepad javaenv.bat と入力し Enter キーを押します。「ファイル javaenv.bat が見つかりません。新しく作成しますか？」のダイアログには「はい」を選択します。
3. メモ帳が開くので、次のリスト 2.4 のプログラムを入力します。ただし、「JDK のパス」の部分は、インストールした JDK にあわせます。たとえば C:¥jdk-12¥bin に展開されていたら、1 行目は set PATH=c:¥jdk-12¥bin;%PATH%となります。

リスト 2.4 javaenv.bat

```
1 set PATH=「 JDKのパス」;%PATH%
2 cmd
```

4. 入力が終わったら、メニューから「ファイル」→「上書き保存」を選択するか、Ctrl + S キーを押して、ファイルを保存します。

これ以降は、コマンドプロンプトで javaenv と入力して Enter キーを押すと、javac や java といったコマンドを実行できる状態になります。

▶ [環境設定]
環境設定用のバッチファイルを用いることで、Java プログラムを実行するコマンドを、そのコマンドがインストールされた場所を指定せずに使えるようになります。
他の方法として、Windows の環境変数の設定を変更するという方法もあります。しかし、このような変更をすると他のソフトウェアが動作しなくなるおそれもあるので、ここでは環境設定用のバッチファイルを用います。

▶ [JDK のパス]
異なるバージョンの JDK を使用すると、「jdk-12」の部分も異なります。必ずインストールした JDK に合わせてください。

2.6 JDKとテキストエディタによる開発(2) プログラムの入力と実行

メモ帳でプログラムを入力し、JDK を使って Java のプログラムを実行します。

JDK のバージョンの確認

念のため、JDK のバージョンを確認しましょう。

1. 前節で `javaenv` を実行したコマンドプロンプトを引き続き使います。コマンドプロンプトを開きなおすなら、スタートメニューからコマンドプロンプトを実行し、`C:¥Users¥「ユーザー名」>` のところに `javaenv` と入力し、Enter キーを押します。
2. `C:¥Users¥「ユーザー名」>` のところに `javac -version` と入力し Enter キーを押します。javac のバージョンが表示されます。
3. `C:¥Users¥「ユーザー名」>` のところに `java -version` と入力し Enter キーを押します。java のバージョンが表示されます。

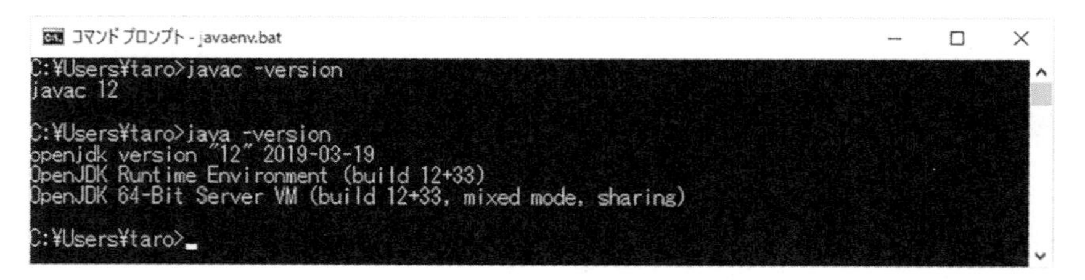

図 **2.10** JDK のバージョンの確認

プログラムの入力

まずは簡単な Java プログラムを書いてみましょう。

1. `javaenv` を実行したコマンドプロンプトを引き続き使います。
2. `C:¥Users¥「ユーザー名」>` のところに `notepad Hello.java` と入力し Enter キーを押します。「ファイル Hello.java が見つかりません。新しく作成しますか？」のダイアログには「はい」を選択します。
3. メモ帳が開くので、以下のプログラムを入力します。

▶[System.out.println]
System.out.println は表示の命令です。
「println」の読みかたは「プリントライン」や「プリントエルエヌ」など諸説あります。自分のまわりのひとと話が通じる読みかたで読んでください。

リスト **2.5** はじめてのプログラム

```
1 public class Hello {
2   public static void main(String [] args) {
3     System.out.println("Hello");
4   }
5 }
```

4. 入力が終わったら「ファイル」メニューから「上書き保存」か、Ctrl + S キーで保存します。

これで簡単なJavaプログラムをJavaソースファイルに保存しました。次はこれを実行して見ましょう。

▶[Javaソースファイル]
Javaで書かれたプログラムが保存されるファイルです。名前には.javaがつきます。

JDKでのプログラムの実行

実行はjavacコマンドとjavaコマンドを使います。

1. コマンドプロンプトに戻ります。
2. `C:¥Users¥「ユーザー名」>` のところに、`javac Hello.java` と入力し、Enterキーを押します。これでHello.classファイルが作られます。
3. `C:¥Users¥「ユーザー名」>` のところに `java Hello` と入力し、Enterキーを押します。エラーがなければ、次の行にHelloと表示されます。

▶[JDKバージョン11以降の実行方法]
JDKバージョン11以降では、javaコマンドのみでも実行できます。`java Hello.java` で実行してみましょう。

▶[ファイル一覧]
コマンドプロンプトではdirコマンドでファイルの一覧が表示できます。`dir` と入力しEnterキーを押してHello.classファイルがあるのを確認しましょう。

▶[エクスプローラー]
エクスプローラーでファイルを確認したい場合は、コマンドプロンプトで
`start.` と入力しEnterキーを押します。すると今のコマンドプロンプトで作業をしているフォルダを開いた状態でエクスプローラーが起動します。

図 **2.11**　JDKでの実行

エラーへの対処方法

もし、間違いがあるときは、javacコマンドを実行したときに、コマンドプロンプトにエラーメッセージが表示されます。たとえば、セミコロン「;」がない場合は、以下のように表示されます。

▶[文字化け]
文字化けが発生する場合には `javac -encoding UTF-8 Hello.java` のように、javacに `-encoding UTF-8` というオプションを加えて実行してみてください。この現象の詳細については本書の「まえがき」からサポートのWebページを参照してください。

リスト **2.6**　エラーへの対処方法

```
1 Hello.java:3: エラー: ';'がありません
2                 System.out.println("Hello")
3                                            ^
4 エラー1個
```

「`Hello.java:3`」の数字3は3行目ということです。また「';' がありません」と書いてあることから、3行目にセミコロン「;」がないのがエラーの原因とわかりますね。

2.7 コメント

プログラムに、日本語や英語で説明の文章を書きたい場合があります。だんだんと長いプログラムを書けるようになると、個々の細かい処理の内容がプログラムを見ただけではわかりにくかったり、自分で作ったプログラムでも時が過ぎると処理の内容を忘れてしまったりします。このときに役に立つのがコメントです。コメントはプログラムの実行時には無視される記述です。Java では、1 行コメント、複数行コメント、JavaDoc ドキュメンテーションコメントの 3 つの種類のコメントがあります。

1 行コメント

1 行コメントは、スラッシュ「/」を 2 つ続けて「//」と書きます。この「//」から行末までがコメントとなります。処理の文の後ろに続けて説明が書けるのでその文に対応した説明を書く際に便利です。

リスト 2.7 1 行コメントの例

```
1  kph = mph * 1.609; // 速度をマイル時からキロ時に変換
```

複数行コメント

複数行コメントは、スラッシュ、アスタリスク「/*」とアスタリスク、スラッシュ「*/」ではさまれた部分がコメントとなります。複数行の説明文が書けるので、文章で詳しく説明を書く際に便利です。

リスト 2.8 複数行コメントの例

```
1  /* 以下は、暫定的なもので引数 y の値を計算で使うように修正
2     またデバッグ用につけている箇所を削除する必要がある。*/
3  static double getValue(int x, int y) {
4    double z = x * 2;
5    printDebug(z);
6    return z;
7  }
```

▶[JavaDoc ドキュメンテーションコメント]
本書では JavaDoc ドキュメンテーションコメントの詳細は扱いません。興味のあるひとは https://docs.oracle.com/javase/jp/9/docs/specs/doc-comment-spec.html などを参照。

JavaDoc ドキュメンテーションコメント

JavaDoc ドキュメンテーションコメントは、複数行コメントと似ていますが、最初が「/*」ではなく「/**」とアスタリスクが 2 つです。最後は、複数行コメントと同じで「*/」です。JavaDoc ドキュメンテーションコメントは、リファレンスマニュアルをプログラムから作るためのコメントで、コメントの中でいくつかの HTML タグが使えます。javadoc というコマンドで HTML 形式の仕様書を作るためのコメントです。

リスト 2.9　JavaDoc ドキュメンテーションコメントの例

```
1  /**
2   * printEvenOddメソッド
3   * 引数が偶数か奇数かを表示
4   * @param x 判定対象の数値
5   */
6  static void printEvenOdd(int x) {
7      ～中略～
8  }
```

コメントアウト

コメントは、プログラムに説明を書き加えるだけではなく、開発中に一時的にある部分を実行したくないときにも使います。このことをコメントアウトといいます。Eclipse では、その個所を選択しておいて Ctrl + / でまとめてコメントアウトしたり元に戻したりできます。

リスト 2.10　コメントアウトの例（2 行目）

```
1  x++;
2  // x += y;
3  System.out.println(x);
```

コメントの良し悪し

必要最小限のことをシンプルにわかりやすく書くのが良いコメントです。プログラムと一対一に対応した内容のコメントは、プログラムそのものを見ればわかることが書かれているだけですので、良いコメントではありません。以下は、悪いコメントの例です。

リスト 2.11　悪いコメントの例

```
1  int x; // int型の変数xの宣言
2
3  static double getMax(int x, int y) {
4    return (x + y) / 2.0; // xとyを足して2.0で割った値を返す
5  }
```

ただし、本書のように学習や解説のために、このようなコメントを書くことはあります。また、試験問題では「コメントに従って空欄を埋めよ」という問題文とともにこのようなコメントを見かけることもあるかもしれません。

2.8 インデント

インデントとは、行頭の字下げ（右寄せ）のことで、プログラムを見やすくするために使います。Java では、インデントはプログラムの実行には、影響を与えません。しかし、インデントが整っていないとプログラムの構造やまとまりがわかりにくくなり、間違ったプログラムを書いてしまいやすくなります。

インデントのルール

Java では、波カッコ「{」と「}」でプログラムのまとまりを示します。この際に波カッコ開き「{」があれば、その次の行は右にインデントし、波カッコ閉じ「}」があれば、元のインデントに戻します。2.2 節のリスト 2.2 のプログラムがそうなっているのを確認してみてください。

▶［波カッコ］
波カッコをブレースともいいます。
また、波カッコで囲まれたプログラムのかたまりをブロックといいます。4.1 節を参照。

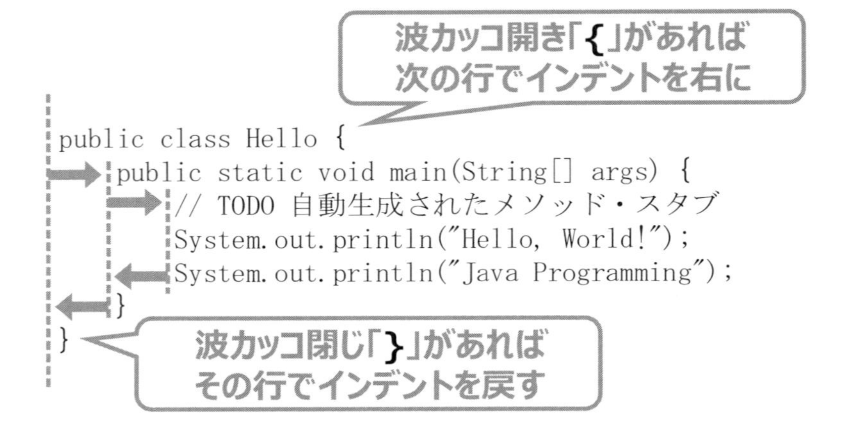

図 **2.12**　インデントの例

Tab とスペース

インデントは、Tab 文字を使う方法とスペース（空白文字）を使う方法があります。それぞれ一長一短で、Tab では、何文字分のスペースを割り当てているかで見た目が変わってしまい、スペースでは、修正する際のキー入力の手数が増えてしまいます。本書ではインデントに Tab 文字を Tab キーを使って入力することをおすすめします。

インデントの修正

▶［整形］
Ctrl ＋ Shift ＋ F というキー操作でプログラム全体の形式を整えることができます。2.9 節の表 2.2 も参照。

プログラムを編集する際に、ある程度は Eclipse が自動でインデントを整えてくれますが、記述を切り貼りしているうちに乱れてしまうこともあります。この際には、修正したい箇所を選択しておいて、Ctrl ＋ I というキー操作をおこなうか、メニューの「ソース」から「インデントの訂正」で自動で修正ができます。

整形の機能を使ってもインデントが修正されますが、インデント以外の整形もおこなわれてしまうのであまりおすすめしません。

プログラム全体のインデントをすべて修正したい場合は、Ctrl + A で全選択して、Ctrl + I でまとめて修正ができます。すべて選択された状態なので、うっかりすべて消してしまわないように、すぐに矢印キーかクリックで選択を解除しましょう。

インデントの修正によるエラーの原因の調査

エラーの原因の調査の際にもインデントの修正は役に立ちます。「構文エラーがあります。"}" を挿入して ClassBody を完了してください」「トークン"}"に構文エラーがあります。このトークンを削除してください。」のようなエラーメッセージの際には、全選択して、インデントの修正をしてみてください。クラスやメソッドが複数あるようなプログラムでは、途中からクラスやメソッドの開始インデントがずれていることからエラーの原因を見つけることもできます。

▶[クラス]
第 8 章を参照。

▶[メソッド]
第 7 章および第 9 章を参照。

以下は、波カッコ閉じ「}」が途中で 1 つ余分な場合です。このプログラムは、短いので一目で気がつきますが、for 文や if 文がたくさんあってインデントが深くなると編集時にうっかり 1 つ残してしまったりすることも慣れないうちはよくあります。最後の 5,6 行目の波カッコ閉じ「}」が適切な位置にあるので、そこだけを見るとインデントはあっているかのように見えてしまいます。

リスト 2.12 インデントの修正前

```
1  public class Hello {
2    public static void main(String[] args) {
3      // TODO 自動生成されたメソッド・スタブ
4      System.out.println("Hello,␣World!");
5                    }
6    }
7  }
```

インデントの修正をおこなうと、7 行目の波カッコ閉じ「}」が余分であることがわかります。

リスト 2.13 インデントの修正後

```
1  public class Hello {
2    public static void main(String[] args) {
3      // TODO 自動生成されたメソッド・スタブ
4      System.out.println("Hello,␣World!");
5    }
6  }
7  }
```

2.9 知っておくとよいキーボード操作

効率的にプログラミングをするには、なるべくマウスを使わずにキーボードのみで操作すると作業を素早くおこなうことができます。

表 2.1 は Windows で一般的に使えるキーボード操作です。

表 2.1 Windows で一般的に使えるキーボード操作

矢印キー	カーソルの移動（マウスに頼らないようにしよう）
Home	カーソルを左端へ
End	カーソルを右端へ
Shift + カーソル移動	選択
Insert	挿入と上書きの切り替え
Ctrl + X	切り取り
Ctrl + C	コピー
Ctrl + V	貼り付け
Ctrl + Z	元に戻す
Ctrl + A	全選択
Ctrl + S	保存
Shift + F10	右クリック

表 2.2 は Eclipse で使えるキーボード操作です。

表 2.2 Eclipse のキーボード操作

Tab	インデントを右へ（複数行を選択して、複数行をまとめてインデントを変更することもできます）
Shift + Tab	インデントを左へ
Ctrl + /	行頭に//を挿入（コメントアウト、複数行を選択して、複数行をまとめてコメントアウトすることもできます）
Ctrl + I	選択範囲のインデントを修正
Ctrl + Shift + F	フォーマット（プログラム全体の整形）
Alt + Shift + X, J	実行
Ctrl + F11	前回の起動を再度実行
Alt + Shift + R	リファクタリング（名前の変更などで便利）
sysout Ctrl + space	`System.out.println();` の入力。`sysout` と入力した後で Ctrl を押してスペースキーを押します

この他にも、システムやエディタによって異なるキーボード操作が使えることがあります。自分の利用する環境でどのような操作ができるかを確認しておくと、効率の向上に役立ちます。

第3章

変数と演算

▶▶▶ねらい

本章ではデータを入れる変数について説明します。プログラムの中で、名前や年齢を扱いたいことがあります。たとえば、Web から何か申込みをするときには、名前や年齢を入力するフォームがありますよね。これらのデータは入力するひとに応じて変わります。そのため、これらのデータを入れる箱のようなものが必要になってきます。このようなデータを入れるための箱のようなものを、変数といいます。

データには文字や整数、小数などの種類があり、Java ではこれらの種類を表す型が準備されています。

さらに、本章ではプログラムの中で計算をするときに使う演算子についても説明します。

この章の項目

変数
変数宣言
型
代入
初期化
キャスト
算術演算子
複合代入演算子
インクリメント演算子、デクリメント演算子

3.1 変数と変数宣言

名前、年齢、テストの点数…世の中にはたくさんのデータがあり、そのデータは変更されることがあります。このデータを入れるために、プログラムでは、データを入れる箱のようなものを作ります。

変数とは

プログラムではさまざまなデータを扱います。皆さんの名前や年齢、住所や所属もデータといえます。住所は引っ越すと変わりますし、年齢は毎年変わっていきます。このように変わっていくデータを、プログラムの中に保存しておくことができます。この保存する場所のことを**変数**といいます。

変数とはデータを入れる箱のようなものです。引っ越しをした経験があるひとは、引っ越しのときにはダンボールやプラスチックのケースなどに荷物を入れるということをしたことがあるかと思います。それと同じように、箱のようなものの中に荷物となるデータを入れていきます。このとき、入れるものによって、箱の種類を変えるように、変数でも、入れるデータの種類に応じて、箱のようなものの種類を決めていく必要があります。このデータの種類のことを**型**といいます。Java にはたくさんの型があります。型についての詳しい説明は3.3 節以降でしていくことにします。

変数を作る: 変数宣言

変数を作ることを**変数宣言**といいます。変数を作る際には、変数の型と変数の名前を以下のような順で書きます。

変数宣言

```
型 変数名;
```

たとえば、テストの点数を入れる変数 score を宣言してみます。テストの点数が 0〜100 の整数だとすると、型は `int` です。変数名は score なので、リスト 3.1 のように記述します。

▶［変数 score の宣言］
3.2 節のリスト 3.8 で再登場します。
実際のプログラムにおいて変数宣言を使う例を見たいひとは、ひと足先にリスト 3.8 をのぞいてみてください。

リスト 3.1 int 型の変数 score の宣言

```
1  int score;
```

同じ種類の変数を複数宣言する際には、変数名をカンマで区切っても記述できます。たとえば、座標を表す変数として、整数型の変数 x と整数型の変数 y を宣言したい場合にはリスト 3.2 のように記述する方法と、リスト 3.3 のように記述する方法があります。

リスト 3.2 int 型の変数 x、y を分けて宣言

```
1    int x;
2    int y;
```

リスト 3.3 int 型の変数 x、y をまとめて宣言

```
1    int x,y;
```

変数名のつけかた

変数の名前をつけるときにはいくつかの決まりごとを守らなくてはなりません。特別むずかしい決まりごとではありませんが、本章で学ぶ変数の名前だけでなく、名前をつけるときには同じ決まりごとが適用されますので、ここで確認しておきましょう。

- 文字、数字、アンダースコア「_」、ダラー「$」のみを使うこと。
- 先頭には数字を使わないこと。
- 予約語ではないこと。

なお、ここでいう文字とは、英大文字 (A ～ Z)、英小文字 (a ～ z)、日本語のかなや漢字のほか、記号や数字以外の文字のことです。英大文字と英小文字は異なる文字として区別されます。

また、全角の数字も数字ですから、名前の先頭には使えません。

さらに、プログラミングにおいてトラブルを避けるためには、変数の名前は次のようにすることをおすすめします。

- 半角の英字（A～Z, a～z）、数字（0～9）、アンダースコア「_」を使う。
- 先頭は半角の英小文字にする。
- ひらがなや漢字など全角文字は使わないようにする。
- どんな値が入るものなのかわかるような名前にする。

たとえば、前のページではテストの点数を入れる変数に score と命名しました。もしこの変数を a や b といった名前にしていたら、後でプログラムを見たときにその変数が何を入れるためのものかわかりづらくなりますね。これは、引っ越しのとき段ボール箱にいい加減なラベルをつけると、後で荷ほどきをするときに何をどの箱に入れたのかわからなくなって困るようなものです。変数名も同じように、後から見てもわかる名前にしましょう。

▶［名前］
変数に限らず、プログラミングにおいてはいろいろなものに名前をつけることがあります。この名前を識別子といいます。

▶［予約語］
Java においてあらかじめ意味が決められている語を予約語といいます。たとえば、int は整数の型の名前と決められていますので、これを変数名などの識別子として使うことはできません。
Java ではバージョンが上がるにつれて予約語が増えてきています。たとえば、Java 9 からは 1 文字だけのアンダースコア「_」も予約語になりました。
なお、null, true, false は、厳密には予約語ではありませんが、Java にあらかじめ用意された特別な定数で、予約語と同じく識別子として使うことはできません。

3.2 変数への代入と初期化

変数を宣言したら、変数に値を入れることになります。変数に値を入れて（代入して）、変数の中身を見てみましょう。また、変数の宣言と代入を同時におこなう初期化についても見てみましょう。

変数へ値を代入する

変数を宣言したら値を入れましょう。変数に値を入れることを代入といいます。変数に値を代入するには以下のように記述します。

値の代入
```
変数名 = 値;
```

変数に値を代入する際には、イコール「=」を用います。数学で = がでてくると、たとえば、$4 + 5 = 9$ のように「右辺と左辺が等しい」を意味します。しかし、Java の = は「左辺にある変数に右辺の値を入れる」（代入する）を意味します。2 つの値が等しいという意味をもたせたい場合は、別の記号を使います。

▶[2 つの値が等しい]
左辺の値と右辺の値が等しいかどうかを調べるときには == を使います。こちらではイコール「=」2 個をつづけて書きます。4.2 節を参照。

先ほど宣言した score という変数に 80 を代入するにはリスト 3.4 のように記述します。

リスト **3.4**　変数 score に 80 を代入
```
1    score = 80;
```

この値を画面に表示することで、変数 score の値を確認することができます。Java では、リスト 3.5 やリスト 3.6 のように、`System.out.println` または `System.out.print` を使用して, 変数の値を画面に表示できます。

▶[println と print の違い]
画面に表示し改行する際には `println` を使います。改行しない場合は `print` を使います。`println` の ln は line を短縮したもので、ここでは改行のことです。

リスト **3.5**　変数 score の値を画面に表示 (println)
```
1    System.out.println(score);
```

リスト **3.6**　変数 score の値を画面に表示 (print)
```
1    System.out.print(score);
```

これらの実行結果はどちらもリスト 3.7 のようになります。

▶[実行結果の違い]
リスト 3.5 とリスト 3.6 の実行結果の違いは、最後に改行があるかどうかです。この例では見た目にはわかりません。今は気にしないで大丈夫です。

リスト **3.7**　変数 score の値
```
1    80
```

これまでの内容をまとめてみましょう。変数を宣言し、変数に値を代入、画面に表示するプログラムがリスト 3.8 です。

リスト **3.8** 変数宣言と値の代入を行う Sample03_02_Variable.java

```
1 public class Sample03_02_Variable {
2   public static void main(String[] args) {
3     int score;
4     score = 80;
5     System.out.println(score);
6   }
7 }
```

変数に新しい値を代入すると、元の値は新しい値によって上書きされます。リスト 3.8 の score の値を 90 で上書きし、その値を表示するには、リスト 3.9 のようにします。この実行結果はリスト 3.10 です。

リスト **3.9** 変数 score の値を上書きして表示（リスト 3.8 に追加）

```
1 public class Sample03_02_Variable {
2   public static void main(String[] args) {
3     int score;
4     score = 80;
5     System.out.println(score);
6     score = 90;                  // この行を追加
7     System.out.println(score);  // この行を追加
8   }
9 }
```

リスト **3.10** リスト 3.9 の実行結果

```
1 80
2 90
```

▶ [println]
リスト 3.9 の 5 行目と 7 行目の println を print に変更すると、リスト 3.10 の結果も変わります。興味があるひとは実際にプログラムを変更して実行してみましょう。

変数を宣言し値を代入する

変数を宣言する際に、その変数に入れる値が決まっている場合には、変数宣言と値の代入をまとめて 1 つの式として記述することができます。これを変数の初期化といいます。また、宣言した変数に最初に入る値のことを初期値といいます。変数の初期化は以下のように記述します。

変数の初期化

```
型 変数名 = 初期値;
```

たとえば、点数用の変数 score を宣言し、初期値として 80 を代入するにはリスト 3.11 のように記述します。

リスト **3.11** 変数 score の初期化

```
1   int score = 80;
```

3.3 型と型変換

値にはさまざまな種類があります。ここでは、値の種類である型と、型を変換する方法について紹介します。

▶ [型の読み方]
short(ショート)、long(ロング)、double(ダブル)は英語の授業でも習ったことがあるかもしれません。その他の型はbyte(バイト)、int(イント)、float(フロート)、char(チャーもしくはキャラ)、String(ストリング)、boolean(ブーリアン)と読みます。

▶ [Unicode(ユニコード)]
文字を数値に対応づける規格(文字エンコーディング)の一種です。

▶ [文字列]
文や語などの、0個以上の文字がつらなったデータです。たとえば、次ページのリスト3.12やリスト3.13に登場するtestの値: は文字列です。
文字列に含まれうる文字の数は0個以上ですから、0個や1個のこともあります。文字が0個の文字列(つまり、文字がない文字列)を空文字列といいます。
また、文字が1個であっても文字列型のデータであれば、文字型のデータとは区別されます。

データの種類

3.1節でも紹介したとおり、データの種類のことを型といいます。Javaでは表3.1に挙げるような型があります。

表 3.1 Javaで使用できる型

分類	名前	説明	値の範囲
整数型	byte	8ビット符号付整数	−128から127まで
	short	16ビット符号付整数	−32768から32767まで
	int	32ビット符号付整数	−2147483648から2147483647まで
	long	64ビット符号付整数	−9223372036854775808から9223372036854775807まで
浮動小数点型	float	32ビット浮動小数点数	$-3.4028235 \times 10^{38}$ から 3.4028235×10^{38} まで
	double	64ビット浮動小数点数	$-1.7976931348623157 \times 10^{308}$ から $1.7976931348623157 \times 10^{308}$ まで
文字型	char	文字(16ビットUnicode)	0から65535まで
文字列型	String	文字列(文字のつらなり)	
真偽値型	boolean	真か偽のいずれか	true, false

大きく分類すると、型には整数型、浮動小数点型、文字型、文字列型、真偽値型があります。整数型や浮動小数点型は、データを扱える範囲(サイズ)に応じて使い分けをします。真偽値型は2種類の値のみを扱うときに使う変数で、スイッチのON/OFFのようなシーンで使います。何かの条件が成り立つときにtrue(真)、そうでないときにfalse(偽)になります。整数型や浮動小数点型はたくさんあり、どれをどう使うかわかりにくいかもしれませんが、最初のうちは、整数型ならint、浮動小数点型ならdoubleを使うと覚えておくことにしましょう。

▶ [リテラル(literal)]
英語のliteralは「文字通りの」という意味です。

リテラル

プログラム中に記述される数値や文字列のことをリテラルといいます。リテラルにはさまざまな種類があります。このうちchar型のデータである文字リテラルを扱う場合には'a'のようにシングルクォート「'」で、またString型のデータである文字列リテラルを扱う場合にはダブルクォート「"」で囲む必要があります。

型変換とキャスト

複数のデータを同時に扱う際に、型が違うと計算ができないというようなことがあります。このような場合、型を変換する必要があります。数値を表す型は表現できる値の範囲が広い方から順に以下のようになっています。

double > float > long > int > short > byte

このうち、表現できる値の範囲が狭い型から広い型へと変換したい場合には、代入をすることで自動的に型を変換することができます。これを、**暗黙の型変換**といいます。たとえば、リスト 3.12 のように浮動小数点型の変数に整数型の値を代入することはできます。

リスト 3.12 暗黙的な型変換

```
double test;
test = 83;
System.out.println("testの値:" + test);
```

リスト 3.13 リスト 3.12 の実行結果

```
testの値:83.0
```

浮動小数点型の変数 test に整数の値を代入しました。変数の型のほうが表現できる値の範囲が広いため、自動的に型変換されています。

一方で、表現できる範囲が広い型から狭い型へは、このような自動での型変換はできません。明示的に型変換を記述する必要があります。この明示的な型変換を**キャスト**といいます。

キャストを使って型を変換する際には以下のように記述します。

キャスト

（変換したい型名）値

今度は、整数型の変数に浮動小数点型の値を代入してみましょう。この場合、リスト 3.14 の 2 行目のようにキャストが必要です。

リスト 3.14 キャストを用いた型変換

```
int test;
test = (int) 83.5;
System.out.println("testの値:" + test);
```

リスト 3.15 リスト 3.14 の実行結果

```
testの値:83
```

浮動小数点型の値を整数型にキャストすると、小数点以下は切り捨てられます。気をつけましょう。

3.4 キーボードからの入力

これまでのプログラムでは、変数の値をプログラム中で指定してきました。本節で紹介する Scanner というしくみを用いると、キーボードから値を入力できるようになります。

Scanner を用いて整数値を受け取るプログラム

これまでは、変数に代入する値をプログラム中にリテラルとして記述してきました。これでは、プログラムの扱うデータを変更するためにはいちいちプログラムを書き換えなくてはなりません。これを、プログラムが実行時にユーザからデータを受け取るように変更できたら便利です。ここでは、プログラムの記述が簡単な、キーボードから数値や文字列を入力する方法について説明します。

▶[リテラル]
プログラム中に記述される数値や文字列のことです。3.3 節を参照。

Java では、Scanner を用いることでキーボードから値を入力することができるようになります。リスト 3.16 のプログラムは、ユーザがキーボードから整数値を入力すると、その値を画面に表示します。

▶[Scanner]
Scanner とは Java のクラスライブラリの一部です。クラスについては第 8 章を、クラスライブラリについては 12.7 節を参照。

リスト **3.16** Scanner を用いる Sample03_04_Input.java（数値入力版）

```
1  import java.util.*;  // Scannerを使う準備1
2
3  public class Sample03_04_Input {
4    public static void main(String[] args) {
5      Scanner sc = new Scanner(System.in);    // Scannerを使う準備2
6      System.out.print("数値を入力してください:");
7      int a;
8      a = sc.nextInt(); // 変数aにキーボードから値を入力
9      System.out.println("入力された数値:" + a);
10   }
11 }
```

Scanner を使うには次の準備が必要です。まず、 Scanner をプログラムから利用できるようにするための import 文 を記述します（1 行目）。さらに、5 行目のように記述します。この 5 行目の記述は、今はおまじないと思っておいて大丈夫です。

▶[import 文]
12.6 節を参照。

▶[おまじない]
リスト 3.16 の 5 行目はクラス Scanner のインスタンスを生成します。インスタンスの生成については 8.3 節および 10.1 節を参照。

準備ができたので、キーボードから入力された整数値を変数に代入するようにしましょう。7 行目は整数値を入れる変数 a を宣言します。8 行目はキーボードから入力された値を変数 a に代入します。代入のイコール「=」の右側には、リテラルではなく `sc.nextInt()` を記述します。9 行目は変数 a の値を表示します。

▶[sc.nextInt()]
これは実はメソッドの呼び出しです。メソッドやその呼び出しについては第 7 章を参照。

リスト 3.16 のプログラムを実行すると、「数値を入力してください：」という文言が画面に表示されます。これに対し、（Eclipse の場合はコンソールペインで）キーボードから整数値を入力すると、その値が「入力された数値：」という文言に続けて表示されます。たとえば 10 を入力した場合の実行結果は図 3.1 のとおりです。

数値を入力してください:10 ⬅キーボードから入力
入力された数値:10

図 **3.1**　リスト 3.16 の実行結果

Scanner を用いて文字列を受け取るプログラム

リスト 3.16 の 6〜9 行目を変更して、キーボードから数値ではなく文字列を入力するようにしたものがリスト 3.17 です。

リスト **3.17**　Scanner を用いる Sample03_04_Input.java（文字入力版）

```
1  import java.util.*;  // Scannerを使う準備1
2
3  public class Sample03_04_Input {
4    public static void main(String[] args) {
5      Scanner sc = new Scanner(System.in);    // Scannerを使う準備2
6      System.out.print("文字列を入力してください:");
7      String a;
8      a = sc.nextLine(); // 変数aにキーボードから値を入力
9      System.out.println("入力された文字列:" + a);
10   }
11 }
```

6 行目、9 行目では、画面に表示する文字列を変更しただけです。7 行目では、変数 a の型を整数型 (int) から文字列型 (String) に変更しました。8 行目では、キーボードから値を受け取るためのおまじないを整数値用の sc.nextInt から文字列用の sc.nextLine に変更しました。

リスト 3.17 を実行し、キーボードから「こんにちは世界」という文字列を入力した場合の実行結果は図 3.2 のとおりです。

文字列を入力してください:こんにちは世界 ⬅キーボードから入力
入力された文字列:こんにちは世界

図 **3.2**　リスト 3.17 の実行結果

画面表示のおまじないが System.out.println だけであることに比べると、キーボード入力のためのおまじないは少し行数がかさみますね。それでも、この程度の記述でキーボードから入力された数値や文字列をプログラム中で使用できるようになるのですから、このような方法があることを覚えておいて損はありません。

3.5 算術演算と文字列の連結

プログラムの中では、加算や減算など、日常で利用するような計算をします。ここでは、加算や減算などで利用する算術演算子について紹介します。また、文字列どうしをつなげる連結についても説明します。

▶[演算子]
なんらかの演算を表す記号、記号列、もしくは語です。
Java ではさまざまな演算をおこなうことができます。「演算」という言葉からは四則計算のようなものを連想するかもしれませんが、そのような直接的に数学と関係のあるものもあれば、そうでないものもあります。

▶[アスタリスク「*」]
使用するフォントによっては、放射状の線の数が 6 本ではなく 5 本になる場合もあります。

算術演算子

算術演算子には、数学でも利用する加算（足し算）、減算（引き算）、乗算（かけ算）、除算（割り算）の 4 つに加えて、剰余（割り算の余り）の 5 つがあります（表 3.2）。

表 **3.2**　算術演算子の種類

演算子	数学の記号	意味	式の例	左の式の値
+	＋	加算（足し算）	2 + 3	5
-	−	減算（引き算）	5 - 2	3
*	×	乗算（かけ算）	3 * 4	12
/	÷	除算（割り算）	6 / 3	2
%	*mod*	剰余（割り算の余り）	5 % 2	1

表 3.2 の式の例を使ったプログラムがリスト 3.18 です。実行して、同じ結果になるか見てみましょう。

リスト **3.18**　算術演算子を用いたプログラム

```
1    System.out.println(2 + 3);
2    System.out.println(5 - 2);
3    System.out.println(3 * 4);
4    System.out.println(6 / 3);
5    System.out.println(5 % 2);
```

算術演算子を使って計算した結果は変数に代入することもできます。リスト 3.19 では、3 行目で加算の結果を変数 b に代入しています。4 行目では加算の結果を変数 a に代入しています。ここで、変数 a の元々の値である 10 に 20 を加算した結果である 30 が変数 a に代入されます。

▶[a = a + 20;]
もちろん、左辺にある変数 a の値と右辺の a+20 が等しいという意味ではありません。
イコール「=」は代入を意味しますから、a の値を a+20 の値で上書きします。つまり a の値を 20 だけ増やすことになります。
上書きについては 3.2 節も、値を増やすことについては 3.7 節も参照。

リスト **3.19**　演算結果の変数への代入

```
1    int a = 10;
2    int b;
3    b = a + 5;
4    a = a + 20;
5    System.out.println( a );
6    System.out.println( b );
```

リスト **3.20**　リスト 3.19 の実行結果

```
1  30
2  15
```

文字列の連結

加算の演算子と同じプラス「+」を使って、文字列と文字列、文字列と数値を連結することもできます。リスト 3.21 では、3 行目で「a の値:」という文字列と変数 a の値を連結したものを表示し、4 行目で「b の値:」という文字列と変数 b の値を連結したものを表示します。

このようにひと工夫することで、表示された値がどの変数のものかわかりやすくなります。

リスト 3.21　変数と文字列の連結

```
1    int a = 10;
2    int b = 20;
3    System.out.println("aの値:" + a );
4    System.out.println("bの値:" + b );
```

リスト 3.22　リスト 3.21 の実行結果

```
1  aの値:10
2  bの値:20
```

数値の加算と文字列の連結が続くときは、気をつけないと予期しない結果になることがあります。これは演算の順番が原因です。

リスト 3.21 の最後にリスト 3.23 の 1 行を追加してみましょう。

リスト 3.23　変数と文字列の連結

```
5    System.out.println("Hello" + a + b);
```

直感的には Hello30 という結果が表示されると思うかもしれません。しかし、実際には Hello1020 と表示されてしまいます。

これは、2 個の+がどちらも加算ではなく連結をおこなうのが原因です。まず、1 個目の+によって "Hello" という文字列に変数 a の値が連結されます。その結果は "Hello10" という文字列です。これに、さらに 2 個目の+によって変数 b の値が連結されます。その結果が "Hello1020" です。

1 個目の+の連結よりも先に 2 個目の+に整数どうしの加算をさせるには、以下のリスト 3.24 のように丸カッコ「( )」を用いて演算の順序を変えます。

リスト 3.24　変数と文字列の連結

```
5    System.out.println("Hello" + (a + b));
```

リスト 3.25　リスト 3.24 の実行結果

```
1  Hello30
```

3.6 計算式の書きかた

ここまでに見たとおり、Java における式の書きかたや算術演算子は、数学で学んだ数式の書きかたや四則演算の記号とは少し違います。Java で数値計算の式を書く要領を、簡単な例を通じて学びましょう。

▶[コンピュータ]
英語の computer は「計算機」という意味です。今日の情報化社会には欠かせない情報処理の道具ですが、もともとは計算するのが本業です。

まずは実行用のプログラムを用意する

ここまでに変数、キーボードからの数値入力、算術演算と学んできました。しかも、みなさんがプログラミングのために使うのはコンピュータ (computer) です。せっかくですから、これらを組み合わせてコンピュータに数値計算をさせるプログラムを作ってみましょう。

話を進める前に、本節でこのあと共通に使う Java プログラムを紹介しておきます。リスト 3.26 は、人間がキーボードから 3 個の整数値を入力するとなんらかの計算をして結果を表示するプログラムです。これの 15 行目をさしかえればさまざまな計算ができるという寸法です。

リスト **3.26** Sample03_06_Three.java

```
 1  import java.util.*;
 2
 3  public class Sample03_06_Three {
 4    public static void main(String[] args) {
 5      // Scannerを使って3つの整数値の入力を受け取る
 6      Scanner sc = new Scanner(System.in);
 7      System.out.print("a␣=␣");
 8      int a = sc.nextInt();
 9      System.out.print("b␣=␣");
10      int b = sc.nextInt();
11      System.out.print("c␣=␣");
12      int c = sc.nextInt();
13
14      // 3つの整数値を使って計算する
15      int x = a + b + c / 3;
16
17      System.out.println("x␣=␣" + x);
18    }
19  }
```

3 個の数値の平均値を計算する

3 個の数値 a, b, c の平均値を計算しましょう。数式は $\frac{a+b+c}{3}$ ですから、分数の横線を割り算におきかえてリスト 3.27 のようにすればいいでしょうか……？

リスト **3.27** 平均値の計算式（間違いバージョン）

```
15      int x = a + b + c / 3;
```

プログラムを実行して 10, 15, 13 という 3 個の整数値を入力すると、正解は 12.666……のはずなのに、29 という結果が表示されるはずです。このリスト 3.27 には 2 つの間違いがあります。

間違いの原因その 1 は、加算より除算が先に計算されることです。リスト 3.27 の式ではまず c / 3 の部分が計算されます。a + b + c を先に計算するためには、そこを丸カッコ「( )」でくくりましょう。

間違いの原因その 2 は、Java では int 型どうしの割り算をすると小数点以下が切り捨てられて計算結果も int 型になることです。割られる数と割る数の、少なくとも片方を浮動小数点数にしなくてはなりません。ここではキャストを使って型変換しましょう。また、変数 x の型も double に変更しておきましょう。

▶[キャスト]
3.3 節を参照。

リスト 3.28 が修正版です。これで正解が表示されるはずです。

リスト 3.28 平均値の計算式（正解バージョン）

```
15    double x = (double) (a + b + c) / 3;
```

二次方程式の解の公式を計算する

さて次は、二次方程式 $ax^2 + bx + c = 0$ の解の 1 個を「解の公式」を使って計算しましょう。

▶[解の公式]
本当は $-b$ のあとは $\pm$ ですが、ここでは話を簡単にするために $+$ のほうだけを採用して、2 個の解のうち 1 個だけを計算します。

$$x = \frac{-b + \sqrt{b^2 - 4ac}}{2a}$$

平方根の計算には Math.sqrt という呪文を使います。根号の中にある b^2 はかけ算におきかえて b * b に、$4ac$ は 4 * a * c にします。

▶[Math]
Java のシステムについてくる、標準パッケージのクラスの 1 つです。12.7 節も参照。

さっきの平均値の計算と同じ要領で、分子も分母もそれぞれ丸カッコ「( )」でくくります。一方、こちらでは割り算が小数以下を切り捨てることを心配する必要はありません。Math.sqrt を使うと平方根の計算結果は double 型になりますから、分子全体も double 型になり、int 型どうしの割り算にはなりません。これでリスト 3.29 の完成です。

▶[心配]
もし心配なら、こちらでもキャストを使っても、別に不都合は生じません。念を入れるのは悪い習慣ではありません。

リスト 3.29 解の公式の計算式

```
15    double x = (-b + Math.sqrt(b * b - 4 * a * c)) / (2 * a);
```

数学の数式と違って、丸カッコ「( )」の中にさらに丸カッコ「( )」がありますが、これは間違いではありません。数学ではカッコが入れ子になるときには外側を波カッコ「{ }」や角カッコ「[ ]」にするのが普通でした。しかし、Java ではカッコ記号ごとに異なる役割がありますから、入れ子になっても記号を変えることはしません。

▶[入れ子]
容器の中に容器が入っているさまのことです。マトリョーシカ人形のような状態というほうがわかりやすいかも。

それでは方程式 $4x^2 - 4x + 1 = 0$ を解いてみましょう。プログラムを実行して 4, -4, 1 という 3 個の整数値を入力すると、正解の 0.5 という数値が表示されるはずです。

▶[3 個の整数値を入力]
a の値として 0 を入力したり、根号の中が負数になるような組み合わせを入力したりすると、計算結果として NaN が表示されます。NaN は Not a number の略で、浮動小数点数の計算ができなかったことを表します。

3.7 代入を伴う演算(1) 複合代入演算子

変数はその名のとおり、値が変わっていくものです。これまでの知識で、新しい値を代入して値を変更することはできるようになりましたが、値を増やしたり減らしたりしたい場合にはどうしたらよいでしょうか。

変数の値を変化させるには

たとえば、テストの点数が 80 点だったとして、採点基準の見直しにより 10 点上がり 90 点に変化したとしましょう。これまで学習してきた内容を使うと、リスト 3.30 のように記述します。

リスト **3.30** score の値を 10 増やす

```
1  int score = 80;
2  score = score + 10;
3  System.out.println(score);
```

2 行目は、変数 score に 10 を足した値を score に代入します。つまり、score の値を 10 だけ増やすという処理をおこないます。

リスト 3.30 全体を見ると、まず 1 行目で score の値を 80 にします。2 行目で、これに 10 を足した値である 90 を score に代入します。したがって、3 行目では実行結果として画面に 90 と表示します。もしも 1 行目を `int score = 60;` と変更すると、実行結果は 70 になるでしょう。

このように変数の値を変化させるときには、変化するための演算と代入を記述すればよいです。一般化すると以下のようになります。

変数の値を変化させる

```
変数名 = 変数名 演算子 値;
```

しかし、この記述方法だと、代入の左辺と右辺の両方に同じ変数名を記述する必要があります。これは少し面倒です。

複合代入演算子

そこで使用するのが、**複合代入演算子**です。複合代入演算子を使うと、変数名を一度書くだけで、その変数の値を変化させることができます。リスト 3.31 は先ほどの例を複合代入演算子を使って書き直したものです。

リスト **3.31** 複合代入演算子を用いて score の値を 10 増やす

```
1  int score = 80;
2  score += 10;
3  System.out.println(score);
```

2 行目の += が複合代入演算子（の 1 つ）です。このように、よりシンプルに記述することができます。複合代入演算子の使いかたは以下のとおりです。

複合代入演算子の使いかた

```
変数名 演算子= 値;
```

この「演算子=」の部分が複合代入演算子です。変数名は一度しか記述する必要がありません。複合代入演算子の種類によって演算の種類が決まります。複合代入演算子の例を表 3.3 に示します。

▶[複合代入演算子の例]
本書では算術演算をおこなう複合代入演算子のみを紹介しています。本書では紹介していませんが、Java は算術演算以外にシフト演算などの演算もできます。そして複合代入演算子にもそれらの演算をおこなうものが存在します。興味があるひとは調べてみてください。

表 **3.3** 複合代入演算子の例

演算子	意味	式の例	元の x の値が 6 であった場合の実行後の x の値
+=	加算した値を代入	x += 3	9
-=	減算した値を代入	x -= 2	4
*=	乗算した値を代入	x *= 4	24
/=	除算した値を代入	x /= 3	2
%=	剰余を代入	x %= 5	1

複合代入演算子は、演算子の記号とイコール「=」を連続して記述します。このとき、記述する順番に気をつけましょう。たとえば a *= 3 と書くべきところを a =* 3 と記述してしまった場合、エラーになります。またたとえば、a += 3 と書くべきところを a =+ 3 と書いてしまうと、エラーにはなりませんが異なる結果になります。これは変数 a への単なる代入 a = +3 として解釈されてしまうからです。結果として、a に 3 が代入されます。

複合代入演算子における演算子とイコール「=」の順番が覚えにくいひとは図 3.3 を参考にしてみてはどうでしょうか。

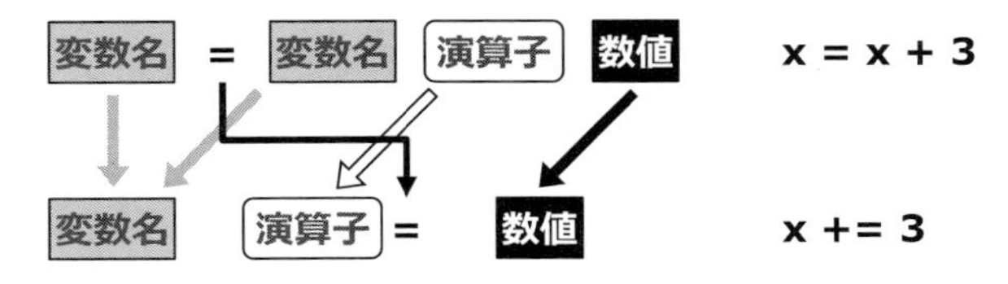

図 **3.3** 複合代入演算子の覚え方

前ページにも書いたように、変数の値を変化させる式では、変数名が式の左右にあります。これを式の左側にまとめます。もともと式の右側にあった値はそのまま右側に残します。最後に残った演算子とイコール「=」の順番を入れ替えて真ん中に書きます。

たとえば life = life / 2 という式を複合代入演算子を使って書き直してみます。=の左右にあった変数名 life を式の左側に残し、式の右側にあった 2 を式の右側に残します。最後に=と/の順番を入れ替えて複合代入演算子/=を作って真ん中に置き、life /= 2 が出来上がります。

▶[life /= 2]
この式を実行すると変数 life の値が半分になります。

3.8 代入を伴う演算(2) インクリメント演算子、デクリメント演算子

プログラムの中では、値を1つずつ増やしたい、あるいは減らしたいということがよくあります。1つずつ増やすときにはインクリメント演算子（++）が、1つずつ減らすときにはデクリメント演算子（--）が便利です。

インクリメント演算子とデクリメント演算子

年齢は1つずつ増えます。時間は1秒ずつ増えていきます。また、カウントダウンをするときにはカウントが1つずつ減っていきます。プログラムの中でもこのような1つずつ増やしたり減らしたりする処理をしたいことはよくあります。

▶［変数の前か後に］
変数の値におよぼす変化は同じですが、違いもあります。この違いについては次ページで説明します。

このようなときには、変数の値を1つずつ増やすためのインクリメント演算子++と、1つずつ減らすためのデクリメント演算子--が便利です。どちらも変数名の前か後に演算子を書くだけなので簡単です。前に書いても後に書いても変数の値に生じる変化は同じです。

インクリメント（どちらも変数の値を1だけ増やす）

```
++変数名          または
変数名++
```

デクリメント（どちらも変数の値を1だけ減らす）

```
--変数名          または
変数名--
```

▶［for 文での利用］
インクリメント演算子、デクリメント演算子は、for 文でもよく使用されます。

実際にプログラムを作ってみましょう。リスト3.32は、xとyにそれぞれ10を代入しxはインクリメント演算子で、yはデクリメント演算子で、それぞれ値を変更します。実行結果はリスト3.33です。

リスト 3.32 ++と--の使用例

```
1    int x = 10;
2    int y = 10;
3    x++;
4    y--;
5    System.out.println("xの値:" + x);
6    System.out.println("yの値:" + y);
```

リスト 3.33 リスト3.32の実行結果

```
1  xの値:11
2  yの値:9
```

前置と後置

インクリメント演算子やデクリメント演算子を変数名の前に置くことを前置といい、変数名の後に置くことを後置といいます。前置と後置とでは変数の値に変化の生じるタイミングに違いがあります。

▶[式の値]
なんだか難しく感じるかもしれませんが、「前置はさきに増やす、後置はあとで増やす」と覚えてください。

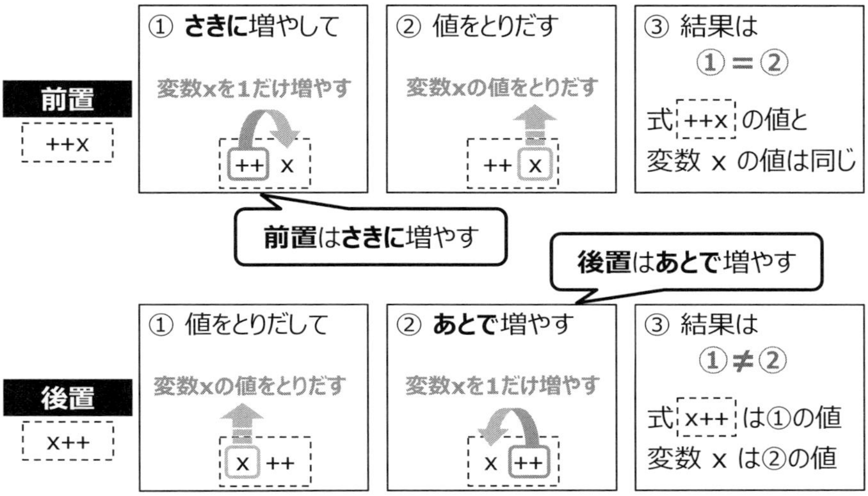

ところで、x+1 は式であり計算結果の値がある、といっても別に不思議には感じないでしょう。実は、それと同じように++x や y--なども式であり、式としての値もあります。この値は、前置なら「変化させた後の値」ですが、後置なら「変化させる前の値」です（図 3.4）。

図 3.4　前置はさきに増やす、後置はあとで増やす

リスト 3.34 の実行結果がリスト 3.35 です。++x は前置ですから、さきに変数 x の値を増やし、式の値は「変数 x を 1 増やした後の値」となります。一方、y++は後置ですから、式の値は「変数 y を 1 増やす前の値」となり、そのあとで変数 y の値を増やします。このように、変数の値を増やすのはどちらも同じですが、式の値には違いがあります。

リスト 3.34　前置と後置を比較するプログラム

```
1      int x = 10;
2      int y = 10;
3      System.out.println("++xの値:" + ++x);
4      System.out.println("y++の値:" + y++);
5      System.out.println("xの値:" + x);
6      System.out.println("yの値:" + y);
```

リスト 3.35　前置と後置を比較するプログラムの実行結果

```
1  ++xの値:11
2  y++の値:10
3  xの値:11
4  yの値:11
```

3.9 ■ 章末問題 ■

問 1

3.4 節のリスト 3.16 を入力して実行し、結果を確認しなさい。

問 2

空欄《1》〜《7》にあてはまる言葉を埋めなさい。

- 《1》とは、データを入れる箱のようなもののことである。
- 《1》を作ることを《2》という。
- 《1》にデータを入れることを《3》という。
- 《4》はデータの種類のことである。
- 《5》は 32 ビットの整数の型である。
- 《6》は 32 ビットの浮動小数点数の型である。
- 《7》は文字列の型である。

問 3

下のプログラムと実行結果の空欄《1》〜《4》を埋めなさい。

【プログラム】

```
1 int p = 20;
2 System.out.println(p);          //1行目
3 System.out.println(《 1 》 + p); //2行目
4 p -= 15;
5 System.out.println(p);          //3行目
6 System.out.println(p + 25);     //4行目
7 System.out.println(p);          //5行目
```

【実行結果】

```
1 20
2 pの値は20
3 《 2 》
4 《 3 》
5 《 4 》
```

第 4 章

条件分岐

▶▶▶ねらい

本章では、条件に応じて処理の流れを変えるための方法、条件分岐を紹介します。「テストで 60 点以上をとったら合格にする」や「60 点未満なら不合格にする」のように、ある条件が成り立ったときにだけなんらかの処理をしたいということはよくあります。つまり、条件の成否によって処理の流れが途中から分かれる（分岐する）わけです。これが条件分岐です。

条件分岐を実現するためによく用いられるのが if 文や if-else 文です。また、複数の if 文や if-else 文を組み合わせることで、たくさんに分岐させることもできます。

「テストの点数が 60 点以上」や「60 点未満」のように、数値と数値を比較するときには関係演算子が役立ちます。条件積演算子や条件和演算子を用いて複数の条件を組み合わせれば、もっと複雑な条件を記述することも可能です。

switch 文も条件分岐を実現するための方法の 1 つです。 switch 文を用いると、値に応じてたくさんに分岐するような処理の流れを、 if 文よりもシンプルに記述することができる場合があります。

この章の項目

4.1 条件分岐（if文）

ある条件が成り立つかどうかに応じて処理を変えたいということがあります。if 文を使うと条件によって処理を変えることができます。

条件分岐とは

処理の中には、ある条件が成り立つときにだけ実行するものがあります。このように、条件に応じて処理を分けることを**条件分岐**といいます。

条件を表現する式のことを**条件式**といいます。条件式の値は、その条件が成り立つ場合には `true`（真）になり、その条件が成り立たない場合には `false`（偽）になります。つまり、条件式の値は真偽値型（boolean型）です。

たとえば、「テストの点数が 100 点である」という条件を表現するには、テストの点数用の変数と 100 という数値を比較する条件式を書きます。この条件が成り立つなら条件式の値は `true` に、そうでなければ条件式の値は `false` になります。条件式の書きかたについて、詳しくは次節から紹介します。

if 文

条件が成り立つときに処理を実行するためには、if 文を使います。if 文の記述のしかたは次のとおりです。

▶［セミコロン「;」］
`if(条件式)` と `{` のあいだにセミコロン「;」を入れてはいけません。誤って `if(条件式);{` のように記述すると、条件が成り立つかどうかによらず処理は実行されます。

if 文

```
if ( 条件式 ) {
  処理
}
```

if 文の中にある処理は、条件が成り立つとき、すなわち条件式の値が `true` であるときのみ実行されます。if 文のフローチャートを図 4.1 に示します。

▶［フローチャート］
フローチャートについては 1.2 節を参照。

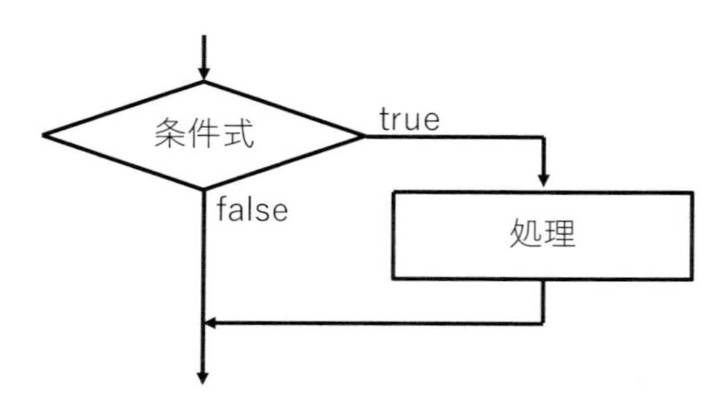

図 **4.1**　if 文のフローチャート

簡単な例を示します。リスト 4.1 は、もし変数 score が 100 なら満点をお祝いするメッセージを表示する if 文です。score が 100 と等しければ 2〜3 行目を実行し「満点です。」などを表示します。それ以外の場合には 2〜3 行目を実行しないので、画面には何も表示されません。

▶[score == 100]
変数 score の値が 100 と等しいという条件を表す条件式です。イコール「=」が 2 個つらなっていることに注意してください。この条件式の値は、score が 100 なら true、100 以外なら false です。詳しくは次節を参照。

リスト 4.1　if の使用例

```
1  if (score == 100) {
2    System.out.println("満点です。");
3    System.out.println("おめでとうございます。");
4  }
```

《発展》if 文の本当の構文

実は、if 文の本当の構文は次のとおりです。この記述のしかたと、前ページで紹介した記述のしかたの違いがわかりますか？

if 文の本当の構文

```
if ( 条件式 )
  処理;
```

本来、if 文が条件が成り立つときに実行する処理は 1 文だけです。しかし 1 文だけでは、リスト 4.1 のようにたった 2 行のメッセージを表示することも難しいですね。

そこで使われるのがブロックです。ブロックとは、一対の波カッコ開き「{」から閉じ「}」までの範囲です。ブロックの中には複数の文を記述することができますが、ブロック全体は文法上の 1 文として扱われます。したがって、if 文の処理のところにブロックを使えば、処理として複数の文を記述することができます。

処理が 1 文だけなら、if 文でブロックを使う必要はありません。しかし、プログラムを変更していく過程で、この処理を複数の文にしたくなることはよくあります。このような場合にうっかり波カッコ「{ }」を書き忘れることを防ぐためにも、if 文には最初からブロックを使うことを推奨します。これが、前ページにおいて明示的にブロックを用いていた理由です。

《発展》スコープ

ブロックは変数の有効範囲とも関係があります。宣言された変数はどこからでも使えるというわけではありません。ブロックの中に変数宣言があるとき、その宣言のあるところからブロックの終わりまでが変数の使える有効範囲です。この有効範囲のことをスコープといいます。

▶[スコープ]
9.9 節でスコープをより詳しく説明します。

4.2 関係演算子を用いた条件式

条件式の中では、○○より大きい、○○より小さいなど、値を比較することがあります。本節では、値を比較する際に使用する関係演算子について紹介します。

関係演算子

2つの値の大小を比較するときには**関係演算子**が利用できます（表4.1）。関係演算子による演算の結果は真偽値です。

▶［演算子の読み方］
$<$ や $>$ は数学でも使用されますね。$<$ は「小なり」、$>$ は「大なり」と読みます。
！は「エクスクラメーションマーク」と読みますが、「ビックリマーク」とも読まれます。

表 4.1 関係演算子

演算子	数学での記号	式の例	式の例の意味	aが5のときの式の例の値
`<`	$<$	`a < 5`	aは5より小さい aは5未満	`false`
`<=`	$\leqq$	`a <= 5`	aは5以下	`true`
`>`	$<$	`a > 5`	aは5より大きい	`false`
`>=`	$\geqq$	`a >= 5`	aは5以上	`true`
`==`	$=$	`a == 5`	aは5と等しい	`true`
`!=`	$\neq$	`a != 5`	aは5と等しくない	`false`

「以上」を表す`>=`、「以下」を表す`<=`、「等しい」を表す`==`、「等しくない」を表す`!=`は、いずれも数学で用いられる記号と違います。特に`==`については、イコール「`=`」が2個つらなることに注意してください。1個だけにすると代入を意味します。

ここで、テストの点数が60点以上なら「合格」と表示するプログラムを作ってみましょう。3.4節で学習したScannerを利用します。

リスト 4.2 Sample04_02_If1.java

```
1  import java.util.*;
2
3  public class Sample04_02_If1 {
4    public static void main(String[] args) {
5      Scanner sc = new Scanner(System.in);
6      System.out.print("点数:");
7      int score = sc.nextInt();
8      if (score >= 60) {
9        System.out.println("合格");
10     }
11   }
12 }
```

このプログラムを実行し、点数として100を入力した場合、リスト4.3のような実行結果になります。

リスト **4.3**　リスト 4.2 の実行結果

```
1 点数:100
2 合格
```

60 未満の数値を入力すると、リスト 4.2 の 8 行目にある score >= 60 が成り立たないので、プログラムは何も表示せずに終了します。

if 文を用いると、大小の比較だけでなく、いろいろな判定ができます。たとえば、3.5 節で学んだ算術演算子%をリスト 4.4 のように使えば、ある整数値が偶数か奇数かを判定することもできます。

リスト **4.4**　Sample04_02_If2.java

```
1  import java.util.*;
2
3  public class Sample04_02_If2 {
4    public static void main(String[] args) {
5      Scanner sc = new Scanner(System.in);
6      System.out.print("数値:");
7      int x = sc.nextInt();
8      if (x % 2 == 0) {
9        System.out.println(x + "は偶数");
10     }
11     if (x % 2 != 0) {
12       System.out.println(x + "は奇数");
13     }
14   }
15 }
```

ある数が偶数である、というのは、その数が 2 の倍数である、ということです。つまり、ある数を 2 で割った余り（剰余）が 0 と等しければ、その数は偶数です。逆に、ある数を 2 で割った余りが 0 と等しくなければ、その数は奇数です。このようにして、その数が偶数か奇数かを判定できます。

▶［割った余り（剰余）］
リスト 4.4 では 2 で割った余りが 0 であるかどうかで 2 の倍数かどうかを判定しました。同様に、他の整数の倍数かどうかも、その整数で割った余りをもとに判定できます。

リスト 4.4 のプログラムを実行し、数値として 10 を入力した場合、次のような実行結果になります。

リスト **4.5**　10 を入力したときの実行結果

```
1 数値:10
2 10は偶数
```

リスト 4.4 のプログラムを実行し、数値として 11 を入力した場合、次のような実行結果になります。

リスト **4.6**　11 を入力したときの実行結果

```
1 数値:11
2 11は奇数
```

4.3 複数条件の条件式

条件式で記述したい条件は1つとは限りません。たとえば、朝早く起きて、天気が良かったら、ドライブに行こう、というときには、朝早く起きる、と、天気が良い、という2つの条件がありますよね。このように、複数の条件を記述する方法について学習します。

▶[2つの条件]
「60点以上100点未満」のように並べられた2つの条件のあいだに「かつ」や「または」などと書かれていない場合、通常は「かつ」と解釈します。

複数の条件を並べて記述する

たとえば、「テストの点数が60点以上かつ100点以下ならば合格」というときには、「テストの点数が60点以上」という条件と、「テストの点数が100点以下」という条件が並んでおり、この2つの条件が両方とも成り立つときに合格と判定されます。

またたとえば、「テストの点数が0点未満または100点より大きいならばエラー」というときには、「テストの点数が0点未満」という条件と、「テストの点数が100点より大きい」という条件が並んでおり、この2つの条件のどちらかが成り立つときにエラーと判定されます。

Javaにおいて、このような複数の条件を並べて記述する際には、**条件積演算子「&&」や条件和演算子「||」**を用います（表4.2）。

▶[条件積演算子と条件和演算子]
これらの演算子は、まとめて論理演算子とよばれることもあります。

表 4.2　条件積演算子と条件和演算子

演算子	数学記号	意味	式の例	式の例の説明
&&	∨	かつ	条件1 && 条件2	条件1と条件2が両方成り立つ
||	∧	または	条件1 || 条件2	条件1と条件2の少なくとも一方が成り立つ

▶[記号の読み方]
&は「アンパサンド」や「アンド」と読みます。|は「たてぼう」または「パイプ」と読みます。

これらの演算子を用いて先ほどの2つの例をプログラムとして記述したのが、次のリスト4.7です。

リスト 4.7　複数の条件を用いる Sample04_03_AndOr.java

```
1  import java.util.*;
2
3  public class Sample04_03_AndOr {
4    public static void main(String[] args) {
5      Scanner sc = new Scanner(System.in);
6      System.out.print("点数:");
7      int score = sc.nextInt();
8      if (score >= 60 && score <= 100) {
9        System.out.println("合格");
10     }
11     if (score < 0 || score > 100) {
12       System.out.println("エラー");
13     }
14   }
15 }
```

リスト 4.7 のプログラムを実行し、点数 (score) として 80 を入力すると、実行結果は次のリスト 4.8 のとおりです。

リスト 4.8 80 を入力したときの実行結果

```
1 点数:80
2 合格
```

リスト 4.7 の 8 行目の条件式を数直線で表したのが図 4.2 です。80 はこの図の網かけ部分に含まれます。つまり、score が 80 ならこの条件は成り立ちますから、画面に「合格」と表示されます。

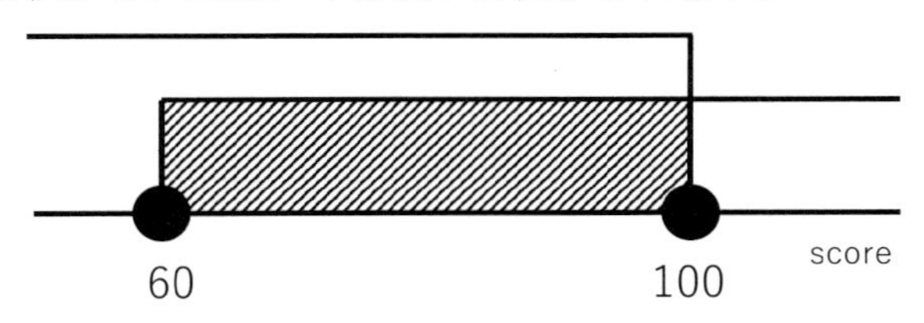

図 4.2 score が 60 以上 100 以下の範囲

また、リスト 4.7 のプログラムを実行し、点数 (score) として-10 を入力すると、実行結果は次のリスト 4.9 のとおりです。

リスト 4.9 -10 を入力したときの実行結果

```
1 点数:-10
2 エラー
```

リスト 4.7 の 11 行目の条件式を数直線で表したのが図 4.3 です。-10 はこの図の左側の網かけ部分に含まれます。つまり、score が-10 ならこの条件は成り立ちますから、画面に「エラー」と表示されます。

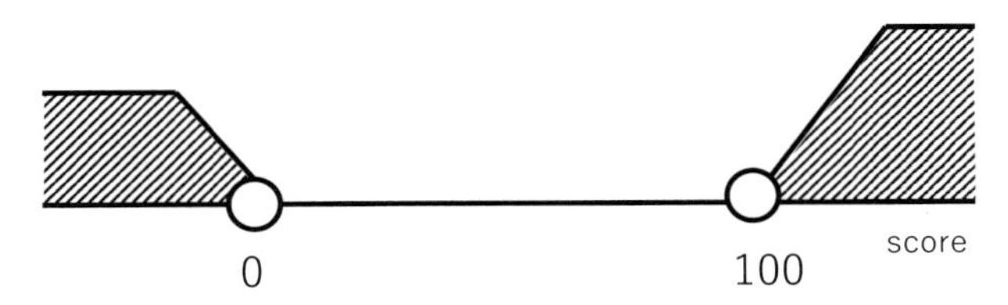

図 4.3 score が 0 未満または 100 より大きい範囲

ところで、この図 4.3 の網かけ部分に 80 は含まれません。つまり、score が 80 のときには 11 行目の条件は成り立たなかったので、リスト 4.8 に「エラー」は表示されなかったというわけです。

4.4 条件分岐（if-else文）

「ある条件が成り立つときには処理1を実行し、そうでない場合には別の処理2を実行する」というプログラムを記述するにはif-else文を用います。

if-else文

ある条件が成り立つときには処理1を実行し、そうでない場合は処理2を実行する、というときには、if-else文を用いて、次のように記述します。

if-else文

```
if ( 条件式 ) {
  処理1
} else {
  処理2
}
```

if-else文は、条件式の値が `true` のときには処理1を、また `false` のときには処理2を実行します。if-else文のフローチャートを図4.4に示します。

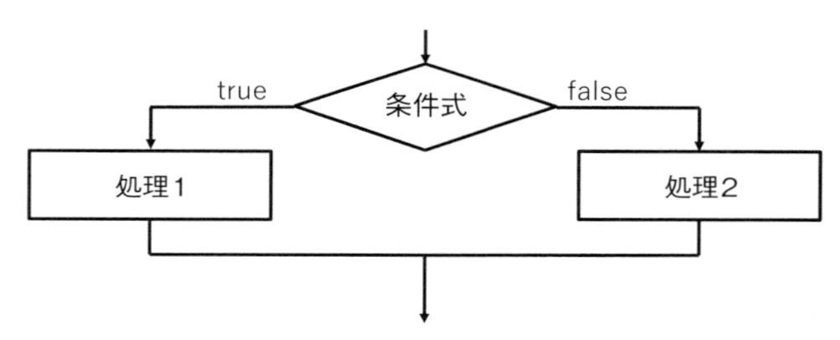

図 **4.4**　if-else文のフローチャート

たとえば、テストの点数(score)が60点以上であれば合格、そうでなければ不合格と画面に表示するプログラムを考えます。

まずはif-else文を使わずにif文だけで記述すると、次のリスト4.10のようになります。

リスト **4.10**　if文を用いたテストの合否判定

```
1  if (score >= 60 ) {
2    System.out.println("合格");
3  }
4  if (score < 60) {
5    System.out.println("不合格");
6  }
```

このプログラムのフローチャートを図4.5に示します。

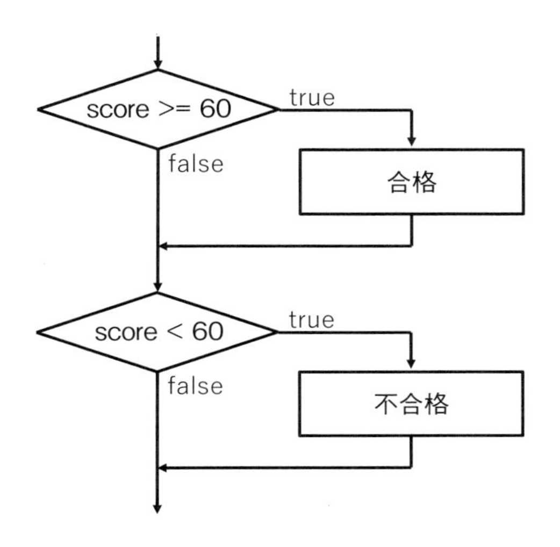

図 **4.5**　リスト 4.10 のフローチャート

このように、「60 点以上であるならば」という if 文と、「60 点以上でないならば」という if 文を 2 つ続けて記述することになります。しかも、この 2 つの条件は実際には同じ条件の表と裏にすぎないのに、それぞれを別の条件式として記述しなくてはなりません。

これに対し、先ほど紹介した if-else 文を用いると、リスト 4.11 のようにシンプルに記述することができます。

リスト 4.11　if-else 文を用いたテストの合否判定

```
1  if (score >= 60) {
2    System.out.println("合格");
3  } else {
4    System.out.println("不合格");
5  }
```

このプログラムのフローチャートを図 4.6 に示します。

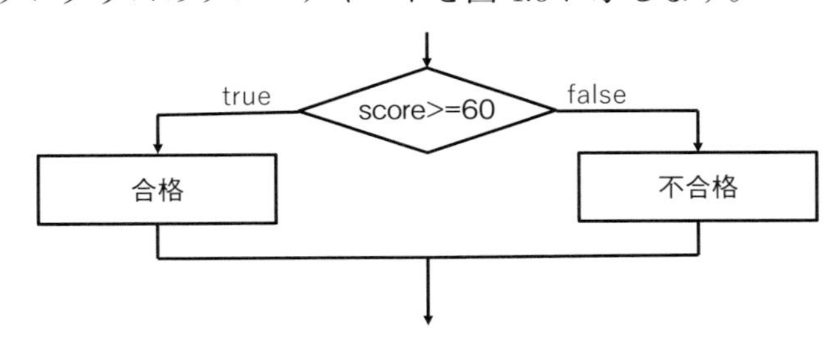

図 **4.6**　リスト 4.11 のフローチャート

このように、if-else 文では条件式を 1 つと処理を 2 つ記述します。この条件式が成り立つかどうかで、2 つの処理のうちどちらか 1 つだけが実行されます。

4.5 二重になったif文

ここまでで、条件分岐を用いて「もしある条件が成り立つときにはこのような処理をする」というプログラムを記述できるようになりました。本節では、条件分岐の中でさらに条件分岐をおこなうときの記述のしかたと、3つ以上に分岐する条件分岐の記述のしかたを説明します。

条件分岐の入れ子

if文の中にさらにif文を記述することができます。たとえば、テストの点数と出席回数という2つの値で合格・不合格を判定するプログラムについて考えてみましょう。合格基準は、テストの点数が60点以上、出席回数が10回以上とします。判定方法は次のとおりとします。

▶[プログラミングにおける入れ子]
このように、ある文（ここではif文）の中に別の文（ここでは、これもif文）を入れ記述することを入れ子といいます。入れ子という語は3.6節でも紹介しました。

▶[判定方法]
テストの点数が60点以上でさえあれば出席回数を問わないことになっていますが、これはあくまでも例です。点数がとれさえすれば出席はどうでもいいということを本書が主張しているわけではありません。あしからず。

> テストの点数 (score) が合格基準を満たしていなければ、
> - 出席回数 (count) も合格基準を満たしていなければ不合格。
> - 出席回数は合格基準を満たしていれば再テスト。
>
> テストの点数が合格基準を満たしていれば合格。

このようなちょっと複雑な判定も、条件分岐の中にさらに条件分岐を記述することで実現できます。この判定をプログラムとして記述したのがリスト4.12です。

リスト **4.12**　if文の入れ子を用いた合否判定

```
1  if (score < 60) {
2    if (count < 10) {
3      System.out.println("不合格");
4    } else {
5      System.out.println("再テスト");
6    }
7  } else {
8    System.out.println("合格");
9  }
```

このプログラムの実行の流れは次のとおりです。

> テストの点数 (score) が60未満なら、
> - 出席回数 (count) が10回未満なら「不合格」と表示する。
> - そうでなければ「再テスト」と表示する。
>
> そうでなければ（scoreが60以上なら）「合格」と表示する。

if-else if-elseの文

前節のリスト4.11に、テストの点数が0点未満の場合には「エラー」と表示するという条件分岐を追加しましょう。そのためには、テストの点数によって3つに分岐しなくてはなりません。このように分岐先を3つ以上にする際には、if-else if-elseを用います。

if-else if-else を用いた条件分岐

```
if ( 条件式 1 ) {
  処理 1
} else if ( 条件式 2 ) {
  処理 2
} else if ...
  ... {
} else if ( 条件式 n ) {
  処理 n;
} else {
  処理 n+1;
}
```

最初の条件の書き出しには `if` を、最後の条件は条件式を記述せずに `else` を用います。条件が増えていくと途中の `else if` の行が増えます。フローチャートを図 4.7 に示します。

▶[複数の条件分岐]
このフローチャートでは 3 つの条件式によって 4 つの処理に分岐しています。`else if` を増やすことで、条件分岐を増やすことができます。

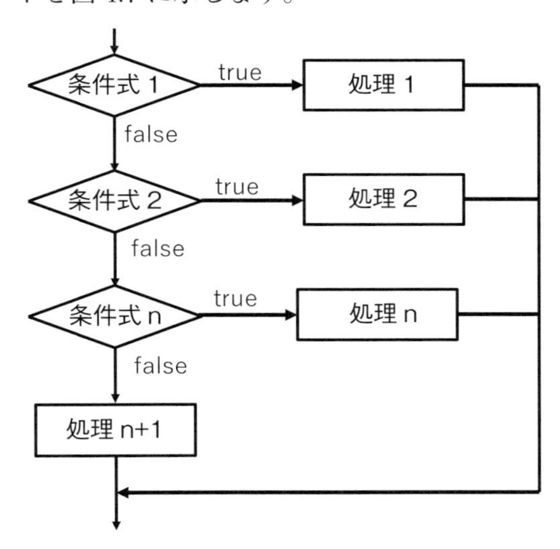

図 4.7　if-else if-else の条件分岐のフローチャート

先ほどの例をプログラムとして記述したのが次のリスト 4.13 です。

▶[テストの合否判定]
リスト 4.13 は前節のリスト 4.11 の改訂版ですので、出席回数による条件分岐は含んでいません。

リスト 4.13　if-else if-else を用いたテストの合否判定

```
1    if(score < 0) {
2      System.out.println("エラー");
3    } else if(score >= 60 ) {
4      System.out.println("合格");
5    } else {
6      System.out.println("不合格");
7    }
```

if-else が数珠つなぎになっているなんて面倒そうですか？ これと同じことをするプログラムをすべて if 文だけで記述することもできますが、そうすると 1 つ 1 つの条件式はかえって複雑になります。むしろ if-else if-else を使うほうがずっとシンプルです。

▶[ずっとシンプル]
図 4.7 からわかるように、条件 1 が成り立ったときには条件 2 以降を無視します。逆にいうと、条件 2 を評価する時点では条件 1 が成り立たなかったことが前提です。そのぶん条件 2 の式をシンプルに記述できます。

4.6 《発展》条件分岐（switch 文）

if-else 文を用いると、条件が多いときにはプログラムも見づらくなりがちです。switch 文は、分岐の条件として複雑なものは扱えないかわりに、分岐が多いときでも記述はシンプルです。

switch 文

ある式の値に応じて分岐するプログラムを記述するには switch 文が便利です。switch 文の記述のしかたは次のとおりです。

switch 文

```
switch ( 式 ) {
  case 値 1:
    処理 1
    break;
  case 値 2:
    処理 2
    break;
  default:
    処理 3
}
```

なお、これは値 1、値 2、それ以外の 3 つに分岐するときの記述のしかたです。途中の case 値 n はもっと増やすことができます。

▶[break;]
break; がないと、そのまま直後の case ないし default の処理に突入します。意図してそうするのでない限り、各処理のあとの break; を忘れないようにしましょう。

switch 文の実行の流れは次のとおりです。まず switch のあとの丸カッコ「( )」内にある式の値を調べます。それと一致する値をもつ case があれば、その処理を実行します。また、どの case の値とも一致しなければ default の処理を実行します。break; は switch 文を終了します。switch 文のフローチャートを図 4.8 に示します。

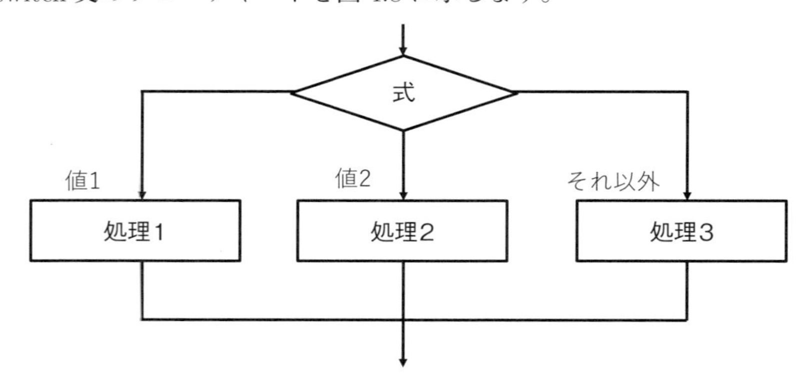

図 **4.8**　switch 文のフローチャート

case の値としては、整数型 (byte, short, int)、文字型 (char)、もしくは文字列型（Java 7 以降）のいずれかを使用できます。整数型には他に long 型がありますが、case の値として long 型を使用することはできません。

▶[case の値]
それぞれの型については 3.3 節を参照。
この他に列挙型も使用できますが、本書では列挙型を扱いません。興味のあるひとは「java enum」でググってみましょう。

たとえば、成績が1〜3の3段階にわかれていて、この値に応じて異なる処理をおこないたい場合には、次のリスト4.14のように記述します。

リスト **4.14**　Sample04_06_Switch.java

```
import java.util.*;

public class Sample04_06_Switch {
  public static void main(String[] args) {
    Scanner sc = new Scanner(System.in);
    System.out.print("数値:");
    int score = sc.nextInt();
    switch (score) {
    case 1:
      System.out.println("がんばりましょう");
      break;
    case 2:
      System.out.println("よくできています");
      break;
    case 3:
      System.out.println("とてもよくできています");
      break;
    default:
      System.out.println("正しい値を入力してください");
    }
  }
}
```

このプログラムは、成績 (score) の値が1, 2, 3のいずれかであればその成績に応じたメッセージを表示します。このプログラムを実行して2を入力したときの実行結果はリスト4.15のとおりです。

リスト **4.15**　2を入力したときの実行結果

```
数値:2
よくできています
```

また、scoreの値がそれ以外であれば「正しい値を入力してください」というメッセージを表示します。このプログラムを実行して5を入力したときの実行結果はリスト4.16のとおりです。

リスト **4.16**　2を入力したときの実行結果

```
数値:5
正しい値を入力してください
```

リスト4.14と同じことをするプログラムをif-else文を用いて記述することもできますが、リスト4.14のようにswitch文を用いるほうが見やすいです。

4.7 ■ 章末問題 ■

問 1

4.2 節のリスト 4.2 を入力して実行し、結果を確認しなさい。

▶[ヒント 1]
リスト 4.4 で偶数かどうか判定したプログラムが参考になります。

問 2

if-else 文を使って、キーボードから入力された数値が 5 の倍数かそうでないかを表示するプログラムを作成しなさい。このプログラムの実行結果が次のようになることを確認すること。

リスト **4.17**　10 と入力した場合

```
1  10:5の倍数
```

リスト **4.18**　12 と入力した場合

```
1  12:5の倍数でない
```

問 3

if-else 文を使って、キーボードから入力された時刻が午前か午後かエラーかを表示するプログラムを作成しなさい。プログラムは入力された値に応じて次のように表示するものとする。

- 入力された値が 0 以上 12 未満の場合、午前○○時と表示する。
- 入力された値が 12 以上 24 未満の場合、午後○○時と表示する。
- 入力された値が 0 未満または 24 以上の場合、エラーと表示する。

このプログラムの実行結果が次のようになることを確認すること。

リスト **4.19**　9 と入力した場合

```
1  午前9時
```

▶[ヒント 2]
14 と入力したときの実行結果が「午後 14 時」ではないことに注意すること。

リスト **4.20**　14 と入力した場合

```
1  午後2時
```

リスト **4.21**　29 と入力した場合

```
1  エラー
```

第 5 章

繰返し

▶▶▶ねらい

本章では、処理を繰り返して実行するための方法を紹介します。

第 4 章の条件分岐を用いると、テストの点数にもとづいて合格・不合格を判定することができました。しかし、クラス全員の合否を判定するために人数分の if 文を書くなんてまっぴらですね。そこで登場するのが繰返しです。

Java には繰返しの方法が複数あります。クラスの出席番号 1 番から 50 番までを順に処理するといった、回数の決まっている繰返しのためには、しばしば for 文が用いられます。ある条件が成り立つあいだはずっと処理を繰り返すというときには、 while 文がよく使われます。

繰返しの条件を記述するには、第 4 章で学んだ条件式を用います。条件の書きかたによっては、無限の繰返し（無限ループ）も実現可能です。

繰返しを用いることで、プログラムがよりシンプルになることはよくあります。同じ処理を何回もおこなうためにコピー＆ペースト（コピペ）するのは卒業して、繰返しを使いこなしましょう。

この章の項目

繰返し
for 文
while 文
無限ループ
do-while 文
break 文
continue 文

5.1 繰返しとは

処理を何度も実行したい場合、Java では、for 文や while 文、do-while 文を用いて繰返しをすることができます。本節では、それぞれの特徴について説明します。

繰返しとは

同じ処理を続けて何度も実行するプログラムを書くとき、どうしますか？ たとえば 3 回くらいなら、まず 1 回分のプログラムを書いて、あと 2 回分はコピー＆ペースト（コピペ）すればいいでしょうか？

しかし、このような場合にプログラムをコピペするようなやりかたは適切ではありません。そのやりかたでは、実行回数の増減のたびにコピペの部分を足したり削ったりしなくてはなりません。処理内容を変更するとなればコピペも全部やりなおしです。さらには、処理の途中で異常が発生したときに処理を打ち切って残りの回数を省略するとか、その回だけを打ち切って次の回に進むなどということも難しそうです。

うまい解決方法があります。処理を何度も実行することを繰返しまたはループといいます。Java では、繰返しの構文として、for 文、while 文、do-while 文があります。本節では、それぞれの特徴について説明します。プログラムの書きかたなど、詳しい内容は、5.2 節以降でそれぞれ紹介します。

for 文による繰返し

決められた回数だけ繰り返したい場合、通常は for 文が便利です。for 文では、回数を数えるための変数を宣言し、最初の値と、どこまで繰り返すかを決め、そのあいだどのように増えていくか、減っていくかを記述します。そうすることで、決められた回数だけ繰り返したり、カウントアップやカウントダウンができます。

for 文の構文は以下のとおりです。

for 文

```
for ( 初期化; 条件式; 更新 ) {
  処理
}
```

たとえば、1 から 10 までの数字を表示するときには、次のリスト 5.1 のように考えて for 文を使います。詳しくは 5.2 節以降で説明します。

リスト 5.1 1 から 10 まで繰り返す for 文の考えかた

```
1  for(1から; 10まで; 1ずつ増やす) {
2    変わっていく数字を表示
3  }
```

while 文による繰返し

while 文は、指定した条件が成り立つあいだは処理を繰り返します。while 文の構文は以下のとおりです。

while 文

```
while ( 条件式 ) {
  処理
}
```

たとえば、キーボードからの数値の入力を受け付け、その数値が 1 であるあいだは入力受け付けを繰り返すときには、次のリスト 5.2 のように考えて while 文を用いることができます。詳しくは 5.5 節で説明します。

リスト 5.2　1 が入力されるあいだは繰り返す while 文の考えかた

```
1  変数に1を代入
2  while(変数の値が1である) {
3    キーボードからの入力を受け付けて変数に代入
4  }
```

do-while 文による繰返し

while 文は、条件が最初から成り立っていなければ処理を 1 回も繰り返さずに終了します。しかし、最初に 1 回かならず処理を実行したいという場合があります。このような場合は、do-while 文を用います。

do-while 文

```
do {
  処理
} while ( 条件式 );
```

先ほど while 文のところで挙げた例では、まず無条件に変数に 1 を代入する必要がありました。これを、次のリスト 5.3 のように考えて do-while 文で書き直すことができます。詳しくは 5.6 節で説明します。

リスト 5.3　1 が入力されるあいだは繰り返す do-while 文の考えかた

```
1  変数宣言
2  do{
3    キーボードからの入力を受け付けて変数に代入
4  }while(変数の値が1である);
```

5.2 繰返し（for 文）

for 文のプログラムの書きかたと使いかたを学習しましょう。

for 文

for 文では、丸カッコ「( )」の中にセミコロン「;」区切りで、初期化、条件式、更新の 3 つを記述します。典型的には、繰返し用の変数の初期化、繰返しの継続の条件式、繰返し用の変数の更新、という 3 つを記述します。また、丸カッコに続く波カッコ開き「{」と閉じ「}」のあいだに繰り返すべき処理を記述します。

▶[波カッコ開き「{」と閉じ「}」のあいだ]
波カッコ開き「{」と閉じ「}」で囲まれた部分をブロックといいます。4.1 節《発展》参照。

▶[セミコロン「;」]
丸カッコ閉じ「)」と 波カッコ開き「{」のあいだにセミコロン「;」を入れてはいけません。誤って `for(初期化; 条件式; 更新);{` のように記述すると、for 文の繰返し回数にかかわらず、処理は 1 回だけ実行されます。

for 文

```
for ( 初期化; 条件式; 更新 ) {
  処理
}
```

for 文のフローチャートを図 5.1 に示します。

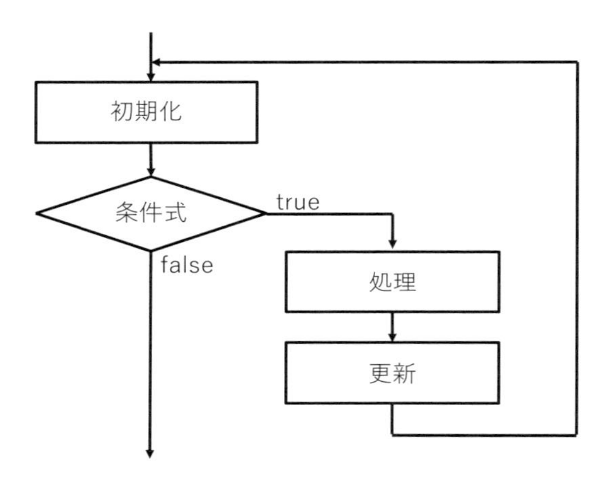

図 5.1　for 文のフローチャート

実際の例を使って説明しましょう。画面に `Hello,` と表示する処理を 5 回繰り返したいとします。for 文を用いて、5 回繰り返すにはリスト 5.4 のように記述します。

▶[`int i = 0`]
この 0 を 1 に変え、条件式を `i <= 5` としても 5 回繰り返します。
しかし、リスト 5.4 のように初期化で 0 を使う書きかたは伝統的に広く使われています。そのほうが、第 6 章で登場する配列との相性もよいです。6.5 節を参照。

リスト 5.4　for 文で 5 回繰り返す Sample05_02_For1.java

```
1 public class Sample05_02_For1 {
2   public static void main(String[] args) {
3     for(int i = 0; i < 5; i++) {
4       System.out.print("Hello,");
5     }
6   }
7 }
```

このプログラムの 3 行目に for 文があります。この for 文の初期化は、繰返し用の変数iを宣言し、その値を0とします。条件式は、iの値が5未満であるとし、この条件が成り立つあいだは繰り返すようにします。更新は、iの値を1ずつ増やします。つまり、このfor文はiを0, 1, 2, 3, 4と変化させながら、画面にHello,を表示する処理（4行目）を5回繰り返します。この結果、画面にHello,が5回表示されます。

リスト5.4の実行結果は次のリスト5.5のとおりです。

▶[繰返しの強制終了]
プログラムの誤りのために繰返しが止まらなくなり、5回どころかたくさん表示されることがあります。その場合にはプログラムを強制終了してください。
Eclipseでは、コンソールの赤い四角形のボタンをクリックします。
コマンドプロンプトでは、キーボードからCtrl + Cを入力します。

リスト 5.5　リスト5.4の実行結果

```
1 Hello,Hello,Hello,Hello,Hello,
```

この例では、for文用に宣言した繰返し用の変数iを、for文の丸カッコの中でしか使っていませんが、for文の処理の中で使うこともできます。

たとえば、iの値が増えていく様子を表示することができます。そこで、iの値を0から9まで1ずつ数を増やしながら、その値を画面に表示してみます。

リスト 5.6　for文で0から9まで繰り返す Sample05_02_For2.java

```
1 public class Sample05_02_For2 {
2   public static void main(String[] args) {
3     for(int i = 0; i <= 9; i++) {
4       System.out.print(i + "␣");
5     }
6   }
7 }
```

このプログラムのfor文の初期化は、繰返し用の変数iを宣言し、その値を0とします。条件式は、iの値が9以下であるとします。更新は、iの値を1ずつ増やします。つまり、このfor文はiを0, 1, 2, 3, 4, 5, 6, 7, 8, 9と増やしながら、そのiの値を表示する処理（4行目）を10回繰り返します。

リスト5.6の実行結果は次のリスト5.7のとおりです。

リスト 5.7　リスト5.6の実行結果

```
1 0 1 2 3 4 5 6 7 8 9
```

5.3 for文のいろいろなプログラム

for 文は if 文と組み合わせることで、ある条件が成り立つときにのみ処理をおこなうことを繰り返すことができます。

▶ [if 文]
4.1 節を参照。

for 文と if 文を組み合わせる

ここでは、1 から 100 までの整数のうち 3 の倍数を表示するプログラムを作成します。

▶ [割った余り（剰余）]
ある数が 3 の倍数かどうかは、算術演算子%を用いて、その数を 3 で割った余りが 0 であるかどうかを調べれば判定できます。%については 3.5 節を参照。

for 文を用いると、1 から 100 までの値を作ることができます。また、if 文の条件式で値を 3 で割った余りを 0 と比較すれば、その値が 3 の倍数かどうかを判断できます。これらを組み合わせて、1 から 100 までの値を作る for 文の中で、if 文を用いてその値が 3 の倍数であるときのみその値を表示するように記述すれば、目的のプログラムが作成できます。

▶ [for 文の中の if 文]
リスト 5.8 では for 文と if 文が入れ子になっています。4.5 節では if 文と if 文が入れ子になっている例を説明しました。

リスト 5.8 では、for 文を用いて 1 から 100 までの整数を作り、そのうち 3 の倍数を表示するプログラムを作成します。

リスト **5.8**　3 の倍数を表示する Sample05_03_ForIf.java

```
1  public class Sample05_03_ForIf {
2    public static void main(String[] args) {
3      for (int i = 1; i <= 100; i++) {
4        if (i % 3 == 0) {
5          System.out.print(i + "␣");
6        }
7      }
8    }
9  }
```

リスト 5.8 の実行結果は以下のとおりです。

リスト **5.9**　リスト 5.8 の実行結果

```
1  3 6 9 12 15 18 21 24 27 30 33 36 39 42 45 48 51 54 57 60 63 66 69
   72 75 78 81 84 87 90 93 96 99
```

for 文を用いた合計値の計算

次は、for 文を用いて作った数の合計値を計算してみましょう。

▶ [sum]
英語で sum は合計という意味です。ここで変数名が sum でなくてはならないわけではありませんが、合計値を求めるプログラムでこのような変数名が使われることはよくあります。

基本的な考えかたとしては、まず合計値を記憶するための変数 sum を用意し、0 に初期化します。次に、for 文による繰返しの中で、1 から順に生成した数値を sum に加算していきます。繰返しが終了したら、sum の値はすべての数値の合計値になっています。これを Java で記述したプログラムがリスト 5.10 です。また、その実行結果はリスト 5.11 です。

▶[int i = 1]
リスト 5.10 で必要なのは 1 から 5 までの数値ですから、繰返し開始時点の変数 i の値は 0 ではなく 1 とします。

リスト **5.10**　1 から 5 までを合計する Sample05_03_Sum.java

```
1  public class Sample05_03_Sum {
2    public static void main(String[] args) {
3      int sum = 0;
4      for (int i = 1; i <= 5; i++) {
5        sum += i;
6      }
7      System.out.println("合計値:" + sum);
8    }
9  }
```

リスト **5.11**　リスト 5.10 の実行結果

```
1  合計値:15
```

これまでの例に比べると少し難しく感じるかもしれません。自分がコンピュータになったつもりで 1 行ずつプログラムを追ってみましょう。

3 行目は合計用の変数 sum の宣言です。初期値を 0 とします。

4〜6 行目は for 文です。4 行目の初期化では、変数 i を宣言し、その値を 1 とします。条件式では、i が 5 以下かどうか調べます。更新では、i を 1 ずつ増やします。5 行目の処理では、複合代入演算子+=を用いて sum の値に i の値を加算します。

▶[複合代入演算子]
3.7 節を参照。

これらのことを踏まえ、プログラムの実行の過程でこれらの変数がどのように変化していくかを見ていきましょう。

3 行目: sum の値は繰返しの開始前は 0 です。
4 行目: for 文において i の値は 1 から 5 まで 1 ずつ増えます。
5 行目: i の値が 1 のとき sum の値は 1 だけ増えて 1 になります。
5 行目: i の値が 2 のとき sum の値は 2 だけ増えて 3 になります。
5 行目: i の値が 3 のとき sum の値は 3 だけ増えて 6 になります。
以下同様。

この加算の繰返しが終了したとき、sum の値は 1 から 5 の合計値である 15 になっています。この変化を表 5.10 に整理してみました。

表 **5.1**　リスト 5.10 の変数 i と変数 sum の変化

変数 i	変数 sum
1	1
2	3
3	6
4	10
5	15

5.4 二重になったfor文

for 文と if 文を組み合わせることができたように、for 文と for 文を組み合わせて入れ子にすることもできます。

▶[for 文の入れ子]
4.5 節では if 文どうしの入れ子、5.3 節では for 文と if 文の入れ子を説明しました。

for 文の入れ子

for 文を 2 つ組み合わせるときは、それぞれの for 文で異なる変数を使わなければいけません。ここでは x と y という変数を使います。

リスト 5.12 は、for 文の中で for 文を用いて、2 つの変数 x, y の値を画面に表示する処理を繰り返します。2 つのうちどちらが x でどちらが y かわかりやすいように、x は 1 から 3 まで、y は 1 から 5 までを繰り返すことにします。このプログラムのフローチャートを図 5.2 に示します。

▶[リスト 5.12]
5 行目では println ではなく print を用いることに注意してください。つまり、4 行目の for 文（入れ子の内側の for 文）では改行を出力しません。
また、7 行目では println を用います。これによって、内側の for 文が終わったところで改行を出力します。
なお、7 行目のように丸カッコ「( )」の中に何もないと、println は単に改行のみを出力します。

リスト 5.12　for 文の入れ子を用いる Sample05_04_Nested.java

```
1  public class Sample05_04_Nested {
2    public static void main(String[] args) {
3      for (int x = 1; x <= 3; x++) {
4        for (int y = 1; y <= 5; y++) {
5          System.out.print(x + "-" + y + "␣");
6        }
7        System.out.println();
8      }
9    }
10 }
```

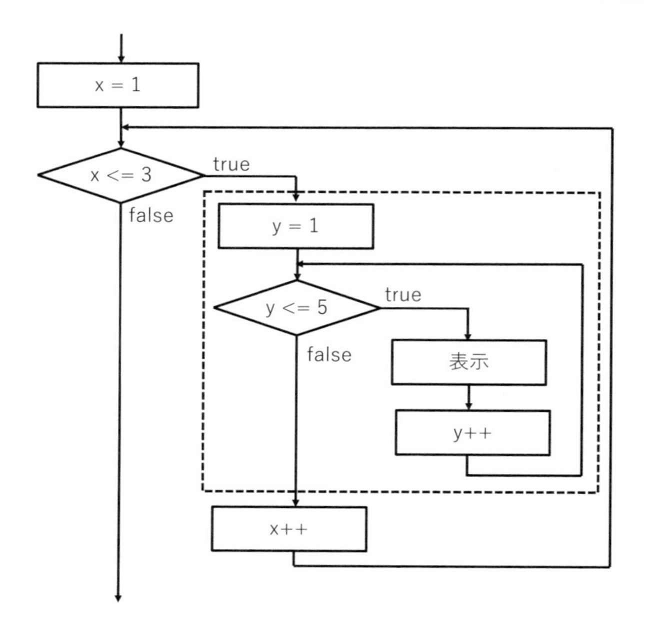

図 5.2　リスト 5.12 のフローチャート

このフローチャートは、少し複雑に見えるかもしれません。まずは図中の「点線で囲まれた四角」の中身を無視して、この四角を1つの「処理」とみなしてみましょう。すると、この図全体が5.2節の図5.1と同じ繰返しの流れになっているのがわかりますか？ この繰返しをおこなうのが、リスト5.12の3行目にあるfor文です。このfor文が入れ子の外側にあたります。

次は先ほど中身を無視した、点線で囲まれた四角の中だけを見てみましょう。すると、ここもまた、5.2節の図5.1と同じ繰返しの流れになっています。この繰返しをおこなうのが、リスト5.12の4行目にあるfor文です。このfor文が入れ子の内側にあたります。

リスト5.12の実行結果は次のとおりです。

リスト 5.13 リスト5.12の実行結果

```
1-1 1-2 1-3 1-4 1-5
2-1 2-2 2-3 2-4 2-5
3-1 3-2 3-3 3-4 3-5
```

次に、リスト5.12の改造版として、数値のかわりに記号を表示するプログラムを作りましょう。リスト5.14は「■」という記号を縦横に並べて表示します。

リスト 5.14 forの入れ子を用いるSample05_04_Squares.java

```
public class Sample05_04_Squares {
  public static void main(String[] args) {
    for (int x = 1; x <= 3; x++) {
      for (int y = 1; y <= 5; y++) {
        System.out.print("■");
      }
      System.out.println();
    }
  }
}
```

リスト5.14の実行結果は次のとおりです。

リスト 5.15 リスト5.14の実行結果

リスト5.12とは5行目の処理が違いますので、数字とマイナス「-」を表示するかわりに「■」を表示します。つまり「『■』を5回表示して改行する」という処理を3回繰り返します。

5.5 繰返し（while 文）

while 文のプログラムの書きかたと使いかたを学習しましょう。

while 文

while 文では、丸カッコ「( )」の中に条件式を記述し、それに続く波カッコ開き「{」と閉じ「}」のあいだに処理を記述します。

while 文

```
while ( 条件式 ) {
  処理
}
```

while 文は、条件が成り立つあいだは処理を繰り返します。while 文のフローチャートを図 5.3 に示します。

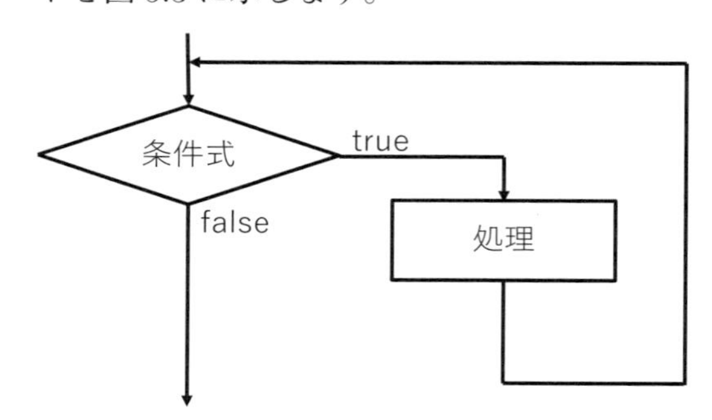

図 **5.3**　while 文のフローチャート

while 文を用いた繰返し

▶［キーボードからの入力］
キーボードから入力を受ける方法については 3.4 節を参照。

リスト 5.16 のプログラムは、画面に「数値を入力してください:」と表示してキーボードからの入力を受け付け、その値が 1 であるあいだは同じことを繰り返します。1 以外が入力されたら終了します。この実行結果はリスト 5.17 のとおりです。

リスト **5.16**　Sample05_05_While1.java

```
1  import java.util.*;
2
3  public class Sample05_05_While1 {
4    public static void main(String[] args) {
5      Scanner sc = new Scanner(System.in);
6      int answer = 1;
7      while (answer == 1) { // answerが1のあいだは繰り返す
8        System.out.print("数値を入力してください:");
9        answer = sc.nextInt();
10     }
11   }
12 }
```

リスト **5.17**　リスト 5.16 の実行結果

```
1  数値を入力してください:1
2  数値を入力してください:1
3  数値を入力してください:1
4  数値を入力してください:0
```

無限ループ

プログラムによっては、終了しない繰返しが必要な場合もあります。終了しない繰返しのことを無限ループといいます。無限ループの作りかたには複数ありますが、ここでは while 文の条件式として `true` と記述する方法を紹介します。

▶［無限ループの強制終了］
無限ループのために止まらなくなったプログラムを終了させるには強制終了してください。
Eclipse では、コンソールの赤い四角形のボタンをクリックします。
コマンドプロンプトでは、キーボードから Ctrl + C を入力します。

リスト **5.18**　while 文のサンプル

```
1    while (true) {
2      System.out.println("ずっと繰り返す");
3    }
```

`break` を使って、無限ループから抜けることも可能です。`break` については 5.7 節で説明します。

while 文を用いて決められた回数だけ繰り返す

while 文でも、for 文のように決められた回数だけ繰り返すプログラムを作成することができます。5.2 節のリスト 5.6 と同じく、変数 i を 0 から 9 まで 1 ずつ増やしながら表示するプログラムを、ここでは while 文を用いて作ります。

リスト **5.19**　while 文のサンプル

```
1    int i = 0;
2    while (i <= 9) {
3      System.out.print(i + "␣");
4      i++;
5    }
```

`while` の丸カッコ「( )」の中には条件式しか記述することができないので、while 文が始まる前に i の宣言と初期値を記述し、繰り返し処理の最後に i の値を更新します。この実行結果はリスト 5.20 のとおりです。

リスト **5.20**　リスト 5.19 の実行結果

```
1  0 1 2 3 4 5 6 7 8 9
```

このように、while 文でも for 文と同様の繰返しを記述できます。ただし、たいていの場合には for 文のほうがより簡潔に書けて便利です。

5.6 繰返し（do-while 文）

繰返しの際に、条件判断よりも先に処理を実行する do-while 文の書きかたと使いかたを学習しましょう。

do-while 文

たとえば、テストの点数が合格点に満たない場合は再度テストを受験する、といったような処理は while 文を用いて記述できます。しかし、テストの点数をチェックするためには、先にテストを受験する必要があります。したがって、while 文の繰返しの前に 1 回はテストの受験が必要です。

先にテストの受験をして、その後、テストの点数のチェックができたら便利そうです。このように、まず処理を実行し、その後、条件が成り立つかどうかチェックしたい場合には do-while 文を使います。

do-while 文の構文は次のとおりです。最後のセミコロン「;」を忘れないようにしましょう。

do-while 文

```
do {
  処理
} while ( 条件式 );
```

do-while 文のフローチャートを図 5.4 に示します。

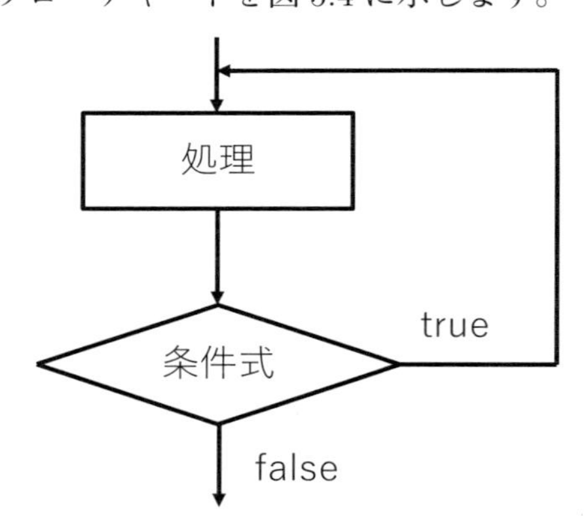

図 **5.4**　do-while 文のフローチャート

例として、テストの点数が 60 点未満であるあいだはテストを受け続けるプログラムを作りましょう。do-while 文を用いて書いたプログラムがリスト 5.21 です。また、同じことをするプログラムを、do-while 文のかわりに while 文を用いて書いたのがリスト 5.22 です。

リスト **5.21**　Sample05_06_DoWhile.java

```
1  import java.util.*;
2  
3  public class Sample05_06_DoWhile {
4    public static void main(String[] args) {
5      Scanner sc = new Scanner(System.in);
6      int answer;
7      do {
8        System.out.print("点数は？ :");
9        answer = sc.nextInt();
10     } while (answer < 60);
11   }
12 }
```

リスト **5.22**　リスト 5.21 と同じことをする Sample05_06_While2.java

```
1  import java.util.*;
2  
3  public class Sample05_06_While2 {
4    public static void main(String[] args) {
5      Scanner sc = new Scanner(System.in);
6      int answer;
7      System.out.print("点数は？ :");
8      answer = sc.nextInt();
9      while (answer < 60) {
10       System.out.print("点数は？ :");
11       answer = sc.nextInt();
12     }
13   }
14 }
```

この 2 つのプログラムの処理内容は同じものですから、実行結果も同じです。この実行結果をリスト 5.23 に示します。

リスト **5.23**　リスト 5.21, 5.22 の実行結果

```
1  点数は？ :30
2  点数は？ :50
3  点数は？ :70
```

while 文だけのリスト 5.22 には、試験を受験する処理（つまり、画面に点数を入力するための文字を表示し、変数に値を代入する処理）を 2 度記述しています。同じ処理を 2 度記述するのは面倒ですよね。このような場合には、リスト 5.21 のように do-while 文を使って、よりシンプルに記述しましょう。

5.7 《発展》break 文と continue 文

ある処理の実行を繰り返しているとき、break 文を使うと、処理を途中で打ち切って繰返しから抜けます。また、continue 文を使うと、処理の残りをとばして次の回に進みます。

▶[合計値の計算]
まず変数 sum を 0 にします。次に for 文などによって、sum に数値を加算する処理を繰り返します。5.3 節を参照。

同じことの繰返しがいやになることもある

突然ですが、商店でお客のショッピングカートに入っている商品の総額を集計する場合について考えます。この集計をプログラムでおこなうなら、5.3 節で学んだ合計値の計算を応用すればいいですね。商品ごとの価格を総額に加算する処理を繰り返すだけです（リスト 5.24 の 3 ～ 7 行目）。

リスト **5.24** ショッピングカートの商品総額を集計

```
1  int num = sc.nextInt(); // numは商品数
2  int sum = 0;
3  for (int i = 0; i < num; i++) {
4    System.out.print(i + 1 + "番目の商品の価格は？ ␣");
5    int price = sc.nextInt();
6    sum += price; // 価格を総額に加算
7  }
8  System.out.println("商品総額␣" + sum + "円");
```

▶[負の数の値札]
そもそもレジでバーコードをピッとするだけなんだから……というのはいったん忘れてください。

しかし、もし商品に負の数の値札（-5,000 円とか）が貼られていたらどうしますか？ そんなことは普通はありえませんが、印字ミスかもしれませんし、ふとどきなお客が値札に細工したのかもしれません。

プログラムとしては、ありえないことを想定しないのではなく、ありえないことにはそれなりの処置をするべきです。

break は繰返しを抜ける

ここでは「ある商品の値段が負数だったら集計をやめる」ということにしましょう。このような、繰返しの処理を途中で打ち切って繰返しそのものをやめる（抜ける）場合には、break を使うと便利です。

break 文はそれを含む繰返しを終了させます（図 5.5 の左）。次ページにあるリスト 5.25 の 17 行目は break の使用例です。

continue は繰返しの次の回に進む

またもや総額の集計について考えます。今度は「ある商品の値段が負数だったらその商品はとばすが集計は続ける」ということにしましょう。このような、繰返しのある回だけを途中で打ち切って次の回に進む場合には、continue を使うと便利です。

continue 文は、それを含む繰返しにおいて、実行中の回を途中で打ち切って次の回に進みます（図 5.5 の右）。

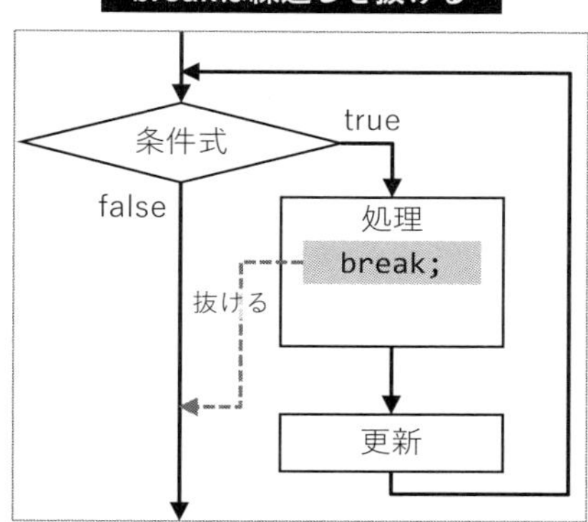

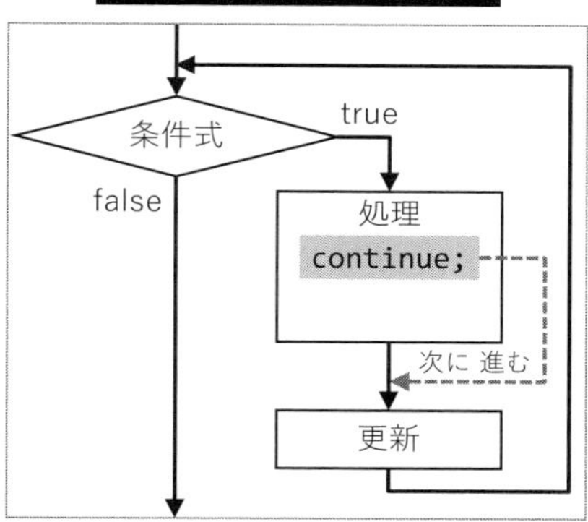

図 **5.5** break 文と continue 文

商品の総額を集計するサンプルプログラム

リスト 5.25 は break の使用例です。このプログラムを実行し、コンソールから商品数（3 など）および商品ごとの価格を入力していくと、最後に総額が表示されます。もし途中の商品の価格を負数にすると、そこで集計は打ち切られます。

このリストの 17 行目を continue; に書きかえてから実行すると、途中で負数を入力しても集計が打ち切られることはありませんが、その負数は総額に含まれません。

▶［商品数］
あまり大きい数にしないようにしましょう。価格の入力が面倒です。
ちなみに、商品数を負数にするとどうなるでしょうか？試してみましょう。その実行結果は break や continue ではなく for 文の働きによるものです。

リスト **5.25** 総額集計プログラム Sample05_07_Cart.java

```
 1  import java.util.*;
 2
 3  public class Sample05_07_Cart {
 4    public static void main(String[] args) {
 5      // 商品数の入力をうけつける
 6      Scanner sc = new Scanner(System.in);
 7      System.out.print("商品数は？␣");
 8      int num = sc.nextInt(); // numは商品数
 9
10      // 価格の入力をうけつけながら集計する
11      int sum = 0;
12      for (int i = 0; i < num; i++) {
13        System.out.print(i + 1 + "番目の商品の価格は？␣");
14        int price = sc.nextInt();
15        if (price < 0) {
16          // breakなら集計中止。continueならその商品のみとばす。
17          break;
18        }
19        sum += price;
20        System.out.println("ここまで␣" + sum + "円");
21      }
22      System.out.println("商品総額␣" + sum + "円");
23    }
24  }
```

5.8 ■章末問題■

▶[ヒント1]
2ずつ増やすには複合代入演算子+=を用いて i += 2 とします。

▶[ヒント2]
数字と文字や数字とスペースを画面に表示するには、リスト5.6のように、変数と文字をプラス「+」で連結して System.out.print で表示します。

問1

for 文を使って次のような処理をおこなうプログラムを作成しなさい。それぞれの表示の後には改行を入れること。

1. 0から9まで1ずつ増やして表示
2. 2から20まで2ずつ増やして表示
3. ☆を5つ表示

このプログラムの実行結果が次のようになることを確認すること。

```
1  0 1 2 3 4 5 6 7 8 9
2  2,4,6,8,10,12,14,16,18,20,
3  ☆☆☆☆☆
```

問2

for 文を組み合わせて以下のような表示をするプログラムを作成しなさい。

問3

while 文を使って、数あてゲームのプログラムを作成しなさい。

1. あらかじめ決めた整数値を変数 num に入れておく。
2. 変数 input に num とは異なる数値を入れておく。
3. num と input の値が異なるあいだは、キーボードから入力された数値を input に入れる処理を繰り返す。

たとえば num の値が6のとき、プログラムの実行結果が次のようになることを確認すること。

```
1  数はいくつ? 2
2  数はいくつ? 3
3  数はいくつ? 6
4  あたり!
```

第 6 章

配列

▶▶▶ねらい

本章では、同じ種類のデータがたくさんあるときに、これをひとまとめにして扱うことのできる便利なしくみ、配列について説明します。

第 3 章からずっと使ってきた変数は、データを入れておくための箱のようなものです。変数には、テストの点数も、キーボードから入力された数値も、繰返しの回数も入れておくことができました。しかし、 1 つの変数に一度に入れることのできるデータは 1 つだけです。

データがたくさんあるときには配列の出番です。 1 つの配列にはデータを入れる箱をデータの個数だけ用意することができます。データが 100 個あるなら、変数を 100 個宣言するよりも、 100 個の箱がある配列を 1 つ宣言するほうが圧倒的に簡単です。

配列は for 文などを用いた繰返しと組み合わせることもできます。この組み合わせを用いると、データが 100 個あろうと 1000 個あろうと、合計値や平均値をたった数行のプログラムで計算することができます。

この章の項目

配列
要素
添え字
length
配列と繰返し
合計値、平均値、最大値、最小値
多次元配列

6.1 配列

これまで、変数を使ってさまざまなデータを扱ってきました。ここまでに扱ってきた変数は、1つの変数に1つの値を入れることしかできません。このため、たくさんのデータをまとめて扱うのには向いていません。Java には、たくさんのデータをまとめて扱うためのしくみとして配列が用意されています。本章では、配列について説明します。

配列とは

これまで学習してきた変数を使うことで、データを保存することができるようになりました。しかし、複数の科目のテストの点数や、ゲームでよくある、複数の敵の体力のように、同じ種類のデータを複数もつためには、複数の変数を使う必要がありました (図 6.1)。しかし、そのためにはそれぞれの変数にそれぞれ別の変数名をつけなければいけません。さらに、それらすべての変数を表示したり、合計値や平均値などの計算処理をする際に、それぞれの変数個別に対して同じ処理を繰り返す必要があったりと面倒でした。そこで、同じ型の変数をたくさん並べて、まとめて1つの変数として扱うためのしくみとして**配列**が用意されています。まとめられた1つ1つの変数は番号で区別することができます。

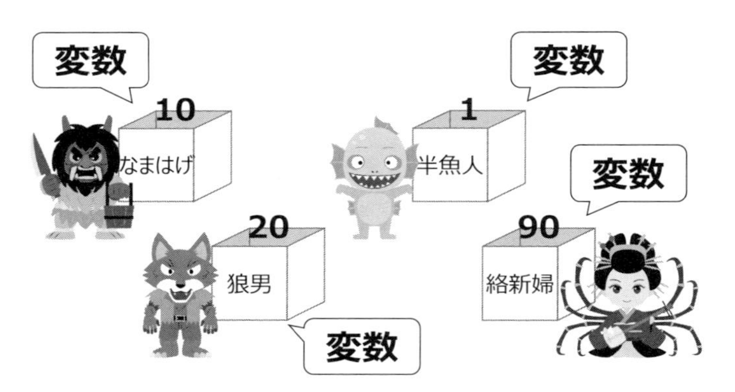

図 6.1　データの数だけ変数を用意するのは面倒

配列の概要

配列は、同じ種類の箱を並べて１つにまとめた列で、各要素を番号で区別できるようにしたものです（図 6.2）。配列のそれぞれの箱のことを要素といいます。配列の要素の数は要素数といいます。

配列を使うときには、宣言によって配列全体に名前をつけます。１つ１つの要素には名前をつけません。そのかわりに、すべての要素には番号がついています。この番号のことを添え字といいます。添え字は 0 から始まり、要素の並び順にしたがって１ずつ増えるようにつけられます。

▶［インデックス］
添え字のことをインデックスともいいます。

配列の要素数は配列の名前.length で取得できます。配列の添え字の最大数は、その配列の要素数-1 です。たとえば、要素数が 4 であれば、添え字の範囲は 0〜3 です。

１つ１つの要素は、これまでの変数と同じように扱えます。したがって、各要素に値を代入したり、要素どうしの計算をしたり、画面に要素の値を表示したりできます。

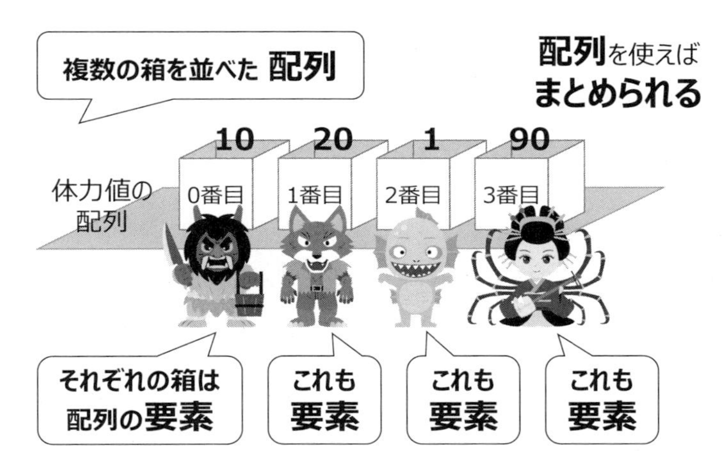

図 6.2　配列を使えば複数のデータをまとめられる

6.2 配列の宣言と要素の生成

配列を宣言し、要素に値を入れるためには、配列用の変数を準備するだけではなく、配列の要素を生成する必要があります。ここでは、配列を宣言し、要素を生成する方法を説明します。

配列の宣言

配列は、次の方法で宣言します（図 6.3）。配列を宣言するだけでは、まだ要素は生成されません。

配列の宣言

```
要素の型 [] 配列名;
```

要素の生成

次に、配列で生成する要素の数を決めて、new という語を使用して、配列の要素を生成します（図 6.4）。次のように記述します。

要素の生成

```
配列名 = new 要素の型 [要素数];
```

たとえば、テストの点数を入れる整数型の配列 tests を宣言し、要素数 5 で要素を生成するには次のように記述します。

リスト 6.1 配列の宣言と要素の生成の例

```
1   int [] tests;
2   tests = new int[5];
```

配列の要素数

配列の要素数をプログラムの中で使う必要のあるときには、配列名.length として得ることができます。たとえば、先ほど宣言した配列 tests の要素数は tests.length です。

▶[リテラル]
プログラム中に記述される数値や文字列のことです。たとえば、5 のような整数値をプログラムにそのまま記述すると、それは整数リテラルです。3.3 節を参照。

配列の要素数をプログラムの中で使うときに、5 のような整数リテラルを記述してしまうと、あとでプログラムを編集して要素数を変更したときには整数リテラルも一緒に変更しなければならなくなって面倒です。それよりもこの length を使う書きかたのほうがおすすめです。

また、配列を生成したあとでその要素数を増やしたり減らしたりすることはできません。たとえば、tests.length に数値を代入するようなプログラムを書くとエラーになります。

配列を宣言し、要素を生成する

配列の宣言と要素の生成は、まとめて１文で記述することもできます（図 6.5）。

> 配列の宣言と要素の生成
>
> 要素の型 [] 配列名 = new 要素の型 [要素数];

先ほど作成した配列 tests の宣言と要素の生成（リスト 6.1）を１文にまとめると次のリスト 6.2 のようになります。

リスト **6.2**　配列の宣言と要素の生成をまとめた例

```
1  int [] tests = new int[5];
```

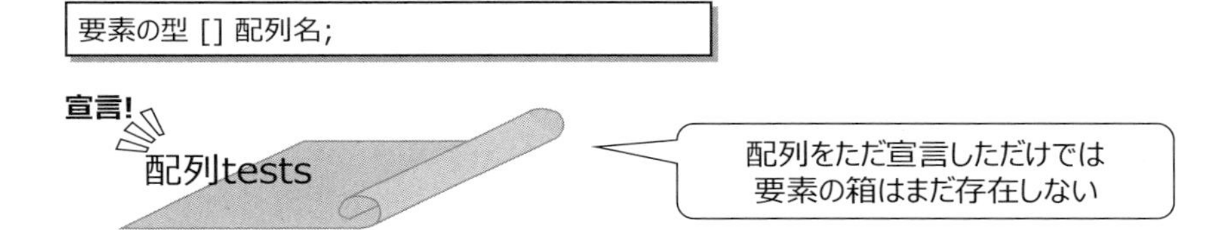

図 **6.3**　配列の宣言

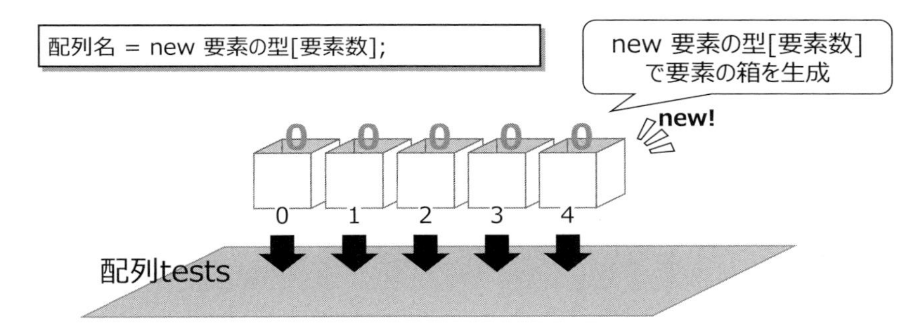

図 **6.4**　new による配列の生成

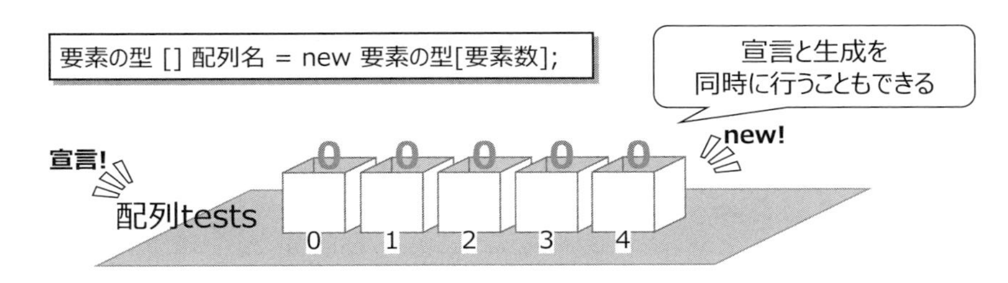

図 **6.5**　配列の宣言と生成をまとめる

6.3 配列の要素

配列の１つ１つの要素を取り扱うためには添え字を使います。添え字を使って１つ１つの要素を表示したり、値を代入したりしてみましょう。

要素への代入

配列の要素を使用する際には、配列名 [添え字] と記述します。添え字の範囲は 0 から 要素数-1 までです。

例として、先ほど作成した tests という配列（図 6.6）に、0 番目の要素から順に値を代入（図 6.7〜6.9）するには、次のリスト 6.3 のように記述します。

リスト **6.3** 配列の要素への代入

```
1    tests[0] = 62;
2    tests[1] = 84;
3    tests[2] = 78;
4    tests[3] = 50;
5    tests[4] = 91;
```

これで、配列 tests の 0 番目から 4 番目の要素に値が代入されます。この１つ１つの要素は、これまでの変数と同じように扱うことができます。画面に配列のすべての要素を表示したい場合には、次のリスト 6.4 のように記述します。

リスト **6.4** 配列の要素を画面に表示

```
1    System.out.println(tests[0]);
2    System.out.println(tests[1]);
3    System.out.println(tests[2]);
4    System.out.println(tests[3]);
5    System.out.println(tests[4]);
```

▶ [配列と繰返し]
リスト 6.3, 6.4 のように要素がたった 5 個しかなくても、要素ごとに値の代入や画面表示を記述するのは面倒です。第 5 章で学習した繰返しを用いると、もっと簡潔に記述できます。詳しくは 6.5 節を参照。

リスト 6.2 〜 6.4 のプログラムを続けて実行すると、その結果は次のリスト 6.5 のとおりです。

リスト **6.5** プログラム例の実行結果

```
1 62
2 84
3 78
4 50
5 91
```

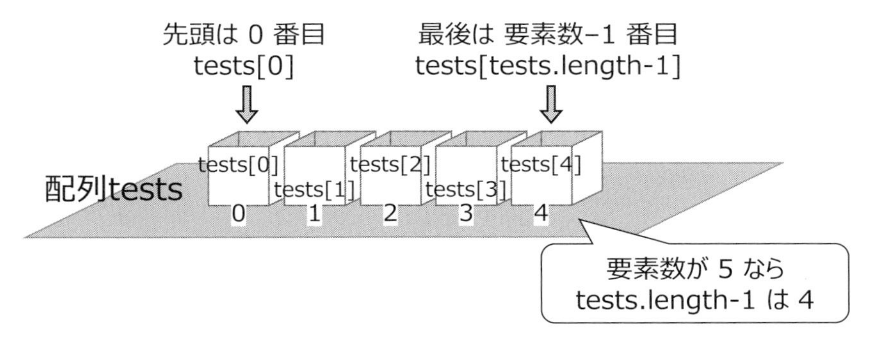

図 **6.6**　配列の要素数が 5 なら添え字の範囲は 0 番目から 4 番目まで

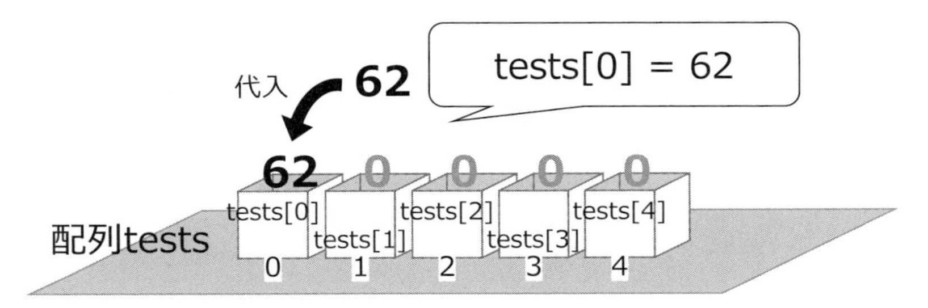

図 **6.7**　配列 tests の 0 番目の要素に 62 を代入

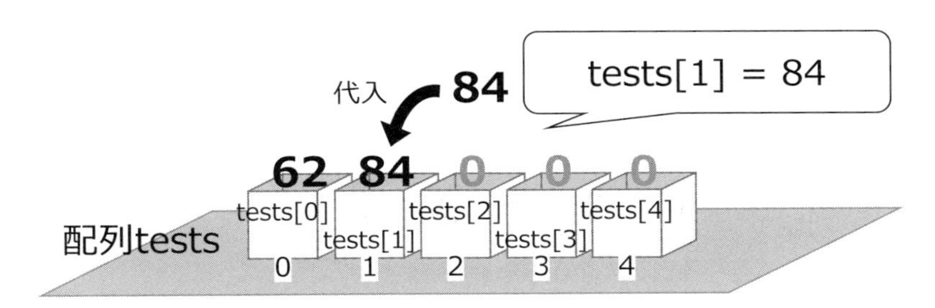

図 **6.8**　配列 tests の 1 番目の要素に 84 を代入

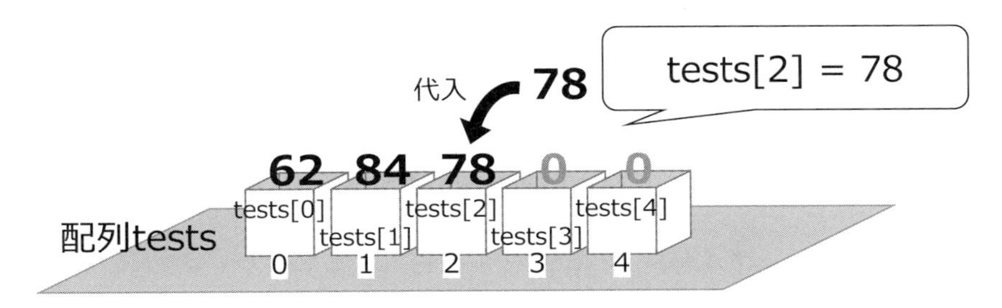

図 **6.9**　配列 tests の 2 番目の要素に 78 を代入

6.4 配列の初期化と、添え字の範囲

配列も、変数と同様に初期化することができます。本節では配列の初期化のしかたを説明します。また、配列の添え字の範囲を超えて要素を使用しようとした場合の問題についても説明します。

配列の初期化

配列の各要素に入る値があらかじめすべて決まっているときには、次のようにして配列を宣言すると同時に初期化することができます。

▶[配列の初期化]
最後の波カッコ閉じ「}」のあとにセミコロン「;」をつけるのを忘れないようにしましょう。

配列の初期化

```
要素の型 [] 配列名 = { 値1, 値2, 値3, …};
```

たとえば、リスト 6.2, 6.3 は次のリスト 6.6 のようにまとめられます。

リスト 6.6　配列の初期化の例

```
1  int [] tests = { 62, 84, 78, 50, 91 };
```

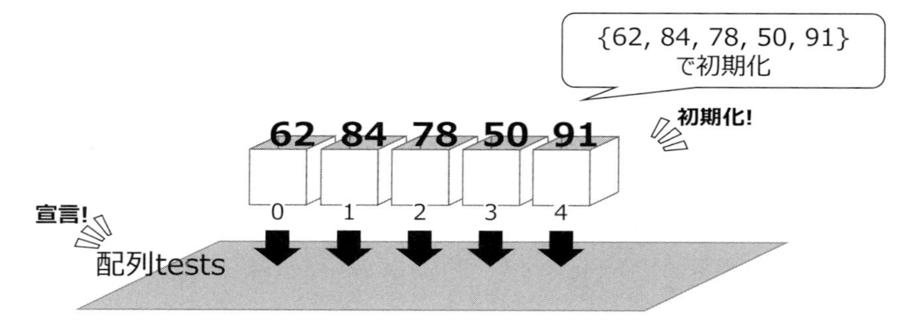

図 6.10　配列の初期化

なお、配列の初期化はイコール「=」を用いるので代入に似ていますが、宣言済みの配列に対し同じ形式で代入することはできませんので注意してください。たとえば、リスト 6.7 のようなプログラムはエラーになって実行できません。このような場合には、波カッコ「{」の前に new 型 [] を挿入してリスト 6.8 のようにするとうまくいきます。

リスト 6.7　宣言ずみの配列への代入（まねしないこと）

```
1  int [] tests;
2  tests = { 62, 84, 78, 50, 91 }; // エラーになる
```

リスト 6.8　宣言ずみの配列への代入（修正版）

```
1  int [] tests;
2  tests = new int [] { 62, 84, 78, 50, 91 }; // これならOK
```

添え字の範囲

添え字の範囲は 0 から 要素数-1 までです。それでは、添え字として要素数以上の数を書いた場合、どのようなことが起こるのでしょうか。たとえば、さっきの配列 tests の要素数は 5 なので、添え字は 0 から 4 までです。ここで、添え字が 5 の要素に値を代入しようとしたらどうなるでしょう。リスト 6.6 の次の行に `tests[5] = 20;` という行を追加して実行してみると、次のように表示されます。

▶［例外 (exception)］
プログラムを実行していると「〜〜Exception」という通知を見ることがあります。このような、プログラムの実行中に生じた不具合や異常状態に関する通知を例外といいます。
例外は常に画面に表示されるわけではなく、try-catch 文を用いることでプログラム自身が例外に対処するようにすることもできます。
なお、try-catch は本書では扱いません。興味のあるひとは「try catch java」でググってみましょう。

リスト 6.9 配列の要素数を超えた場合（エラーメッセージ）

```
1  Exception in thread "main" java.lang.
     ArrayIndexOutOfBoundsException: 5
2      at ArrayTest1.main(ArrayTest1.java:9)
```

ArrayIndexOutOfBoundsException は「配列の添え字（インデックス）が範囲を超えている」という意味です。添え字 5 は配列 tests の添え字の範囲外なので、このようなエラーになりました。

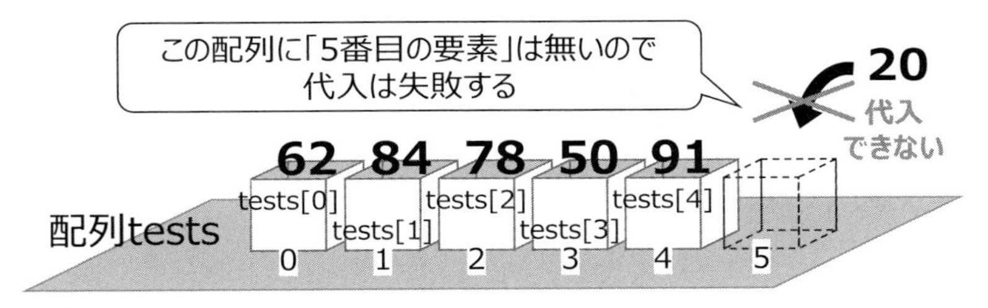

図 6.11 配列の要素数を超える添え字は使用できない

```
1 public class ArrayTest{
2   public static void main(String [] args){
3     int [] tests = new int[5];
4     tests [0] = 62;
5     tests[1] = 84;
6     tests[2] = 78;
7     tests[3] = 50;
8     tests[4] = 91;
9     tests[5] = 20;
10    System.out.println(tests[0]);
11    System.out.println(tests[1]);
12    System.out.println(tests[2]);
13    System.out.println(tests[3]);
14    System.out.println(tests[4]);
15  }
16 }
```

```
Exception in thread "main" java.lang.ArrayIndexOutOfBoundsException: 5
        at ArrayTest.main(ArrayTest.java:9)
```

図 6.12 配列の要素数を超えた場合（Eclipse の実行画面）

6.5 配列と繰返し(1)順番に表示する

配列にはたくさんの要素が並ぶことがあり、これらすべてを使用する際に要素ごとの処理を1つ1つ記述するのは面倒です。ここでは、for 文による繰返しを用いて配列の要素すべてを順番に表示したり、逆順に表示したりする方法を紹介します。

▶ [for 文]
5.2 節を参照。

繰返しを用いて配列の要素を先頭から順に表示

配列の要素を先頭から順に表示してみましょう。配列の添え字はかならず0からはじまり、要素数より1つ少ない番号までと決まっています。そこで、for 文による繰返しを用いて、添え字を0から1ずつ増やしていけば、先頭の要素から順に使用することができます（図 6.13）。次のリスト 6.10 はそのプログラムの例です。

▶ [println]
7 行目のように丸カッコ「( )」の中に何もないと、println は単に改行のみを出力します。

リスト **6.10**　配列の要素を順に表示する Sample06_05_Array.java

```
1  public class Sample06_05_Array {
2    public static void main(String [] args) {
3      int [] tests = { 62, 84, 78, 50, 91 };
4      for (int i = 0; i < tests.length; i++) {
5        System.out.print(tests[i] + "␣");
6      }
7      System.out.println();
8    }
9  }
```

リスト 6.10 の実行結果は次のリスト 6.11 のとおりです。

リスト **6.11**　配列の要素を順に表示した結果

```
1  62 84 78 50 91
```

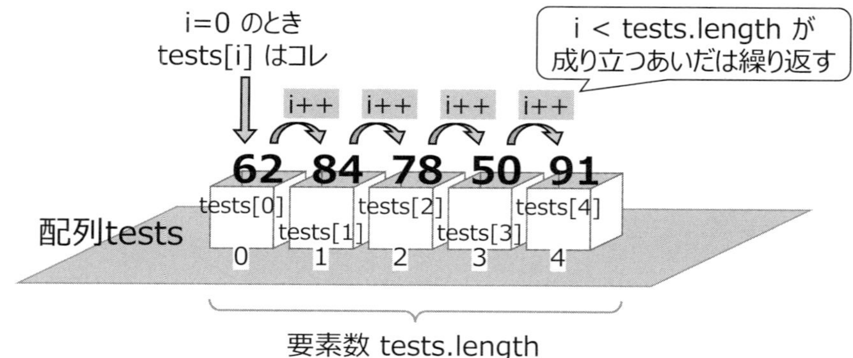

図 **6.13**　配列の要素を先頭から順に処理する

繰返しを用いて配列の要素を逆順に表示

今度は配列の要素を逆順に表示してみましょう。最初は添え字を配列の要素数より 1 少ない数にしておいて、これを 1 ずつ減らしていけばよい（図 6.14）ので、リスト 6.10 の 4〜6 行目を次のように変更します。

リスト **6.12** 配列の要素を逆順に表示するプログラム

```
4      for (int i = tests.length - 1; i >= 0; i--) {
5        System.out.print(tests[i] + "␣");
6      }
```

この変更後の実行結果は次のリスト 6.13 のとおりです。

リスト **6.13** 配列の要素を逆順に表示した結果

```
1  91 50 78 84 62
```

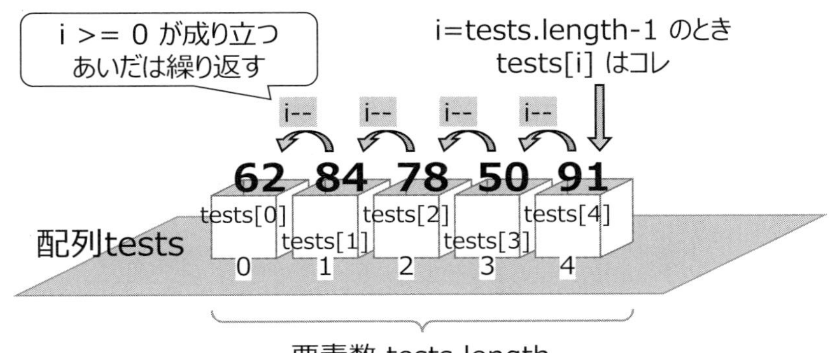

図 **6.14** 配列の要素を先頭から逆順に処理する

《発展》 拡張 for ループ

配列の要素を先頭から順に表示するリスト 6.10 の for 文は、次のリスト 6.14 のように記述することもできます。このような for 文を拡張 for ループや for-each ループなどといいます。

リスト **6.14** 配列の要素を順に表示する拡張 for ループ

```
4      for (int x : tests) {
5        System.out.print(x + "␣");
6      }
```

ここには、添え字を表す変数のかわりに、要素そのものを表す変数 x が登場しています。処理の中で添え字が必要ないのならこちらのほうがシンプルです。

リスト 6.14 の x の型は int 型です。これはリスト 6.10 の添え字 i の型とたまたま同じですが、x の型は配列 tests の要素の型です。たとえば tests が String の配列なら、x の型も String でなくてはなりません。

6.6 配列と繰返し(2)計算する

本節でも繰返しを用いて、配列の要素の合計値を計算したり、配列の要素のうちの最大値、最小値を求めたりする方法を紹介します。

配列の要素の合計値と平均値

配列の要素の合計値を求めるには、まず合計値を入れるための変数を用意し、0で初期化します。次に繰返しを用いて、その変数に配列の要素の値を1つ1つ足していきます。繰返しが終わると、この変数には配列のすべての要素の合計値が入っていることになります。リスト6.15は配列testsの要素の合計値を表示するプログラムです。

▶ [+=]
複合代入演算子です。左辺にある変数に右辺の値を加算します。複合代入演算子については3.7節を参照。

リスト 6.15 配列の要素の合計値を表示する Sample06_06_Array.java

```
 1  public class Sample06_06_Array {
 2    public static void main(String [] args) {
 3      int [] tests = { 62, 84, 78, 50, 91 };
 4      int sum = 0;
 5      for (int i = 0; i < tests.length; i++) {
 6        sum += tests[i];
 7      }
 8      System.out.println("配列の要素の合計値:" + sum);
 9    }
10  }
```

リスト6.15の実行結果は次のリスト6.16のとおりです。

リスト 6.16 配列の要素の合計値を表示した結果

```
1  配列の要素の合計値:365
```

配列の要素の合計値が求められたら、合計値÷要素数 によって平均値も求められます。配列の要素数は`length`を使えばわかりますね。リスト6.15の8行目を次のように変更してみましょう。

リスト 6.17 配列の平均値を表示

```
8      System.out.println("配列の要素の平均値:" + sum / tests.length);
```

この変更後の実行結果は次のリスト6.18のとおりです。

リスト 6.18 配列の要素の平均値を表示した結果

```
1  配列の要素の平均値:73
```

配列の要素の最大値と最小値

配列の要素のうちの最大値と最小値を求めるには、まず繰返しの前に変数を用意し、配列の先頭要素（添え字が0）の値で初期化します。次に繰返しを用いて、この変数の値を配列の各要素（添え字が1以降）の値と比較しながら更新していきます。

たとえば、配列 tests の最大値を求めるには、リスト 6.15 の 4〜8 行目を次のリスト 6.19 の内容に差し替えます。4 行目で変数 max に先頭要素の値を代入します（図 6.15）。5 行目の for 文において、変数 i の初期値が 0 ではなく 1 であることに注意してください。6〜8 行目の if 文は、より大きい値を max に代入します（図 6.16）。

▶[if 文]
if 文については 4.1 節を参照。for 文と if 文の組み合わせについては 5.3 節を参照。

リスト 6.19 配列の要素の最大値を求めるプログラム

```
4      int max = tests[0];
5      for (int i = 1; i < tests.length; i++) {
6        if (max < tests[i]) {
7          max = tests[i];
8        }
9      }
10     System.out.println("最大値:" + max);
```

この変更後の実行結果は次のリスト 6.20 のとおりです。

リスト 6.20 配列の要素の最大値を表示した結果

```
1  最大値:91
```

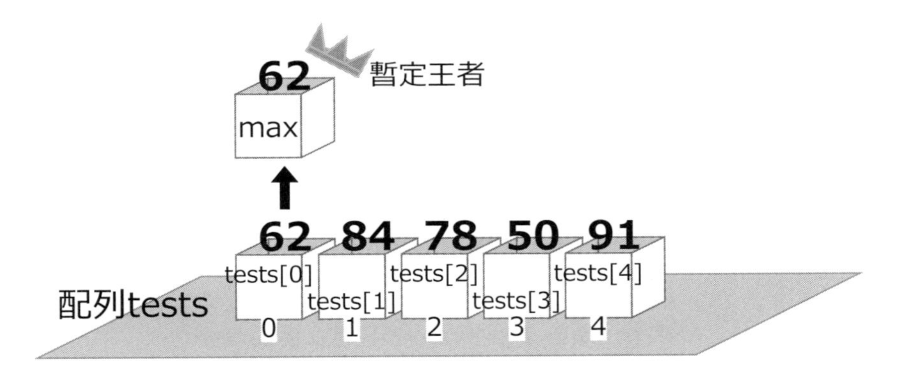

図 6.15 添え字 0 の要素を最大値の候補に

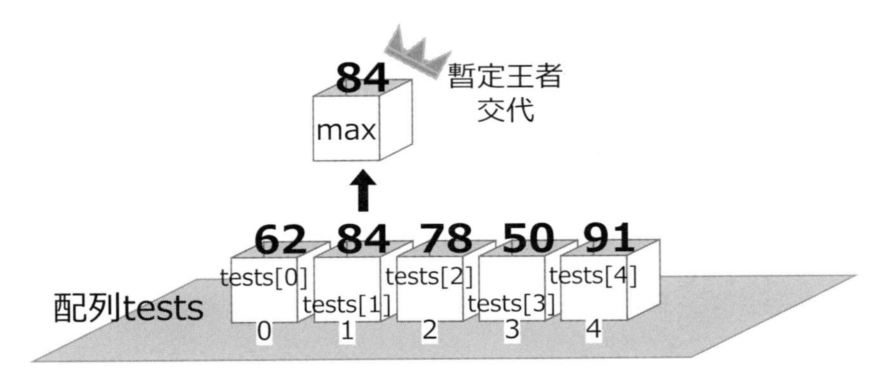

図 6.16 添え字 1 の要素を最大値の候補に

6.7 《発展》多次元配列

ここまで扱ってきた配列は、データが一列に並んでいる構造で、いわば1次元配列でした。ところが世の中には、一列ではなく表計算ソフトのように縦横にデータを並べる場合もあります。このようなデータを扱う方法として多次元配列があります。Javaでは2次元以上の多次元配列を扱うことができますが、ここでは2次元配列に限定して説明します。

▶[配列の宣言]
要素の型 [] 配列名;
6.2節を参照。

2次元配列の宣言

1次元配列の宣言では要素の型と配列名のあいだに [ ] という角カッコのペアを1つ書きましたが、2次元配列の宣言では [ ] を2つ書きます。

2次元配列の宣言

```
要素の型 [ ] [ ] 配列名 ;
```

▶[配列の生成]
new 要素の型 [要素数];
6.2節を参照。

▶[配列の宣言と生成]
要素の型 [] 配列名 = new 要素の型 [要素数];
6.2節を参照。

2次元配列の生成

1次元配列の生成は new 要素の型 [要素数] でしたが、2次元配列の生成では [要素数] を2つ書きます。

宣言と生成をまとめて書くこともできます。リスト6.21では、2次元配列の変数aを宣言し、これにint型の要素が2行×3列で並ぶ2次元配列を生成して代入します。

2次元配列の生成

```
new 要素の型 [要素数1] [要素数2] ;
```

リスト **6.21** 2次元配列の宣言と生成の例

```
1  int [][] a = new int[2][3];
```

▶[配列の宣言と初期化]
要素の型 [] 配列名 = { 要素, 要素, ... };
6.4節を参照。

2次元配列の宣言と初期化

1次元配列と同様に、2次元配列も宣言に続けて初期化することが可能です。リスト6.22は2行×3列のデータで初期化する例です。

リスト **6.22** 2次元配列の宣言と初期化の例

```
1  int [][] a = { { 11, 12, 13 } , { 21, 22, 23 } };
```

▶[配列の要素]
配列名 [添え字]
6.3節を参照。

2次元配列の要素の使用

2次元配列の要素を使用するには、配列名のあとに [添え字] を2つ書きます。リスト6.23は配列aの1行目・0列目の要素を扱う例です。

2次元配列の要素の使用

配列名 [添え字 1][添え字 2]

リスト 6.23　2次元配列の要素を使用する例

```
1    a[1][0] = 10;
2    System.out.println(a[1][0]);
```

2次元配列の要素数

1次元配列と同様に、2次元配列についても length によって要素数を知ることができます。たとえば、先ほどの配列 a の行数は a.length、配列 a の 0 行目の列数は a[0].length です。

▶[配列の要素数]
配列名.length
6.2 節を参照。

プログラム例

昔のゲームのマップ画面で木やブロックを表現するのに同じ絵を並べていました。ここでは絵のかわりに文字を並べる仕掛けを作ってみましょう。リスト 6.24 のサンプルプログラムは、マップデータとして2次元配列を用意し、このデータにもとづいて文字を並べます。

▶[if-else if-else]
4.5 節を参照。

リスト 6.24　2次元配列のプログラム例 Sample06_07_Map.java

```
1  public class Sample06_07_Map {
2    public static void main(String[] args) {
3      // 2次元配列: 行ごとの長さを揃えなくてもよい
4      int [][] m = { { 0, 0, 0, 0, 2, 0, 0 },
5                     { 0, 2, 1, 2, 1, 2, 1 },
6                     { 1, 1, 1, 1, 1, 1, 1, 1, 1 } };
7      for (int y = 0; y < m.length; y++) {
8        for (int x = 0; x < m[y].length; x++) {
9          if (m[y][x]==0) {
10           System.out.print("␣");
11         } else if (m[y][x]==1) {
12           System.out.print("#");
13         } else {
14           System.out.print("?");
15         }
16       }
17       System.out.println();
18     }
19   }
20 }
```

リスト 6.25　プログラム例の実行結果

```
1      ?
2   ?#?#?#
3  #########
```

6.8 ■ 章末問題 ■

問 1

6.5 節のリスト 6.10 のプログラム Sample06_05_Array.java に、配列 tests の要素の最大値を求めて表示する機能を追加しなさい。

▶[ヒント 1]
最大値の求めかたについては 6.6 節を参照。

問 2

配列 array を扱うリスト 6.26 のプログラム Pr06_02.java について、

1. array の各要素を逆順に表示する機能を追加しなさい。
2. array の各要素の値が 添え字 $\times 2 + 1$ になるよう変更しなさい。

▶[ヒント 2]
逆順の表示方法については 6.5 節のリスト 6.12 を参照。
リスト 6.26 の 6 行目と 7 行目のあいだに逆順に表示する処理を挿入すること。配列名がリスト 6.12 とは違っていることに注意すること。

▶[ヒント 3]
リスト 6.26 において、配列 array の各要素の値は 5 行目で決定されている。

リスト **6.26** Pr06_02.java

```
1  public class Pr06_02 {
2    public static void main(String[] args) {
3      int[] array = new int[5];
4      for (int i = 0; i < array.length; i++) {
5        array[i] = i;
6      }
7    }
8  }
```

問 3

リスト 6.27 のプログラム ArrayGraph.java は配列 data をもとに横棒グラフを描く。空欄《1》～《3》を埋めて完成させなさい。

《1》には配列の要素数を意味する記述が入る。

《2》,《3》には配列 data の i 番目の要素を意味する同じ記述が入る。

リスト **6.27** 横棒グラフを表示するプログラム ArrayGraph.java

```
1  public class ArrayGraph {
2    public static void main(String[] args) {
3      int[] data = { 6, 8, 7, 5, 9 };
4      for (int i = 0; i < data.《1》; i++) {
5        for (int x = 0; x < 《2》; x++) {
6          System.out.print("*");
7        }
8        System.out.println("␣" + 《3》);
9      }
10   }
11 }
```

リスト **6.28** プログラム ArrayGraph.java の実行結果

```
1  ****** 6
2  ******** 8
3  ******* 7
4  ***** 5
5  ********* 9
```

第 7 章

メソッド

▶▶▶ねらい

同じような処理を何度もおこなうプログラムを書かなくてはならないことがあります。たとえば「100 人分の合否を判定する」のように連続して同じ処理を何度もおこなうのであれば、第 5 章で学んだ繰返しが役立ちます。

しかし、「A さんのためにコーヒーを買いに行く」「B さんのために紅茶を買いに行く」のように、異なる場面で同じような処理をおこなう場合もあります。このような場合に役立つのが、本章で説明するメソッドです。

ひとまとまりの処理に名前をつけてメソッドを作るのがメソッド宣言です。また、その処理をおこなうために名前でメソッドを使うのがメソッド呼び出しです。

メソッドの宣言や呼び出しは、構文として前章までのものよりも難しく感じるかもしれません。しかし、実際にたくさん入力してたくさん実行してみて、だんだんとメソッドに慣れていって、メソッドの便利さを理解してください。

この章の項目

メソッド
メソッド宣言
メソッド呼び出し
引数
返り値

7.1 メソッド

ひとまとまりの処理に名前をつけるとメソッドになります。ここでは、メソッドがどのようなものか、またどう役に立つのかを考えてみましょう。

メソッドの必要性

プログラムを書いていると、同じような処理を何度もおこなうプログラムを書かなくてはならないことがあります。たとえば、画面表示の区切りとしてハイフン「-」を30個並べて線を表示する場合について考えます（図7.1）。

▶［区切りの処理］
for文でハイフン「-」を繰り返し表示することによって30個を並べています。for文による繰返しのしくみがわからないひとは5.2節を復習しましょう。

```
/* result1の計算 */
System.out.println(result1);
for(int i = 0; i < 30; i++) {      ─ 区切りの表示の処理
  System.out.print("-");
}
System.out.println();
/* result2の計算 */
System.out.println(result2);
for(int i = 0; i < 30; i++) {      ─ 区切りの表示の処理
  System.out.print("-");
}
System.out.println();
/* result3の計算 */
System.out.println(result3);
```

図 **7.1**　for文で複数のハイフンを表示して区切る処理

プログラム自体は、第5章で学んだfor文でシンプルではあるものの2回同じ処理を書く必要があります。もちろんコピペすればすぐに入力できます。しかし、長いプログラムは読みにくいですし、もし区切りの文字のハイフン「-」の文字を変更したり数を変更したりしたい場合は2ヶ所の修正が必要です。こういうときに役立つのがメソッドです。

メソッドとは

メソッドは処理をまとめて名前をつけたものです。メソッドを作ることをメソッド宣言といいます。メソッドを使うことをメソッド呼び出しといいます。メソッド宣言によって名前のついた機能を作り、メソッド呼び出しによってその機能を実行するというイメージです。多機能なメソッドを作ることもできますが、ここでは、処理をまとめるだけのシンプルなメソッドの書きかたを学びましょう。

▶［メソッドの書き間違い］
ちなみにメソッドをメゾットと書いてしまうひとがたまにいます。メゾットだとリゾットに似ていて、おいしそうに見えていいのですが、残念ながら違います。
英語のmethodは手法や方法という意味です。メソッドは、ある目的を実現するための方法を処理としてまとめたものということですね。

シンプルなメソッドの宣言

```
static void メソッド名 () {
  処理
}
```

シンプルなメソッドの呼び出し

```
メソッド名 ();
```

▶[シンプルなメソッド]
単に処理をまとめただけのメソッドを、ここではこのようによんでいます。そうではない一般的なメソッドについては次節から説明します。

メソッドの例

区切る処理を、separateという名前のメソッドにしてみましょう。

▶[メソッドの名前]
区切るのでメソッドの名前をseparateと名づけました。
変数の名づけ(3.1節)と同様に、処理の内容にあっていてわかりやすい名前をつけることが大事です。メソッドaやメソッドbはやめましょう。英語が苦手ならローマ字書きでkugiruでも、aやbよりわかりやすくていいでしょう。

リスト 7.1 区切るメソッドseparateの宣言

```
1  static void separate() {
2    for (int i = 0; i < 30; i++) {
3      System.out.print("-");
4    }
5    System.out.println();
6  }
```

リスト 7.2 区切るメソッドseparateの呼び出し

```
1    separate();
```

リスト7.3のプログラムを実際に動かしてみましょう。ちゃんと動いたらseparateの中にある4行目のハイフン「-」を別の文字に変えて、再度実行してみましょう。プログラムのうち1か所の修正で、区切りを2つとも変更できますね。メソッドの便利さがわかると思います。

▶[プログラミング上達の秘訣]
サンプルのリストをそのまま入力して実行してみるのは大事です。ちゃんと動いたら、プログラムを書き換えて実行してみるのはさらに大事です。ただ実行するだけより、理解が深まります。たとえば、3行目の30の数値を別の数値に変えたりして試してみましょう。

▶[2.0で割る理由]
リスト7.3の15行目において2でなく2.0で割るのは、整数どうしの計算だと結果も整数になってしまうからです。3.6節を参照。

リスト 7.3 区切るプログラム Sample07_01_Separate.java

```
1  public class Sample07_01_Separate {
2    static void separate() {
3      for (int i = 0; i < 30; i++) {
4        System.out.print("-");
5      }
6      System.out.println();
7    }
8    public static void main(String []args) {
9      double result1 = 2 * 3.14 * 7;
10     System.out.println(result1);
11     separate();
12     int result2 = 3 * 4;
13     System.out.println(result2);
14     separate();
15     double result3 = 7 * 5 / 2.0;
16     System.out.println(result3);
17   }
18 }
```

7.2 メソッドの宣言と呼び出し

ここでは、メソッドの宣言と呼び出しについて、その役割を学びます。

メソッドのイメージ

メソッドは、どんなものかもう少しイメージを考えてみましょう。プログラムは、コンピュータに渡す指示書と考えることができます。

そこで、コンピュータをロボットに置き換えて、ロボットに指示する状況を考えてみましょう。ロボットがもともと理解できる命令は「移動する」「受け取る」「渡す」「ボタンを押す」のみとします。

ロボットに自動販売機までコーヒーを買いに行かせるには、毎回これらの命令を組み合わせた長い指示をあたえる必要があります。ところが、これをまとめた「コーヒーを買いに行く」という1つの命令を作ることができれば、その命令を使うだけで同じことができます（図 7.2）。

この「まとめた命令を作っておく」がメソッド宣言で、「その命令を使う」がメソッド呼び出しです。いったん命令を作っておけば、その命令を何度も使うことができて便利です（図 7.3）。また、1回しか使わないとしても、名前をつけておくことで指示がわかりやすくなります（図 7.3 の左右を見くらべてください）。

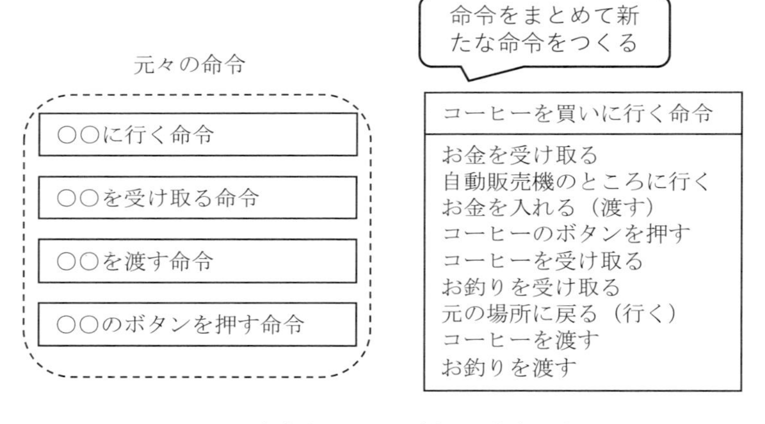

図 **7.2**　命令をまとめて新たな命令を作る

メソッドの宣言と呼び出し

メソッドの宣言と呼び出しについて、もう少し詳しく見ておきましょう。これまで、プログラムは、if 文や for 文のような制御の文や画面に文字を表示する命令である `System.out.println(表示したいデータ);` を組み合わせて書いてきました。

実は、この `System.out.println` は、あらかじめ Java で用意されているメソッドの呼び出しです。前に `System.out.` がついていたり、丸

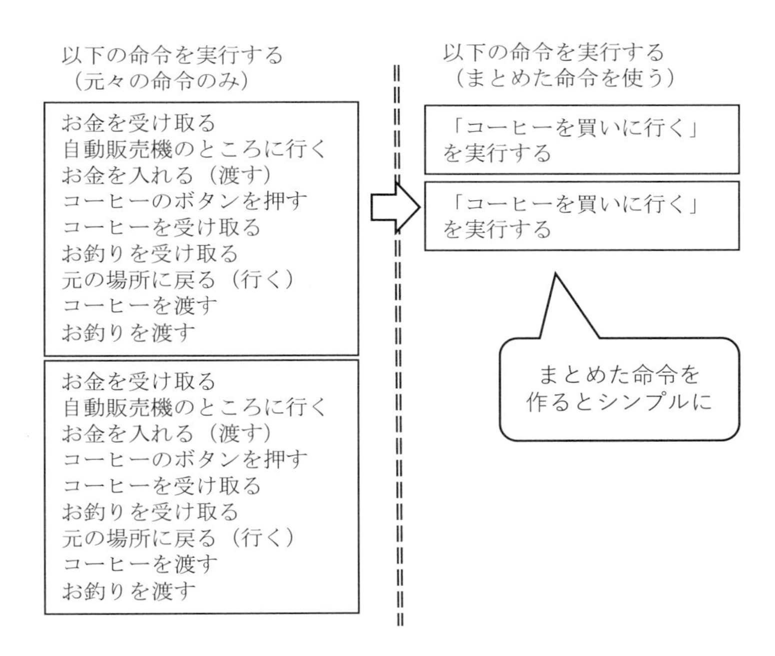

図 **7.3**　まとめて作った新たな命令を使う

カッコ「( )」の中にデータがあったりしますが、前節で紹介した「メソッド名 ();」というメソッド呼び出しのかたちになっていますね。

このSystem.out.printlnのようにJavaであらかじめ宣言されているメソッドを利用するだけでなく、自分で新たにメソッドを作ること（宣言）と、それを使うこと（呼び出し）ができます。一般的なメソッド宣言や呼び出しの構文は以下のとおりです。

▶[引数並び]
引数並びには、0個以上の引数を書きます。7.1節のシンプルなメソッドでは引数が0個でした。

▶[修飾子並び]
修飾子並びには、0個以上の修飾子を書きます。修飾子の数はどんなメソッドを作るかによって違います。

一般的なメソッドの宣言

```
修飾子並び 返り値の型 メソッド名 (引数並び) {
    処理
}
```

一般的なメソッドの呼び出し

```
メソッド名 (引数並び) ;
```

修飾子については9.6節で学びます。当面はおまじないとしてstaticという修飾子のみを使います。

返り値とは、呼び出されたメソッドが、呼び出した側の処理に返す値のことです。詳しくは7.5節で学びます。メソッド宣言における返り値の型としては、メソッドが値を返す場合にはその値の型を書きます。値を返さない場合には7.1節のリスト7.1のようにvoidと書きます。

引数とは、メソッドを呼び出す側の処理からそのメソッドに引き渡すデータのことです。詳しくは7.4節で学びます。

7.3 はじまりのメソッド(main)

ここでは、この節までおまじないの扱いだった public static void main(String [] args) { の部分について、実はそれがメソッド宣言であったことを学びます。

メソッド main

これまでは、public static void main(String [] args) { と } のあいだにプログラムを書いてきました。実は、この部分は、main という名前のついたメソッドの宣言です。public が先頭についていたり、丸カッコ開き「(」と閉じ「)」のあいだに String [] args があったりしていますが、メソッド宣言の「static void 名前 (){」のかたちになっていますね。ここでは、その「名前」の部分が main です。

main は、Java のプログラムが実行される際に最初に呼び出されるメソッドです。それで、これまでのプログラムは main の中に処理を書いてきたわけです。

新たなメソッド宣言は、main の宣言と同様に「public class クラス名 {」の波カッコ開き「{」と閉じ「}」のあいだに書きます。メソッド宣言の順序が実行の順序に影響することはありません。新たなメソッド宣言は main の上にあっても下にあってもかまいません。

リスト **7.4**　自作のメソッド A が上、メソッド main が下の場合

```
1  class Foo {
2    メソッドAの宣言
3
4    メソッドmainの宣言
5  }
```

リスト **7.5**　メソッド main が上、自作のメソッド A が下の場合

```
1  class Foo {
2    メソッドmainの宣言
3
4    メソッドAの宣言
5  }
```

実行の順序

実行の順序についてリスト 7.6 のプログラムで考えてみましょう。ここでは、メソッド last の宣言で、さらにメソッド separate の呼び出しをおこなっています。このようにメソッド宣言の中で、さらに別のメソッドを呼び出すこともできます。

このプログラムを実行すると、メソッド main の最初（14 行目）から始まります。16 行目の separate(); というメソッド呼び出しで、separate

の中にある 3〜6 行目の処理が実行されます。この 16 行目のようにメソッド呼び出しが書かれている箇所を呼び出し元といいます。separate の処理が終わると、実行の流れは main の中の呼び出し元に戻ります。

17,18 行目のあと 19 行目の `last();` で last が呼び出されると、last の中にある 9 行目の `separate();` で再び separate が呼び出され、3〜6 行目の処理が実行されます。separate から last に戻ると、10 行目のあと 11 行目の `separate();` でさらに separate が呼び出されます。その後、separate から last に、last から main に戻ります。

20,21 行目が実行されたのち、22 行目の `separate();` でまた separate が呼び出されます。separate の処理が終わると、実行の流れは main に戻り、23 行目が実行されて終了です。

リスト **7.6**　Sample07_03_Last.java

```
1  public class Sample07_03_Last {
2    static void separate() {
3      for (int i = 0; i < 30; i++) {
4        System.out.print("-");
5      }
6      System.out.println();
7    }
8    static void last() {
9      separate();
10     System.out.println("***␣Last␣data");
11     separate();
12   }
13   public static void main(String []args) {
14     double result1 = 2 * 3.14 * 7;
15     System.out.println(result1);
16     separate();
17     int result2 = 3 * 4;
18     System.out.println(result2);
19     last();
20     double result3 = 7 * 5 / 2.0;
21     System.out.println(result3);
22     separate();
23     System.out.println("End");
24   }
25 }
```

リスト **7.7**　リスト 7.6 の実行結果

```
1  43.96
2  ------------------------------
3  12
4  ------------------------------
5  *** Last data
6  ------------------------------
7  17.5
8  ------------------------------
9  End
```

7.4 引数のあるメソッド

ここでは、引数を使うと同一のメソッドでも違うデータについての処理がおこなえることを学びます。

引数のイメージ

同じ処理をまとめるのにメソッドを使いました。まったく同じ処理でなくても、データに違いがあるだけの似た処理ならメソッドとしてまとめることもできます。

たとえば、7.2 節のロボットにコーヒーを買いに行かせる例で、コーヒー以外にも紅茶やジュースを頼みたい場合を考えてみましょう。飲み物ごとに命令を作っていたら、たくさんの命令を作ることになって大変です。飲み物だけを変更したいですね。

▶[引数（ひきすう)]
7.2 節も参照。
引数の読みかたに気をつけましょう。「いんすう」ではなく「ひきすう」です。メソッドに引き渡す（ひきわたす）数と覚えるとよいでしょう。

このようなときに便利なのが**引数**（ひきすう）です。引数のあるメソッドにはデータを渡すことができます。このしくみを利用すると、「買いに行く("コーヒー");」や「買いに行く("紅茶");」のように丸カッコ開き「(」と閉じ「)」のあいだにデータを書き、データだけを変更して処理をおこなうことができます。

メソッド宣言

メソッド宣言の書きかたを再掲します（ただし修飾子として static のみを使っています)。

▶[メソッド宣言の引数並び]
引数をもたないメソッドの場合に、メソッド宣言の丸カッコ「( )」の中には何も書きません。そのときでも丸カッコ自体は省略できません。

一般的なメソッドの宣言

```
static 返り値の型 メソッド名 (引数並び) {
    処理
}
```

引数並びの部分には、変数宣言と同じように、引数の型と名前を書きます。このメソッド宣言の引数を**仮引数**(かりひきすう) といいます。メソッドの処理の中で仮引数は、呼び出し元から渡された値がセットされた変数として扱うことができます。

メソッド呼び出し

メソッド呼び出しの書きかたを再掲します。

▶[メソッド呼び出しの引数並び]
引数をもたないメソッドの場合に、メソッド呼び出しの丸カッコ「( )」の中には何も書きません。そのときでも、メソッド宣言と同様に、丸カッコ自体は省略できません。

一般的なメソッドの呼び出し

```
メソッド名 (引数並び) ;
```

引数並びの部分には、具体的な値や変数からなる式を書いて、メソッドに渡すことができます。このメソッド呼び出しの引数を**実引数** (じつひきすう) といいます。実引数の値は、メソッド側では仮引数に代入されて使われることになります。System.out.println の呼び出しでは、丸カッコ「( )」の中に書いたデータが画面に表示されましたね。これは、実引数としてデータをメソッドに渡していたわけです。

例として、引数を使って区切りのハイフン「-」の数を呼び出しごとに変えられるメソッド separateNum をリスト 7.8 に示します。

リスト **7.8** Sample07_04_SeparateNum.java

```
1  public class Sample07_04_SeparateNum {
2    static void separateNum(int x) {
3      for (int i = 0; i < x; i++) {
4        System.out.print("-");
5      }
6      System.out.println();
7    }
8    public static void main(String []args) {
9      double result1 = 2 * 3.14 * 7;
10     System.out.println(result1);
11     separateNum(30);  // メソッド呼び出し1回目  引数：30
12     int result2 = 3 * 4;
13     System.out.println(result2);
14     separateNum(20);  // メソッド呼び出し2回目  引数：20
15   }
16 }
```

リスト **7.9** 実行結果

```
1  43.96
2  ------------------------------
3  12
4  --------------------
```

複数の引数

複数の引数をカンマ「，」で区切って並べることもできます。リスト 7.10 の 1 行目では、丸カッコ「( )」の中に仮引数が 2 個がありますね。変数宣言と似ていますが、変数宣言と違って 2 個の型が同じでもまとめて int a, b のように書くことはできません。

▶[変数宣言と似ている]
変数宣言とメソッド宣言の仮引数並びとの違いは頭の中で整理しておきましょう。変数宣言については 3.1 節も参照。

同じ型の変数 2 個を続けて宣言するときの書きかたは次のいずれかです。

```
int a, b;
```

もしくは

```
int a;
int b;
```

これに対し、仮引数 2 個の並びの書きかたは次のようにします。

```
int a, int b
```

リスト **7.10** メソッド宣言

```
1    static void separateNum(int x, String s) {
2      for (int i = 0; i < x; i++) {
3        System.out.print(s);
4      }
5      System.out.println();
6    }
```

リスト **7.11** メソッド呼び出し

```
1      separateNum(40,"=");
```

7.5 返り値のあるメソッド

ここでは、呼び出されたメソッドから、その呼び出し元の処理に、実行結果データを返す方法について学びます。

返り値とは

計算をする処理をまとめたい場合もあります。たとえば、2回のテストの平均値が6点以上ならOK、そうでなければNGと判定するプログラムを作りたいとします。このプログラムには「平均値の計算」と「OK・NGの判定」という2つの処理のまとまりがあります。ところが、これまでに学んだメソッドの作りかたでは、平均値のメソッドの中で計算結果を表示することはできても、計算結果をそのメソッドの外で使えるようにすることはできません。メソッドの計算結果をメソッドの外で使うには、その値を返り値にする必要があります。返り値とは、呼び出されたメソッドがその呼び出し元の処理に返す値のことです。

▶[返り値]
7.2節も参照。戻り値や返却値ともいいます。

▶[返り値のないメソッド]
7.1節で登場したシンプルなメソッドは、返り値のないメソッドです。返り値のないメソッドの宣言には、返り値の型として void を書きます。

メソッド宣言

メソッド宣言は次のように書きます。基本的には一般的なメソッド宣言と同じですが、処理の一部として return 値; があります。

値を返すメソッドの宣言

```
static 返り値の型 メソッド名 (引数並び) {
  処理
  return 値;
}
```

「返り値の型」としては、このメソッドがたとえば整数を返すなら int を、文字列を返すなら String を書きます。また、処理の中では return 値; で返り値を指定します。この return は値を返すだけでなく、メソッドの実行を終了し、呼び出し元のあとの処理に実行の流れを移す役割もあります。

メソッド呼び出し

メソッド呼び出しの際には、メソッド呼び出しが値をもつ式として扱われます。たとえば、返り値を変数に代入したい場合には 変数名 = メソッド名 (引数); と書きます。返り値をそのまま表示したい場合は System.out.println(メソッド名 (引数)); と書きます。

値を返すメソッドの例

リスト7.12に、平均値を計算して返すメソッド getAverage を示します。このメソッドは、2つの int 型の値を引数 x, y として受け取り、それらの和を 2.0 で割り、その結果を double 型の返り値として呼び出し元に返します。メソッド main は getAverage を 2 回呼び出して、(a) A さんが 3 点と 9 点のテストを取った際の平均点と、(b) B さんが 5 点と 4 点のテストを取った際の平均点をそれぞれ表示します。

▶[2.0 で割る理由]
2 でなく 2.0 で割るのは、整数どうしの計算だと結果も整数になってしまうからです。3.6 節を参照。

リスト **7.12** Sample07_05_Average.java

```
1  public class Sample07_05_Average {
2    static double getAverage(int x, int y) {
3      return (x + y) / 2.0;
4    }
5    public static void main(String []args) {
6      // (a) 変数scoreAに返り値を代入して、その変数の値を表示
7      double scoreA = getAverage(3, 9);
8      System.out.println("Aさん␣" + scoreA + "点");
9      // (b) 返り値をそのまま表示
10     System.out.println("Bさん␣" + getAverage(5, 4) + "点");
11   }
12 }
```

平均値を表示するだけであれば、メソッドの中で表示までしたほうが便利かもしれません。ところが、getAverage は値を返すメソッドなので、その返り値をさらに他で使うこともできます。これが返り値のあるメソッドの利点です。リスト 7.12 のプログラムに、平均値が 6 点以上なら OK、そうでなければ NG と判定するメソッド printOKNG を追加したのがリスト 7.13 です。このように、返り値を別のメソッドの引数としても使うこともできます。

▶[返り値を引数に]
2 つのメソッド呼び出しを直接組み合わせて、次のように記述することも可能です。
```
printOKNG(getAverage(3, 9));
```

▶[if-else 文]
4.4 節を参照。

リスト **7.13** メソッドの追加された Sample07_05_Average.java

```
1  public class Sample07_05_Average {
2    static double getAverage(int x, int y) {
3      return (x + y) / 2.0;
4    }
5    static void printOKNG(double x) {
6      if (x >= 6) {
7        System.out.println("OK");
8      } else {
9        System.out.println("NG");
10     }
11   }
12   public static void main(String []args) {
13     double scoreA = getAverage(3, 9);
14     System.out.print("Aさん␣" + scoreA + "点␣");
15     printOKNG(scoreA);
16     double scoreB = getAverage(5, 4);
17     System.out.print("Bさん␣" + scoreB + "点␣");
18     printOKNG(scoreB);
19   }
20 }
```

7.6 さまざまなメソッド(1)
最大値、配列の要素をすべて表示

メソッドの例を示します。メソッド宣言と呼び出しの部分のみを示しているので、実行に必要な部分を補って実際に実行してみてください。

最大値を返すメソッド

リスト 7.14 は、2 つの値の最大値を求めるメソッド getMax の宣言です。引数として 2 つの値を受け取り、if-else 文で大きいほうを求めてその値を返します。リスト 7.15 はこのメソッドの呼び出しの例で、2 と 9 の最大値を表示します。

▶[メソッドの名前]
メソッドにはわかりやすい名前をつけましょう。
名づけかたを「動詞+名詞」のパターンにすると考えやすいです。たとえば、値を返すメソッドや計算するメソッドの名前は「get なになに」、「calc なになに」とするとよいでしょう。また、値を返さず表示をおこなうメソッドの名前は「print なになに」、「show なになに」とするとよいでしょう。

リスト **7.14** 最大値を返すメソッド getMax の宣言

```
1  static int getMax(int x, int y) {
2    int max;
3    if (x > y) {
4      max = x;
5    } else {
6      max = y;
7    }
8    return max;
9  }
```

リスト **7.15** 最大値を返すメソッド getMax の呼び出し

```
1    System.out.println(getMax(2, 9));
```

リスト 7.16 のように return をメソッド宣言の中に複数書くこともできます。このように、条件分岐と return の使いかたによってはメソッドがシンプルになります。ただし、値を返さない分岐が発生しないように気をつける必要があります。

リスト **7.16** 最大値を返すメソッド getMax の宣言・その 2

```
1  static int getMax2(int x, int y) {
2    if (x > y) {
3      return x;
4    } else {
5      return y;
6    }
7  }
```

▶[Java で用意されているメソッドの利用]
実用的なプログラムを作る場合は、Java にもともと用意されているメソッドを利用することも検討しましょう。ただし、プログラミングの勉強のためには、既にある機能でも自分で作ってみることも大事です。自分で作ると、しくみを理解することができます。

Java で用意されているメソッドの呼び出し

Java にもともと用意されているメソッド Math.max を使って 2 つの値の最大値を求めることもできます。

リスト **7.17** Math.max の利用

```
1    System.out.println(Math.max(7, 8));
```

配列の要素をすべて表示するメソッド

System.out.println は配列のデータをまとめて表示することはできません。そこで、配列の表示をメソッドにしてみましょう。リスト 7.18 のメソッド printArray は引数として配列を受け取るので、仮引数の型には配列の宣言と同様に int のあとに角カッコ「[ ]」が必要です。

▶ [配列]
6.1 節を参照。

▶ [仮引数（かりひきすう）]
メソッド宣言の引数並びに書く引数を仮引数といいます。仮引数は、呼び出されたメソッドがデータを受け取るための箱にあたります。7.4 節を参照。

リスト **7.18** メソッド printArray の宣言

```
1  static void printArray(int [] x) {
2    for (int i = 0; i < x.length; i++) {
3      System.out.print(x[i] + "␣");
4    }
5    System.out.println();
6  }
```

このメソッドを呼び出すときは、配列を実引数として渡すため、リスト 7.19 の 2 行目のように丸カッコ「( )」の中には配列の名前のみを書きます。配列の名前のあとに角カッコ「[ ]」を書くのは間違いです。

▶ [実引数（じつひきすう）]
メソッド呼び出しの引数並びに書く引数を実引数といいます。実引数はメソッドを呼び出すときに一緒に渡すデータです。このデータは、呼び出されたメソッドの仮引数に代入されます。7.4 節を参照。

リスト **7.19** メソッド printArray の呼び出し

```
1    int [] a = {9, 3, 5, 4};
2    printArray(a);
```

引数の値を処理の中で変更しているメソッド

呼び出されたメソッドの中で仮引数の値を変更しても、実引数である呼び出し元の値は変更されません。リスト 7.20 のプログラムでは、実引数として変数 n の値をメソッドに渡します。メソッド printStar の処理では、4 行目の x--; によって仮引数 x の値を変更しますが、呼び出し元の n の値には影響ありません。この printStart の呼び出しのあと（11 行目）でも、n の値は 5 のままです。

▶ [--]
デクリメント演算子です。変数の値を 1 だけ減らします。3.8 節を参照。

リスト **7.20** 引数の値を処理の中で変更しているメソッド

```
 1  static void printStar(int x) {
 2    while (x > 0) {
 3      System.out.print("*");
 4      x--;
 5    }
 6    System.out.println();
 7  }
 8  public static void main(String []args) {
 9    int n = 5;
10    printStar(n);
11    System.out.println(n);
12  }
```

7.7 さまざまなメソッド(2) 階乗、多重定義

さらにメソッドの例を 2 つ示します。どちらもプログラム全体のリストを掲載しています。実際に実行してみましょう。

n の階乗

n の階乗 $n!$ は for 文の繰返しで求めることができます。一方、数学での階乗の定義は次に示すとおりです。この定義の中では、階乗それ自身を $(n-1)!$ のようにして使っています。

$$n! = \begin{cases} 1 & (n = 0) \\ n(n-1)! & (n \geq 1) \end{cases}$$

図 **7.4** 階乗の定義

これと同様に、メソッド宣言の中でそのメソッド自身を呼び出すことができます。このような呼び出しかたを**再帰呼び出し**といいます。

繰返しと再帰呼び出しを比較してみましょう。リスト 7.21 では、メソッド getFactorialF は for 文で、メソッド getFactorialR は再帰呼び出しで、それぞれ階乗を計算します。getFactorialR のメソッド宣言の中に `getFactorialR(n-1)` という呼び出しがありますね（13 行目）。これが再帰呼び出しです。上に示した階乗の定義と見くらべると、getFactorialR が階乗の定義をそのまま利用しているのがわかるでしょう。一方、getFactorialF は for 文で 1 から n まで繰り返すことで階乗を計算します。

▶ [getFactorialF メソッド]
for 文で階乗を求める処理のしくみについては、5.3 節のリスト 5.10 に 1 から 5 の総和を求めるプログラムがありますから、その説明も参考にしてください。

▶ [*=]
複合代入演算子です。右辺の変数に左辺の値を乗算します。複合代入演算子については 3.7 節を参照。

リスト **7.21** Sample07_07_Factorial.java

```
1  public class Sample07_07_Factorial {
2    static int getFactorialF(int n) {
3      int f = 1;
4      for (int i = 1; i <= n; i++) {
5        f *= i;
6      }
7      return f;
8    }
9    static int getFactorialR(int n) {
10     if (n == 0) {
11       return 1;
12     } else {
13       return n * getFactorialR(n - 1);
14     }
15   }
16   public static void main(String []args) {
17     System.out.println(getFactorialF(5));
18     System.out.println(getFactorialR(5));
19   }
20 }
```

多重定義

同じ名前で引数並びが異なるメソッドを作ることができます。これをメソッドの**多重定義**といいます。リスト 7.22 では多重定義によって、引数がなければ標準のハイフン「-」を 30 個、文字列の引数があるならその文字列を 30 個、文字列と整数の引数があるならその文字列をその数だけ並べるというふうに、3 つの同名メソッドを作っています。

▶[多重定義]
多重定義については、第 10 章で詳しく学びます。すぐ見たいひとは 10.4 節からを参照。

リスト **7.22** Sample07_07_Separate.java

```
public class Sample07_07_Separate {
  static void separate() {
    separate("-");
  }
  static void separate(String s) {
    separate(s, 30);
  }
  static void separate(String s, int x) {
    for (int i = 0; i < x; i++) {
      System.out.print(s);
    }
    System.out.println();
  }
  public static void main(String []args) {
    double result1 = 2 * 3.14 * 7;
    System.out.println(result1);
    separate();
    int result2 = 3 * 4;
    System.out.println(result2);
    separate("*");
    double result3 = 7 * 5 / 2.0;
    System.out.println(result3);
    separate("=", 5);
  }
}
```

リスト **7.23** リスト 7.22 の実行結果

```
43.96
------------------------------
12
******************************
17.5
=====
```

多重定義という言葉は難しそうですが、引数並びの違うメソッドを普通に宣言して使い分けているだけで、プログラム自体はそれほど難しくはありません。

友達にコーヒーを頼むときに、「コーヒーをお願い」「ホットのコーヒーをお願い」「2 つホットのコーヒーをお願い」というように、詳しさの違ういろいろな頼みかたがあるのと似ていますね。

7.8 ■ 章末問題 ■

問 1

次の 2 つのメソッドを含むプログラムを作成しなさい。

printEvenOdd 整数を引数として受け取り、その値が偶数か奇数かを if-else 文を使って判定し表示する。

main 3 や 4 が偶数か奇数かを判定する。

問 2

▶［ヒント 1］
問 1 と問 2 は、判定結果をどちらのメソッドで表示するかが異なります。

次の 2 つのメソッドを含むプログラムを作成しなさい。

getEvenOdd 整数を引数として受け取り、その値が偶数か奇数かを if-else 文を使って判定し、偶数か奇数かの文字列を返す。

main 3 や 4 が偶数か奇数かを表示する。

問 3

▶［ヒント 2］
絶対値は「x が正なら x、x が負なら-x」のようにして求めることができます。
また、2 つの値の差の絶対値は「大きいほうから小さいほうを引き算する」のようにして求めることもできます。どちらの方法を用いても結構です。

次の 2 つのメソッドを含むプログラムを作成しなさい。

getDiff 整数 2 個を引数として受け取り、その 2 つの値の差を絶対値で返す。

main 9 と 3 の差や、4 と 5 の差を表示する。

問 4

次の 2 つのメソッドを含むプログラムを作成しなさい。

getSum 整数の配列を引数として受け取り、その配列の要素の総和を返す。

main 要素の並びが 1, 7, 3, 2 であるような配列を宣言・初期化し、その総和を表示する。

問 5

次の 2 つのメソッドを含むプログラムを作成しなさい。

getMax 整数の配列を引数として受け取り、その配列の要素のうち最大の要素の値を返す。

main 要素の並びが 1, 7, 3, 2 であるような配列を宣言・初期化し、その最大値を表示する。

第 8 章

クラスと参照型

▶▶▶ねらい

本章では、 Java プログラミングのとても重要な要素の 1 つであるクラスについて説明します。これまでにも「`public class` のあとにクラス名を書く」とか「クラス名 { のあとにプログラムを書く」といった説明をしてきましたが、いよいよそのクラスの正体に迫ります。

さまざまな種類のコトやモノに関する情報を扱うために、 Java プログラミングで活躍するのがクラスとインスタンスです。クラスはいわばコト・モノの設計図で、これをもとに作られる個々のコト・モノがインスタンスです。コト・モノの情報はインスタンスにくっついている属性（フィールド）です。たとえば、個々のコト・モノにつけられた名前は、インスタンスにくっついている文字列型の属性として表現できます。

本章ではさらに、データのかたまりの型である参照型についても説明します。たとえば、第 6 章で登場した配列は参照型です。本章で登場するインスタンスも属性のかたまりのようなものですから参照型です。

この章の項目

クラス
インスタンス
フィールド
new
参照型

8.1 クラスとインスタンス(1)基本的な考えかた

▶[Java]
Java のように、さまざまなコト・モノをプログラムのなかで表現するためにクラスやインスタンス（オブジェクト）などのしくみを備えるプログラミング言語のことをオブジェクト指向プログラミング言語といいます。

世の中のさまざまなコト・モノについての情報をコンピュータで扱うためには、それらのコト・モノをプログラムの中で表現できなくてはなりません。クラスとインスタンスはそのためのしくみです。クラスはコト・モノの種類に相当し、インスタンスは個々のコト・モノに相当します。

世の中にはさまざまなコト・モノがある

世の中には「人物」、「クルマ」、「犬」のようにさまざまな種類の事柄や物や概念があります。ここではそれらをコト・モノということにします。そうしたコト・モノのそれぞれには、さらにさまざまな属性がくっついています。たとえば、「人物」には「名前」「生年」「所持金」などの属性があります（図 8.1）。

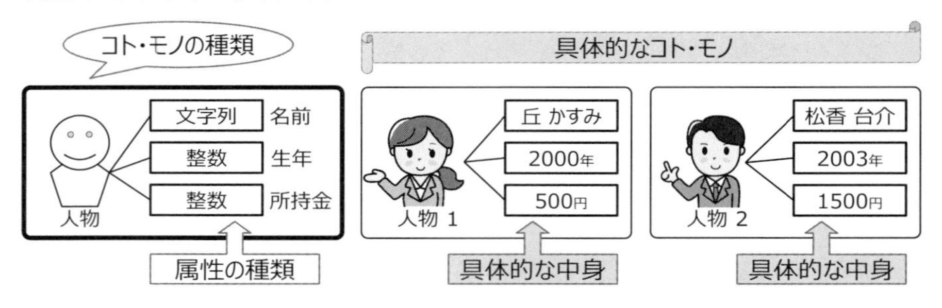

図 8.1　コト・モノとその属性

属性の具体的な中身は人物ごとに異なりますが、属性の種類は同じです。たとえば、「丘 かすみ」さんの生年は「2000」年で所持金は「500」円、「松香 台介」くんの生年は「2003」年で所持金は「1500」円というように、属性の具体的な中身は人物によって違っています。しかし、名前という属性は文字列であり、生年と所持金という 2 つの属性は整数値であるという点はすべての人物に共通します。Java ふうにいえば、「値は異なっていても型は同じ」ということになります。

▶[インスタンスとオブジェクト]
Java において「インスタンス」と「オブジェクト」は同じものを指します。この 2 つの表現の違いは観点の違いです。「インスタンス」は“なんらかのクラスから生成されたモノ”という意味で用いられます。「オブジェクト」は“記憶領域を占有するモノ”という意味で用いられます。

Java ではクラスとインスタンスで表現する

このようなコト・モノを表現するしくみとして、Java にはクラスとインスタンスがあります。クラスがコト・モノの種類にあたり、インスタンスが個々の具体例にあたります（図 8.2）。なお、インスタンスのことをオブジェクトということもあります。

たとえるなら、クラスはコト・モノの設計図のようなものです。この設計図（クラス）をもとにして個々のコト・モノ（インスタンス）が作られます。

クラスの利点

プログラムの中でクラスを用いてコト・モノを表現すると、コト・モノにくっついているたくさんのデータをひとまとめにして扱うことができます。クラスはいわばデータのかたまりの型です。データをすっきりと整理することによって、それを扱うプログラムもすっきりと整理することができるので便利です。

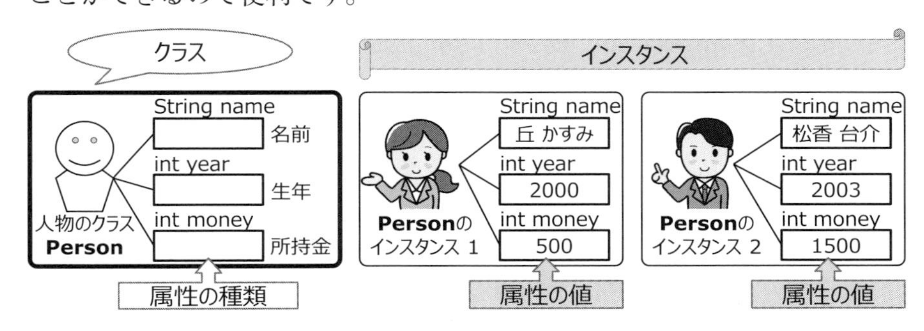

図 **8.2** 人物のクラス Person を用いる

逆にいえば、たくさんのデータをまとめずにバラバラのものとして扱うと、プログラムを書くのも読むのも厄介になります。

たとえば、図 8.3 のように人物ごと・属性ごとに別々の変数を用意して「丘さんの名前」、「松香くんの名前」、「丘さんの生年」……といったデータをバラバラに扱うようにすると、人物×属性の数だけの変数が必要になります。もし 100 人の人物がいて属性が 10 個あるなら（これでもかなり控えめな仮定ですね？）1000 個もの変数が必要です。

▶［人物×属性の数だけ］
そんなにたくさんのバラバラの変数を使うより配列を使えばいいのでは？ と思ったひとは鋭いです。しかし、そのやりかたではコト・モノの性質をかならずしもうまく表現できません。
本章から説明するクラスを学ぶことは、コト・モノの性質を表現するためにクラスに備わっているしくみを学ぶことでもあります。

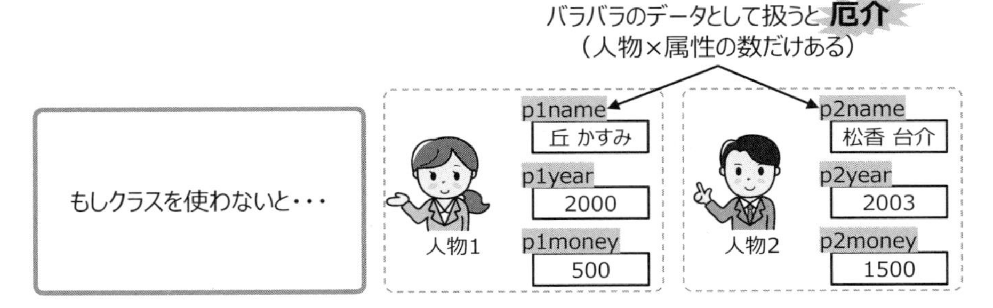

図 **8.3** もしクラスを用いないと？

コト・モノの個数や種類がもっと増えたり、あるいは属性がもっと多種多様になったりすれば話がもっと複雑になることは容易に想像がつきます。これをうまく整理するために役立つのがクラスです。

プログラミングの腕を磨くため、クラスとインスタンスによるコト・モノの表現のしかたを身につけていきましょう。

8.2 クラスとインスタンス(2) クラスの宣言

Java プログラムにおいて具体的なコト・モノを扱うためには、まずそのコト・モノの種類を表現するクラスを作る（宣言する）必要があります。クラスを宣言するときには class という語を用います。

クラスの宣言とは

プログラムの中で変数を作るための記述を変数の宣言というのと同様に、クラスを作るための記述をクラスの宣言といいます。クラスの宣言は、そのクラスが表現するコト・モノがどのような要素によって構成されるのかについての記述です。なお、クラスに含まれる属性などの構成要素を総称してメンバといいます。

▶[メンバ]
もちろん、日本語にも外来語として定着している「メンバー (member)」のことです。このように、Java プログラミングや IT の世界では長音記号の「ー」を書かないことがあります。

クラスの宣言には class を用いる

クラスの宣言にはズバリ class という語を用いて次のように書きます。最後の波カッコ閉じ「}」のあとにセミコロン「;」は書きません。

クラスの宣言

```
class クラス名 {
  構成要素（メンバ）の宣言
  構成要素（メンバ）の宣言
  ...
} // この } の後ろに ; は書かない
```

通常、Java のクラス名は「Person」のようにアルファベット大文字から始まる名詞にするという約束になっています。そのクラスが表現するコト・モノの名前をそのままつけるとわかりやすいでしょう。

クラス名が複数の単語からなるときには、「RacingCar」のように語ごとに先頭を大文字にして空白なしでつなげます。

▶[キャメルケース]
「RacingCar」などのように、大文字から始まる語を複数つなげる書きかたをキャメルケース (CamelCase) といいます。小文字のなかに大文字が混じる形が、ラクダ (camel) の背中にこぶがあるさまを連想させますね。

インスタンス変数（インスタンスフィールド、フィールド）

コト・モノにくっついている属性は、プログラムにおいてはインスタンスにくっつく変数として表現されます。この変数をインスタンス変数あるいはインスタンスフィールドといいます。特に誤解の恐れがないときには単にフィールドということもあります。

フィールドを作るには、クラスの宣言の中に構成要素（メンバ）としてフィールドの宣言を書きます。8.1 節で説明したようにクラスから個々のインスタンスを生成したとき、そのインスタンスごとにこれらのフィールドがくっついていることになります。

▶[インスタンスフィールド]
インスタンスフィールドではないフィールドもありますので、区別を要するときにはなになにフィールドと表記します。インスタンスフィールドではないフィールドについては 9.7 節を参照。

▶[ローカル変数]
インスタンス変数に対し、前章までに用いていたような、メソッドやブロックの中で宣言された変数をローカル変数あるいは局所変数といいます。なお、ブロックについては 4.1 節を参照。

フィールドのみのクラス

クラスの構成要素（メンバ）としてフィールド以外のものもありえますが、ここではフィールドのみがある場合について説明します。フィールドのみのクラスの宣言は次のように書きます。

▶［フィールドのみのクラス］
一般にクラスのメンバはフィールドに限られません。フィールド以外のメンバについては第 9 章で説明します。
なお、フィールドのみのクラスを便宜上レコード型、そのクラスのインスタンスをレコードということもあります。レコードは Java の用語ではなく、Java 登場以前からある概念です。プログラミング言語によっては他の呼称があることもあります。C や C++ では構造体といいます。

クラスの宣言

```
class クラス名 {
  フィールドの宣言;
  フィールドの宣言;
  ...
}
```

フィールドのみのクラス Person の宣言を書いてみる

人物を表現するクラス Person は構成要素（メンバ）として名前、生年、所持金という 3 個のフィールドのみを含みます（図 8.4）。Person の宣言には 3 個のフィールドの宣言をひとまとめに記述します（リスト 8.1）。これらのフィールドは、あとでクラスから生成される個々のインスタンスのそれぞれにくっついて、「丘かすみ」や「2000」のように具体的な値をもつことになります。

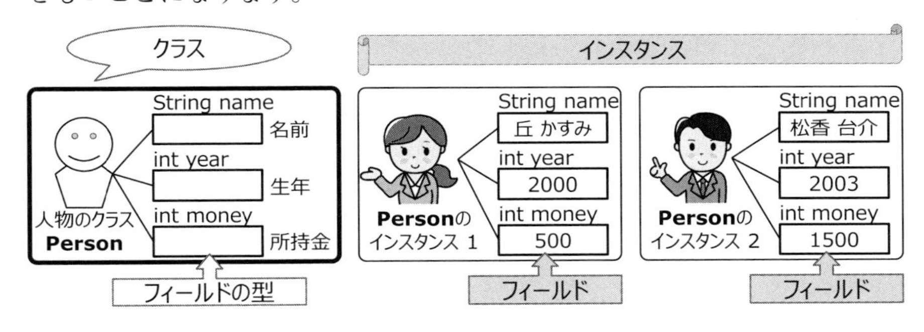

図 8.4　フィールドのみのクラス Person

リスト 8.1　クラス Person の宣言

```
1 class Person {
2   String name; // 名前のフィールド
3   int year; // 生年のフィールド
4   int money; // 所持金のフィールド
5 }
```

8.3 クラスとインスタンス(3) インスタンスの生成と使用

宣言されたクラスをもとに、新しく個々のインスタンスを生成するときにはnewを用います。また、個々のインスタンスにくっついているフィールドを使うにはドット「.」を用います。

新しいインスタンスの生成にはnewを用いる

8.1節でも述べたように、クラスはコト・モノの設計図のようなもので、それをもとに作られる個々のコト・モノがインスタンスです。クラスから新しいインスタンスを生成するには、newを用いて次のように書きます。

▶[new]
インスタンス（オブジェクト）の生成と初期化をおこない、その参照を返す演算子です。
配列の要素の生成で用いていたのと同一のものです。6.2節を参照。
参照については8.5節を参照。

インスタンスの生成

```
new クラス名 ()
```

単にインスタンスを生成するだけでは役に立ちませんから、典型的には変数などに代入して使います。あるクラスのインスタンスを生成し、クラス型の変数に代入するためには次のように書きます。

インスタンスの生成・その2

```
クラス名 変数名 = new クラス名 ();
```

▶[代入]
リスト8.2はインスタンスそのものをPerson型の変数に代入しているように見えます。厳密にいうと、実際に代入されるのはインスタンスのありかであり、インスタンスそのものではありません。8.5節を参照。

リスト8.2は、クラスPersonから2個のインスタンスを生成し、Person型の変数p1, p2に代入します。

リスト **8.2** クラスPersonのインスタンス生成

```
1    Person p1 = new Person();
2    Person p2 = new Person();
```

なお、リスト8.3のようにクラス型の変数を宣言しただけではインスタンスは生成されません。インスタンスを使うためには、変数の宣言とは別に明示的なインスタンスの生成が必要です。

リスト **8.3** 変数宣言のみではインスタンスは生成されない

```
1    Person x1; // インスタンスは生成されない
2    Person x2; // インスタンスは生成されない
```

インスタンスのフィールドを使う

前節で説明したとおり、個々のインスタンスにはフィールドがくっついています。あるインスタンスにくっついているフィールドを使うには、インスタンスのあとにドット「.」とフィールド名を書きます。

▶[ドット「.」]
ドット演算子という演算子です。

インスタンスにくっついているフィールドの使用

インスタンス．フィールド名

前ページの「インスタンスの生成・その2」のようにインスタンスを変数に代入した場合に、そのフィールドを使うときには次のように書きます。

インスタンスにくっついているフィールドの使用・その2

インスタンスが代入された変数．フィールド名

リスト8.4は、インスタンスp1, p2それぞれにくっついている3個のフィールドに値を代入したり、その値を表示したりするプログラムの例です。直感的には、ドット「.」は日本語の「の」として読むことができます。たとえば、11行目や22行目にあるp1.nameは「インスタンスp1のフィールドname」といった具合です。このp1.nameという記述を1つの変数であるかのように使うことができます。

▶[インスタンス p1]
インスタンスを便宜上「インスタンスp1」のように変数名でよぶことがあります。しかし、厳密にいえばこの変数はインスタンスそのものではなく、変数の値がインスタンスのありか（参照）です。8.5節を参照。

リスト **8.4** Sample08_03_Person.java

```
 1  class Person {
 2    String name; // 名前のフィールド
 3    int year; // 生年のフィールド
 4    int money; // 所持金のフィールド
 5  }
 6
 7  public class Sample08_03_Person {
 8    public static void main(String[] args) {
 9      // 丘さんのインスタンス
10      Person p1 = new Person();
11      p1.name = "丘␣かすみ";
12      p1.year = 2000;
13      p1.money = 500;
14
15      // 松香くんのインスタンス
16      Person p2 = new Person();
17      p2.name = "松香␣台介";
18      p2.year = 2003;
19      p2.money = 1500;
20
21      // 丘さんのデータを表示
22      System.out.println("氏名:␣" + p1.name);
23      System.out.println("生年:␣" + p1.year);
24      System.out.println("所持金:␣" + p1.money);
25
26      // 松香くんのデータを表示
27      System.out.println("氏名:␣" + p2.name);
28      System.out.println("生年:␣" + p2.year);
29      System.out.println("所持金:␣" + p2.money);
30    }
31  }
```

8.4 クラスとインスタンス(4) サンプルプログラム

サンプルプログラムを2つ示します。

▶ [燃料の残量]
昨今では電気自動車が発展の途上にあり、従来のような燃料を載せないクルマもありますが、ここでは燃料を使用するクルマを対象にするということにしておいてください。

自動車のクラス Car

自動車（図 8.5）を表現するクラス Car の宣言と使用例をリスト 8.5 に示します。20 行目からのメソッド showCar は、引数として Car のインスタンス 1 個だけを受け取ります。所有者や燃料といったデータをバラバラに受け取るのではないことに注目してください。

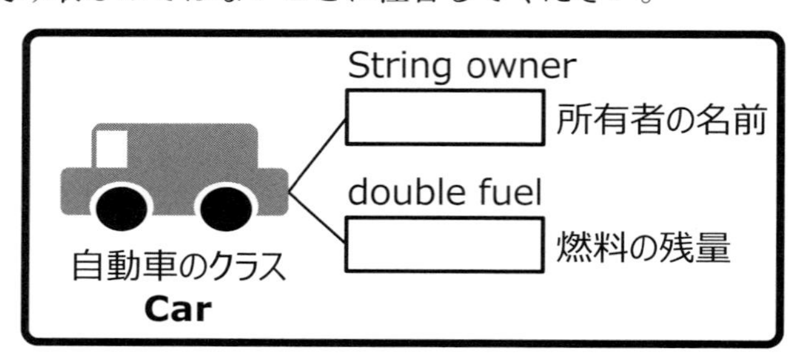

図 8.5　自動車のクラス Car

リスト 8.5　Sample08_04_Car.java

```
 1  class Car {
 2    String owner; // 所有者の名前
 3    double fuel; // 燃料の残量
 4  }
 5
 6  public class Sample08_04_Car {
 7    public static void main(String[] args) {
 8      Car c1 = new Car(); // 自動車その1は立花さんの所有
 9      c1.owner = "立花␣マヤ";
10      c1.fuel = 0.0;
11
12      Car c2 = new Car(); // 自動車その2は唐野くんの所有
13      c2.owner = "唐野␣春雄";
14      c2.fuel = 1800.0;
15
16      showCar(c1); // 自動車その1を表示
17      showCar(c2); // 自動車その2を表示
18    }
19
20    static void showCar(Car c) {
21      System.out.println(c.owner + "さんのクルマの燃料はあと"
22                         + c.fuel + "␣ccです。");
23    }
24  }
```

リスト 8.6　Sample08_04_Car.java の実行結果

```
1  立花 マヤさんのクルマの燃料はあと0.0 ccです。
2  唐野 春雄さんのクルマの燃料はあと1800.0 ccです。
```

市民のクラス Citizen と都市のクラス City

リスト 8.7 のクラス Citizen は人物を表現し、クラス City は都市を表現します。Citizen にはフィールド addr として、別のクラスである City のインスタンスがあることに注意してください。インスタンスとしてデータをまとめているので、23 行目のように代入によってインスタンスごとデータを置き換えたり、24 行目のようにインスタンスごとデータを引数としてメソッドに渡すことができます。また、31 行目の `cz.addr.name` は「インスタンス cz のフィールド addr のフィールド name」を使っています。

リスト **8.7** Sample08_04_Citizen.java

```
1  class Citizen {
2    City addr; // いま住んでいる都市
3    String name; // 人物の名前
4  }
5
6  class City {
7    String name; // 都市の名前
8    int area; // 都市の広さ( 平方キロメートル)
9  }
10
11 public class Sample08_04_Citizen {
12   public static void main(String[] args) {
13     City fukuoka = new City();
14     fukuoka.name = "福岡市";
15     fukuoka.area = 343;
16
17     City yamato = new City();
18     yamato.name = "大和市";
19     yamato.area = 27;
20
21     Citizen matsuka = new Citizen();
22     matsuka.name = "松香␣台介";
23     matsuka.addr = fukuoka; // 都市を設定
24     showCitizen(matsuka); // 人物のインスタンスをメソッドに渡す
25
26     matsuka.addr = yamato; // 都市を再設定( 引越し)
27     showCitizen(matsuka); // 人物のインスタンスをメソッドに渡す
28   }
29
30   static void showCitizen(Citizen cz) {
31     System.out.println(cz.name + ":␣" + cz.addr.name + "在住");
32     // cz.name ... 人物の名前
33     // cz.addr.name ... 人物のいま住んでいる都市の名前
34   }
35 }
```

リスト **8.8** Sample08_04_Citizen.java の実行結果

```
1 松香 台介: 福岡市在住
2 松香 台介: 大和市在住
```

8.5 参照型(1) インスタンスのありか

インスタンスそのものを変数に代入することはできません。そう見えるプログラムがあっても、実際に変数に代入されるのはインスタンスがどこにあるかというデータだけです。このデータを参照といいます。

インスタンスは本当はどこにある？

8.3 節で挙げた例（リスト 8.9 に抜粋）は、クラス Person のインスタンスを Person 型の変数 p1 に代入するように見えたことでしょう。

リスト **8.9**　リスト 8.2 からの抜粋

```
1    Person p1 = new Person();
```

このインスタンスを便宜上「インスタンス p1」のように変数名でよぶこともあります。さて、コンピュータの中で実際に起きることは次の 3 つのうちどれでしょうか（図 8.6。正解は次節の欄外に）。

1. 変数 p1 の中にはインスタンスが丸ごと入る。
2. 変数 p1 そのものがインスタンスになる。
3. 変数 p1 の中にはインスタンスのありかが入る。

1. 変数p1の中には
インスタンスが丸ごと

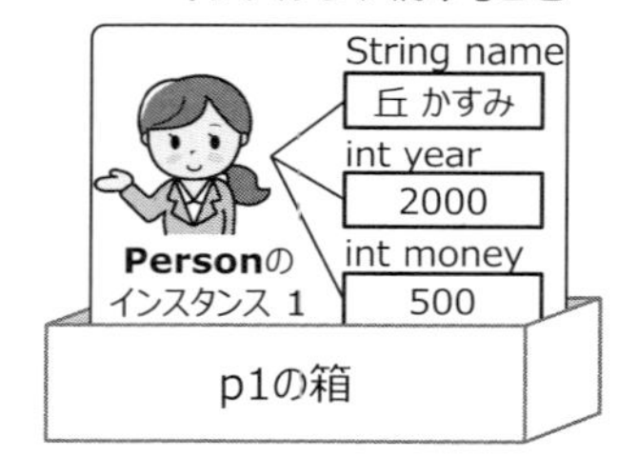

2. 変数p1そのものが
インスタンス

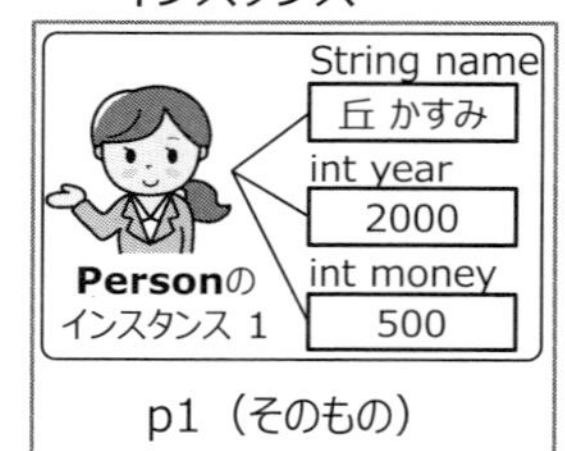

3. 変数p1の中には
インスタンスのありか

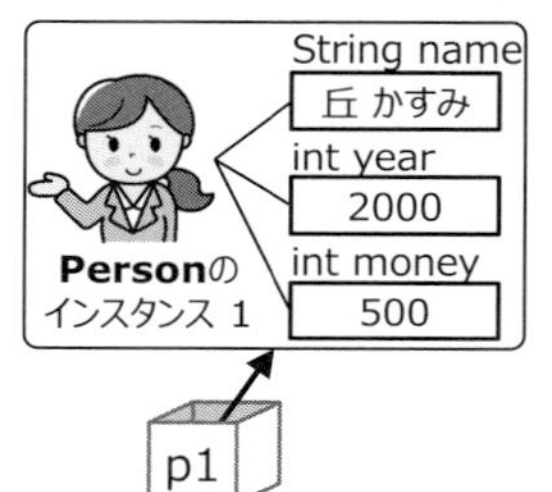

図 **8.6**　インスタンスはどこにある？

▶［インスタンスの大きさ］
クラスの宣言でフィールドの数が決まればインスタンスの大きさも決まるはず……と思ったひとは鋭いです。しかし、見かけ上は同一のクラスでも実際には異なるということはありえます。詳しくは 11.3 節を参照。

インスタンスは「どこか」にある

第 2 章で学んだように、変数はデータを入れる箱のようなものです。Java では、変数の型、すなわち箱の種類や大きさをあらかじめ決めておくという約束があります。変数の宣言をしたあとで、データの大きさに応じて箱の大きさを変えることはできません。

このようにあらかじめ大きさを決められた箱に、インスタンスを収容することはできません。なぜなら、インスタンスはいわばデータのかたまりであり、インスタンスの大きさはプログラムを実行してみるまで決まらないことがあるからです。そこで、Java ではインスタンスを、変数の箱の中ではなく、コンピュータの記憶領域内の「どこか」に置きます。

参照型とは

インスタンスの置かれた「どこか」を表すデータを参照といいます。参照の大きさはインスタンスそのものの大きさとは関係なく一定です。インスタンスは変数に入れられなくても、参照は変数に入れることができます。プログラムは参照を介してインスタンスを扱います。

参照、すなわち「どこか」を表すデータの型を参照型といいます。クラスの型はどれも参照型です。前ページのリスト 8.9 の変数 p1 は Person 型ですから参照型です。この例は、クラス Person から new によって新しいインスタンスを生成し、その参照を p1 に代入します（図 8.7）。

▶[「どこか」を表すデータ]
コンピュータの記憶領域内の「どこか」が番地（アドレス）という数値データであることを知っているひともいるかもしれません。Java は、記憶領域の不正操作を防ぐため、プログラムを書く人間にさえ番地データを直接には明かしません。人間にわかるのは番地データが参照として存在することだけです。

▶[参照型]
参照型には配列型、クラス型、インタフェース型があります。インタフェースについては第 12 章を参照。

なお、int や double などの、参照型ではない型を基本型（あるいは基本データ型、原始型）といいます。英語の primitive type の日本語訳が何通りかあるだけで、どれも意味は同じです。

▶[new]
インスタンス（オブジェクト）の生成と初期化をおこない、その参照を返す演算子です。

new Person() という式の値は、クラス Person の新しいインスタンスの参照です。

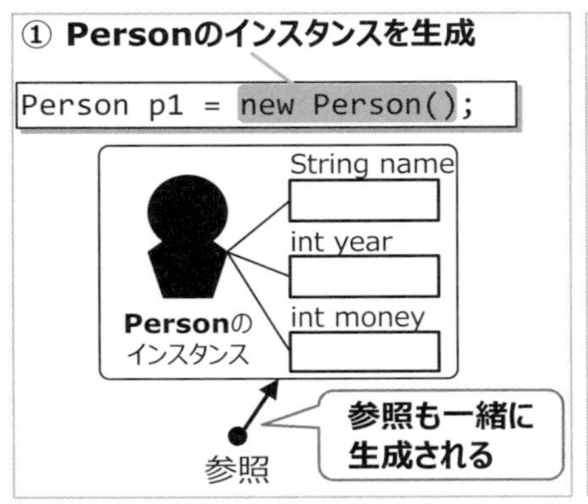

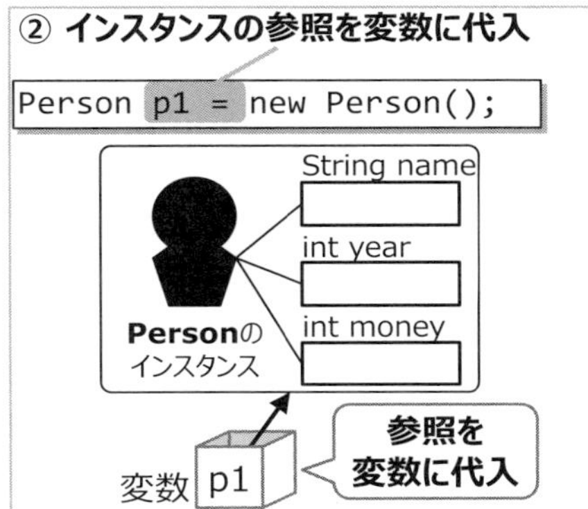

図 8.7　リスト 8.9 の処理

図において参照はしばしば矢印で表現されます。図 8.8 では、p1 の四角い枠のなかから生えてインスタンスを指し示す矢印が参照です。

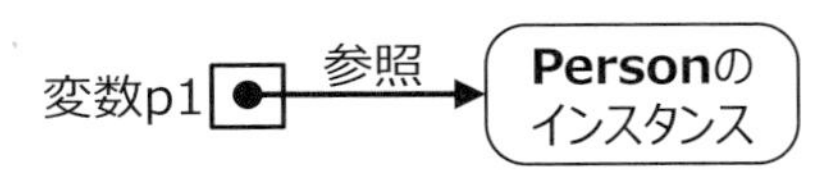

図 8.8　参照は矢印で表現される

null とガベージコレクタ

参照はなんらかのインスタンスのありかを表しますが、参照型の特別な値として「なんのありかをも表さない参照」を使うこともあります。このような参照が null です。

逆に、インスタンスは存在するのに、そのインスタンスの参照は不要になってプログラム中のどこにも記憶されなくなるという事態も起こりえます。そのようなインスタンスは、プログラムが参照を介して扱うこともなくなるので、記憶領域の無駄です。そこで、Java にはこのようなインスタンスを自動的に片づけるガベージコレクタというしくみがあり、常に記憶領域を有効利用できるようにしています。不要になったインスタンスを人間が意識的に抹消する必要はありません。

▶[null]
読みをカナで書くと「ナル」が近いですが、綴りから「ヌル」と読まれることもあります。自分のまわりのひとと話が通じるほうの読みかたで読むとよいでしょう。

▶[ガベージコレクタ]
「ゴミ集め屋」という意味です。その処理のことをガベージコレクション（ゴミ集め）といいます。

8.6 《発展》 参照型(2) 文字列と配列

文字列型（String 型）と配列型は参照型です。また、2 つの文字列を比べるときに==や!=のような演算子を用いるとうまくいかないことがありますので注意が必要です。

▶ [前節のクイズ]
正解は 3. です。

String はクラス、文字列は String のインスタンス

文字列の型として頻繁に用いられる String は、Java にあらかじめ用意されているクラスの 1 つです。String がクラスなのですから、String 型は参照型です。文字列は String のインスタンスであり、String 型の変数に入るのは文字列そのものではなく参照です（図 8.9）。

8.2 節で登場したクラス Person にある String 型のフィールド name に入っているのも、実際には名前の文字列そのものではなく、文字列の参照です（図 8.10）。

▶ [String]
クラスであるなら、そこにフィールドもありそうです。しかし、String のフィールドの使用には制限がかかっているため、具体的にどのようなフィールドがあってそこにどのような値が入っているのかを知ることはできません。

文字列どうしの比較

2 つの文字列が同じかどうかを if 文などで調べるときには注意が必要です。数値と同じ感覚で 2 つの文字列を==や!=といった演算子で比べると、文字の並びが同じかどうかではなく、参照が同じかどうか（すなわちインスタンスが同一かどうか）を調べることになります。文字の並びが同じかどうかを調べるためには次のようにします。

2 つの文字列において文字の並びが等しいという条件の if 文

```
if (文字列 1.equals(文字列 2)) { ...
```

2 つの文字列において文字の並びが異なるという条件の if 文

```
if (! 文字列 1.equals(文字列 2)) { ...
```

▶ [equals]
インスタンスが同値かどうかを調べるインスタンスメソッドです。equals については 12.7 節、12.8 節を参照。インスタンスメソッドについては第 9 章を参照。

▶ [!]
条件式の先頭に論理否定演算子!をつけることで、条件式の true と false を逆にします。条件式については 4.3 節を参照。

文字列リテラル

プログラムのなかに"Hello"のような文字列リテラルを書くことがあります。この文字列リテラルも実際にはクラス String のインスタンスです。このようにして、Java では new を用いなくても String のインスタンスを得ることができます。

なお、文字の並びが同じ文字列リテラルは同一プログラムに何度登場しても同一インスタンスの使い回しです。たとえば、1 つのプログラムのなかに"Hello"という文字列が 2 回現れても、そのインスタンスは 2 個ではなく同一のものです。このため、文字列リテラルどうしの比較には==を用いても equals を用いても同じ結果になります。ただし、うっかり間違いを起こす元凶になりやすいので equals を用いるべきです。

▶ [文字列リテラル]
プログラム中に直接書かれたとおりの値をリテラルといいます。詳しくは 3.3 節を参照。

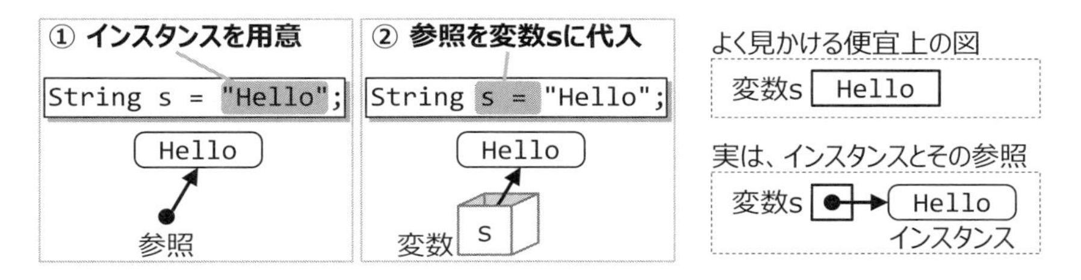

図 8.9　実をいうと文字列はインスタンス

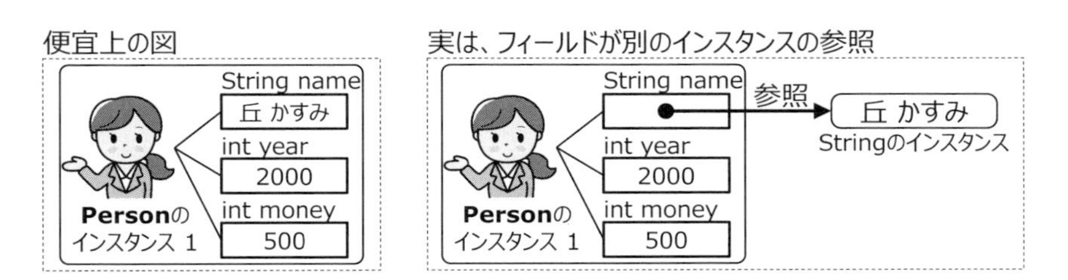

図 8.10　インスタンスのフィールドが別のインスタンスを参照

配列型も参照型

配列の型は配列型で、これも参照型です。配列の実体は配列オブジェクトです。リスト 8.10 のような配列の宣言があるとき、a は便宜的に配列名とみなされこともありますが、実際には int[] という配列型の変数（配列変数）です。右辺の new によって配列オブジェクトが生成され、この配列オブジェクトの参照によって左辺の a は初期化されます（図 8.11）。

▶［配列型は特殊なクラス］
配列には要素数を表す length という特殊なフィールドがあります。このフィールドは読み出し専用で、これに値を代入することはできません。

▶［配列オブジェクト］
配列の実体は通常のクラスから生成されるものではないので、ここでは「インスタンス」ではなく「配列オブジェクト」と表現しています。

▶［new］
インスタンス（オブジェクト）の生成と初期化をおこない、その参照を返す演算子です。
new int[5] という式の値は、新しい配列オブジェクトの参照です。

リスト 8.10　配列の宣言と要素の生成

```
1    int[] a = new int[5];
```

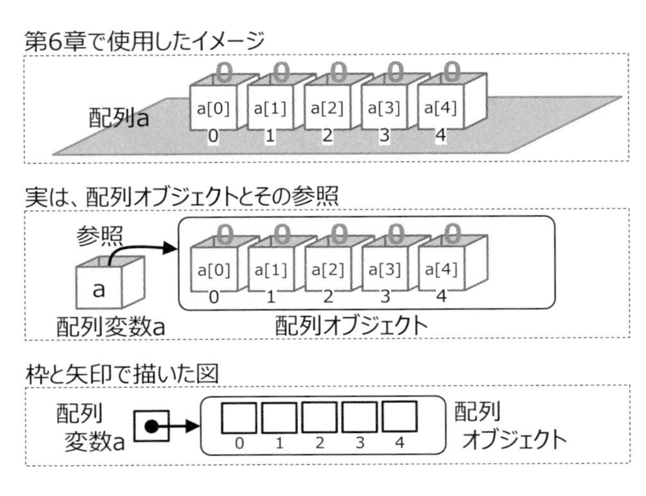

図 8.11　実をいうと配列は配列オブジェクト

8.7 《発展》 参照型(3) 参照のコピー

インスタンスのありかを表す参照は、それ自体をデータとして表示することも数値演算に使うこともできませんが、コピーすることはできます。コピーされた参照は元の参照と同一のインスタンスを指し示します。参照をコピーしてもインスタンスはコピーされませんので、混同しないようにしましょう。

▶[代入]
参照に限らず、代入は常に値のコピーです。ただし、数値を代入すると同じ数値データが1つ増えるのに対し、参照を代入しても同一のインスタンスの参照が1つ増えるだけで、本来の主要なデータであるインスタンスは増えません。

代表例 1: 変数に参照を代入する

変数に参照を代入することは参照をコピーすることです。リスト 8.11 はインスタンスの参照を変数 p1 から変数 p2 へ代入します。これによって p1 と p2 は同一のインスタンスを指し示します（図 8.12）。便宜上「インスタンス p1」や「インスタンス p2」のようないいかたをすることがあっても、実際には両者は同一のインスタンスです。

リスト **8.11**　変数への代入による参照のコピー

```
1    Person p1 = new Person();
2    Person p2 = p1;
```

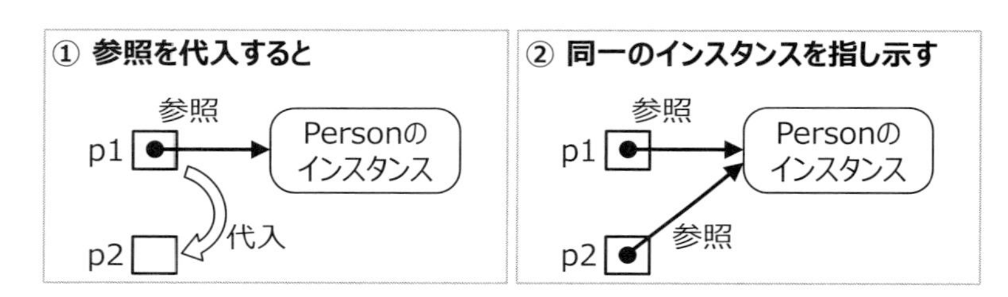

図 **8.12**　同一のインスタンスの参照

リスト 8.12 は配列オブジェクトの参照を配列変数 a1 から配列変数 a2 へ代入します。これによって a1 と a2 は同一の配列オブジェクトを指し示します（図 8.13）。両者において添え字が同じ要素は同一の要素です。

リスト **8.12**　配列変数への代入による参照のコピー

```
1    int[] a1 = new int[5];
2    int[] a2 = a1;
```

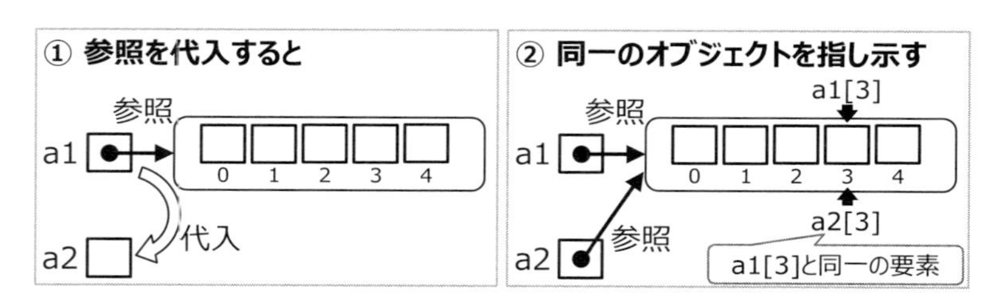

図 **8.13**　同一の配列オブジェクトの参照

代表例 2: メソッドの引数として参照を渡す

メソッドは参照型の引数をもつことができます。このようなメソッドを呼び出すときに引数として参照を渡すのも参照のコピーです。リスト 8.13 のメソッド showPerson には Person 型の仮引数 p があります。

▶[引数として参照を渡す]
参照に限らず、Java において引数の受け渡しは常に値のコピーを伴います。インスタンスの参照を引数に渡すときも参照のコピーがおこなわれます。これを値渡しといいます。
似たような言葉で参照渡しがあります。これは Java 以外のプログラミング言語でおこなわれることのある処理ですので、本書では詳しくは説明しません。Java における参照の受け渡しは参照渡しではなく値渡しです。

リスト 8.13　参照型の引数をもつメソッド

```
1  static void showPerson(Person p) {
2    System.out.println("氏名:␣" + p.name);
3    System.out.println("生年:␣" + p.year);
4    System.out.println("所持金:␣" + p.money);
5  }
```

リスト 8.14 は 3 行目で showPerson を呼び出すときに実引数として変数 p1 の値を渡します。これによって、p1 に入っていた参照がリスト 8.13 の仮引数 p にコピーされますから、p の指し示すインスタンスは p1 のそれと同一のものになります。

リスト 8.14　メソッドの引数としての参照のコピー

```
1    Person p1 = new Person(); // p1に参照を代入
2    /* 中略 */
3    showParameter(p1); // p1から仮引数pにコピー
```

代表例 3: メソッドの返り値として返す

メソッドは参照型の返り値を返すこともできます。たとえば、リスト 8.15 のメソッド makeArray は 2 行目で配列オブジェクトを生成し、6 行目でその参照を返します。そのため、1 行目には返り値の型として int[] という配列型が指定されています。

▶[リスト 8.15]
int 型の配列を生成します。引数 len は配列の要素数で、引数 value はすべての要素にセットする値です。
リスト 8.16 の呼び出しをおこなうと、要素数 5 の配列を生成して、そのすべての要素を-1 にすることになります。

リスト 8.15　参照型の返り値をもつメソッド

```
1  static int[] makeArray(int len, int value) {
2    int[] a = new int[len];
3    for(int i = 0; i < a.length; i++) {
4      a[i] = value;
5    }
6    return a;
7  }
```

リスト 8.16 は makeArray を呼び出し、その返り値として配列オブジェクトの参照を受け取ります。配列を扱うためには参照をどこかに記憶しておかなければなりませんから、ここでは配列変数 data に代入します（したがってこれは代表例 1 の事例でもあります）。

リスト 8.16　メソッドの返り値からの参照のコピー

```
1    int[] data = makeArray(5, -1);
```

8.8 《発展》 参照型(4) 参照型の配列

参照型の配列とは、各要素がなんらかのインスタンスの参照であるような配列です。プログラムはこの配列を介してインスタンスの集合を扱うことができます。

クラス型の配列の宣言を書く

▶ [変数のときと同じ]
変数にインスタンスそのものを入れることはできません。クラス型の変数に入る値はインスタンスそのものではなくインスタンスの参照です。8.5 節を参照。

▶ [配列の宣言と要素の生成]
6.2 節を参照。

あるクラスのインスタンスをたくさん扱わなくてはならないときには、やはり配列が便利です。ただし、インスタンスそのものを配列の要素に入れることは（変数のときと同じ理屈で）できません。そこで、インスタンスの参照の配列を作り、これを介してインスタンスの集合を扱います。

このような配列の要素の型はクラス型です。配列の宣言と要素の生成の書きかたは次のとおりです。

クラス型の配列の宣言と要素の生成

```
クラス名 [] 配列名 = new クラス名 [要素数];
```

▶ [配列の要素]
6.3 節を参照。
なお、数値型の配列の要素が生成された時点では、要素の値はすべてゼロです。参照型の配列の場合、配列の要素が生成された時点では、要素の値はすべて null です。

配列の要素にはインスタンスの参照を入れることができます。ただし、配列の要素を生成しただけでは肝心のインスタンスそのものは生成されないことに注意してください。インスタンスは配列の要素とは別に用意し、その参照を要素に入れなくてはなりません。

リスト 8.17 は、1 行目で Person 型の配列の宣言と要素の生成をおこないます。2 行目からは、配列の要素ごとにクラス Person のインスタンスを new で生成して代入します（図 8.14）。

リスト **8.17** Person 型の配列の宣言と要素の生成

```
1    Person[] group = new Person[5];
2    group[0] = new Person();
3    group[1] = new Person();
4    /* 以下略 */
```

① 配列を宣言し、要素を生成

```
Person[] group = new Person[5];
```

group 参照 0 1 2 3 4

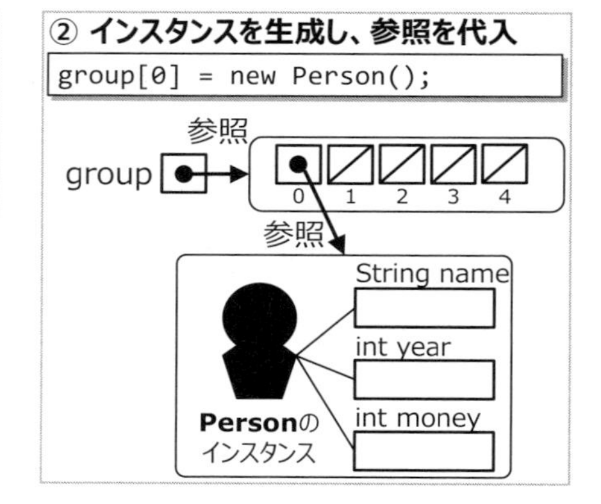

図 **8.14** Person 型の配列

リスト 8.17 の処理は、for 文を用いてリスト 8.18 のように書くことも、配列の初期化を用いてリスト 8.19 のように書くこともできます。リスト 8.17〜8.19 のうちどの書きかたがよいかは場合によります。配列の要素が多いときにはリスト 8.18 のように for 文を用いるほうが簡単でしょう。

▶[配列の初期化]
6.4 節を参照。

リスト 8.18 Person 型の配列の宣言と要素の生成: for 文を使用

```
1  Person[] group = new Person[5];
2  for (int i = 0; i < group.length; i++) {
3    group[i] = new Person();
4  }
```

リスト 8.19 Person 型の配列の宣言と要素の生成: 初期化を使用

```
1  Person[] group = { new Person(), new Person(), new Person(),
2                     new Person(), new Person() };
```

クラス型の配列の要素をインスタンスの参照として使う

このようにしてクラス型の配列とインスタンスの集合を作ったとき、(変数のときと同じ理屈で) 配列の要素を介してインスタンスを扱うことができます。

リスト 8.20 は、添え字 0 の要素に参照があるインスタンスの各フィールド (便宜的には「添え字 0 の要素の各フィールド」とみなすことができますね) に値を代入します。ドット「.」をつけてフィールド名を書くのは変数のときと同様です。違いはドットの前に変数ではなく配列の要素を書くことです (図 8.15)。リスト 8.21 はフィールドを表示する例です。

▶[変数のときと同じ]
インスタンスのフィールドを使うときには インスタンス.フィールド名 と書きます。8.3 節を参照。
なお、このときドット「.」の前に書くインスタンスとは、実際にはインスタンスの参照です。8.5 節を参照。

リスト 8.20 配列の要素のフィールドに代入

```
1  group[0].name = "丘␣かすみ";
2  group[0].year = 2000;
3  group[0].money = 500;
```

インスタンス（の参照）　　フィールド

```
group[0] . year = 2000;
```

図 8.15 配列の要素のフィールドに代入

リスト 8.21 配列の要素のフィールドを表示

```
1  System.out.println(group[0].name);
```

8.9 ■ 章末問題 ■

問 1

8.3 節にあるリスト 8.4 の Sample08_03_Person.java を入力して実行し、結果を確認しなさい。

▶[ヒント 1]
属性をクラスの宣言の中にフィールド（インスタンス変数）として書きます。

問 2

名前 (name)、生年 (year)、吠え声 (voice) という 3 つの属性をもつ犬のクラス Dog の宣言を書きなさい。なお、吠え声の値は「ワン」や「バウワウ」のようなものとする。

▶[ヒント 2]
カギカッコでくくられた中身だけが文字列であり、カギカッコは文字列の一部ではありません（念のため）。このような文字列リテラルを書くときには，ダブルクォート「" "」で囲むのでしたね。

▶[ヒント 3]
インスタンスの生成には new という語を用います。

▶[ヒント 4]
文字列リテラルの"ワン"を表示するのではなく、mydog のフィールドの値を表示するプログラムにしてください。

問 3

次のような処理をおこなうプログラム DogTest.java を作成しなさい。

- 問 2 のクラス Dog のインスタンスを生成し、変数 mydog に代入する。
- mydog の名前を「ハチ」とする。
- mydog の生年を「2013」とする。
- mydog の吠え声を「ワン」とする。
- mydog の吠え声を画面に表示する。

このプログラムの実行結果が次のようになることを確認すること。

```
1 ワン
```

問 4

曲名 (title) と秒単位の長さ (sec) という 2 つの属性をもつ歌のクラス Song の宣言を書きなさい。また、このクラスを用いて次のような処理をおこなうプログラムを作成しなさい。

▶[ヒント 5]
s の 2 つのフィールドの値にカンマ「,」や「秒」という単位をつけて表示するプログラムにしてください。

- クラス Song のインスタンスを生成し、変数 s に代入する。
- s の曲名を「明日があるさ」とする。
- s の長さを「197」とする。
- s の曲名と長さを表示する。

このプログラムの実行結果が次のようになることを確認すること。

```
1 明日があるさ，197秒
```

第 9 章

インスタンスメソッドと修飾子

▶▶▶ねらい

本章では、個々のコト・モノの属性を更新したり読み出したりするうえで便利な方法を説明します。

第 7 章で説明したように、ひとまとまりの処理に名前をつけてメソッドにすれば、この処理を名前で呼び出せるようになります。また第 8 章で説明したように、個々のコト・モノはインスタンスとして表現されます。そこで、このインスタンスにメソッドを組み合わせると、コト・モノの処理を記述しやすくなりそうですね。本章で新たに登場するのはまさにそのためのメソッドで、その名もインスタンスメソッドです。

本章ではさらに、フィールドやメソッドの性質を決める方法である修飾子についても説明します。修飾子をフィールドやメソッドの宣言につけることで、「このフィールドはクラスの外からは使えない」とか「このメソッドはインスタンスを生成しなくても使える」といった性質を決めることができます。

この章の項目

インスタンスメソッド
this
アクセス修飾子
static 修飾子
final 修飾子
スコープ

9.1 インスタンスメソッド(1) 基本的な考えかた

前章で見たように、コト・モノのそれぞれには属性がくっついています。属性をプログラムの中で表現するのがフィールド（インスタンス変数）なら、それに対する操作を表現するのはインスタンスメソッドです。

コト・モノの属性に対する操作

8.3 節のリスト 8.4 は、人物の名前、生年、所持金という属性の 1 つ 1 つに値を代入したり表示したりするプログラムでした。クラスを用いて属性データをまとめられたのはよかったのですが、代入や表示の行数が多いのはちょっと面倒でしたね。

8.4 節のリスト 8.5 は、自動車の属性をメソッド showCar で表示するプログラムでした。メソッドを用いたのはリスト 8.4 よりも進歩でしたが、クラスの宣言とメソッドの宣言が離れていてちょっと見づらい感じもします。せっかくクラスに属性をまとめたのですから、それに対する操作も一緒にまとめられればもっと扱いやすくて便利そうです。

同一の種類のコト・モノでは属性に対する操作も共通

人物の例について、もう少しよく考えてみましょう。名前、生年、所持金という属性に対しては、「自己紹介として名前と生年を言う（情報を出力）」「お金を稼ぐ（所持金を増やす）」「お金を支払う（所持金を減らす）」といった操作がありえます（図 9.1）。

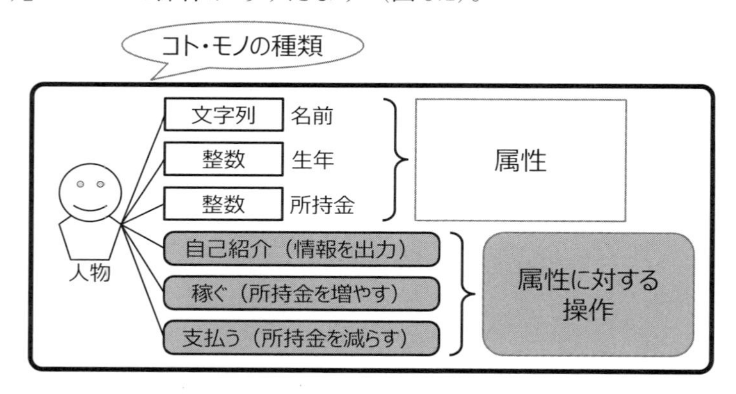

図 9.1　コト・モノの属性に対する操作 (1)

一方、「生年を 0 年にする」「所持金を掛け算で増やす」といった操作は通常ありえません。生年も所持金も数値ですが、だからといって数値に対してできることがなんでもできるわけではありません。つまり、属性に対してできる操作はある程度決まっているわけです。

操作の中身について、さらに考えてみましょう。たとえば「丘 かすみ」さんと「松香 台介」くんとでは、具体的な名前や生年は違いますが、「自己紹介として名前と生年を言う」という操作のしかたは共通です。「お金を稼ぐ」や「お金を支払う」も、具体的な値がどうであれ、加算や減算のしかたは同じはずです。つまり、同一の種類のコト・モノについては属性に対する操作の中身も同一でよさそうです（図 9.2）。

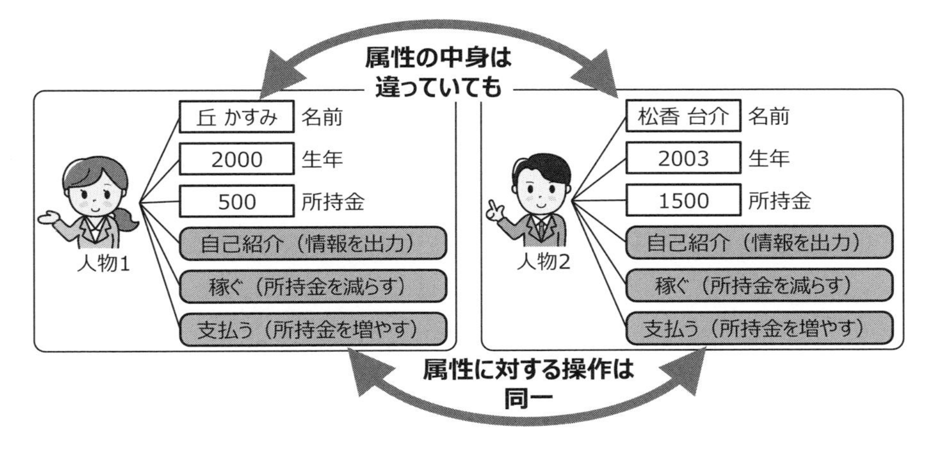

図 **9.2**　コト・モノの属性に対する操作 (2)

属性に対する操作をインスタンスメソッドとして表現する

属性に対する操作を、Java ではインスタンスメソッドとして表現することができます。図 9.3 に示すように、コト・モノがクラスに、属性がフィールド（インスタンス変数）に、属性に対する操作がインスタンスメソッドに対応します。インスタンスメソッドもクラスのメンバです。同一のクラスのインスタンスにおいてはインスタンスメソッドの処理は共通です。

▶ [メソッド]
インスタンスメソッドに対し、第 7 章で学んだメソッドはクラスメソッドといいます。9.7 節も参照。

▶ [メンバ]
クラスの構成要素を総称してメンバといいます。8.2 節を参照。
クラスの宣言においては、フィールド、メソッドのほかにメンバクラスやメンバインタフェースを設けることができます。これらは本書では扱いませんので、興味のあるひとは調べてみましょう。

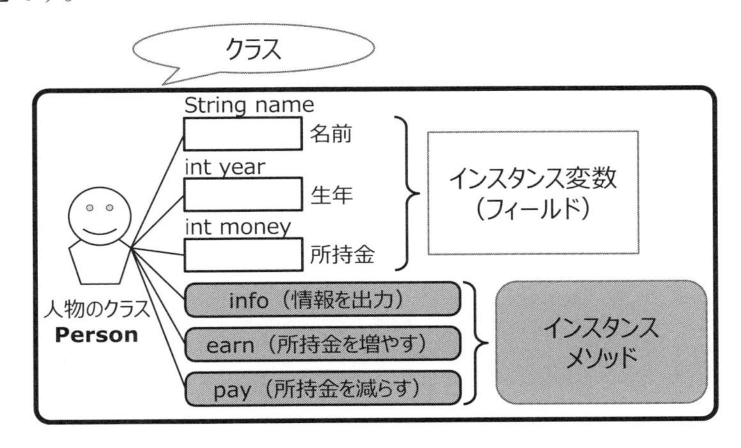

図 **9.3**　インスタンスにくっつくインスタンスメソッド

インスタンスメソッドが第 7 章で学んだメソッドと違うのは、フィールドと同様にインスタンスにくっついて、同一のインスタンスにあるフィールドを処理するためのものであるという点です。

9.2 インスタンスメソッド(2) 宣言

第7章で学んだメソッドの宣言と同様に、インスタンスメソッドを作るための宣言もクラスの宣言の中に書きます。ただし、第7章のメソッドとは異なり、インスタンスメソッドの宣言にはstaticをつけません。

▶ [static]
メソッド宣言の書きだしにstaticがあると、そのメソッドはインスタンスではなくクラスにくっつくクラスメソッドになります。9.7節も参照。

インスタンスメソッドの宣言にstaticはつけない

インスタンスメソッドは、インスタンスにくっついてそのフィールドを扱うことのできるメソッドです。インスタンスメソッドの宣言の基本的な形式は次のとおりです。

インスタンスメソッドの宣言

```
返り値の型 インスタンスメソッド名 (仮引数並び) {
  処理
  return 返り値;
}
```

▶ [仮引数（かりひきすう）]
メソッド宣言の引数並びに書く引数を仮引数といいます。仮引数は、呼び出されたメソッドがデータを受け取るための箱にあたります。7.4節を参照。

7.2節で説明したメソッドの宣言とは異なり、インスタンスメソッドの宣言の書きだしにはstaticがありません。一方、7.2節のメソッドの宣言とよく似ている点もあります。インスタンスメソッドの宣言では、仮引数が1つもないときでも、メソッド名のあとの丸カッコ「( )」を省略することはできません。リスト9.1はinfoという名前のインスタンスメソッドの宣言の例です。

リスト **9.1**　インスタンスメソッドinfoの宣言

```
1  String info() {
2    return name + "(" + year + "年生)␣所持金" + money + "円";
3  }
```

返り値がない（つまり、なんらかの値をreturnしない）インスタンスメソッドの宣言では、返り値の型のところにvoidを書きます。リスト9.2はearnという名前のインスタンスメソッドの宣言の例です。

リスト **9.2**　インスタンスメソッドearnの宣言

```
1  void earn(int income) {
2    money += income; // 所持金を増やす
3  }
```

インスタンスメソッドの宣言もクラスの宣言の中に書く

7.2節のメソッドの宣言と同様に、インスタンスメソッドを作るための宣言もクラスの宣言の中に書きます。そのクラスからnewでインスタンスを生成すると、そのインスタンスにインスタンスメソッドがくっつきます。リスト9.3は、リスト8.4（8.3節）のクラスPersonの宣言に3

つのインスタンスメソッド earn, pay, info の宣言を追加した例です。

1つのクラスの中に複数のインスタンスメソッドの宣言を書くときの順番は、実際に処理がおこなわれる順序とは関係ありません。リスト 9.3 の例では earn, pay, info の順番に並んでいますが、この順番を変えてもかまいません。

フィールドの宣言とインスタンスメソッドの宣言を書くときの順番も、書くひとの都合のよいようにしてかまいません。リスト 9.3 の例ではフィールドのあとにインスタンスメソッドが続いていますが、この順序を変えることもできます。

フィールドを扱うときにはフィールド名だけを書けばよい

8.3 節では、インスタンスにくっついているフィールドを使うときにはドット「.」を用いることを説明しました。たとえば、インスタンス p1 のフィールド money は `p1.money` と書くといった具合です。

しかし、同一のインスタンスの中でインスタンスメソッドからフィールドを使うときには、その呼び出しに「インスタンス.」の部分を記述する必要はありません。単にフィールド名を書くだけです。たとえば、リスト 9.3 のインスタンスメソッド earn は、同一のインスタンスにあるフィールド money の値を増やします。earn の宣言の中で、money は単にフィールド名の `money` とだけ書かれています（8 行目）。

リスト 9.3　インスタンスメソッドを含むクラスの宣言

```
1  class Person {
2    String name; // 名前のフィールド
3    int year; // 生年のフィールド
4    int money; // 所持金のフィールド
5
6    // インスタンスメソッドearn
7    void earn(int income) {
8      money += income; // 所持金を増やす
9    }
10
11   // インスタンスメソッドpay
12   void pay(int expense) {
13     money -= expense; // 所持金を減らす
14   }
15
16   // インスタンスメソッドinfo
17   String info() {
18     return name + "(" + year + "年生)␣所持金" + money + "円";
19   }
20 }
```

9.3 インスタンスメソッド(3) 呼び出し

インスタンスメソッドはただ書いただけでは実行されません。インスタンスメソッドを実行するためにはそのインスタンスメソッドの呼び出しが必要です。

▶[呼び出し]
メソッドを実行することを呼び出しといいます。7.1 節、7.2 節を参照。
1 つのプログラムの中で最初に実行される（呼び出される）メソッドはかならず main です。他のメソッドは main からの呼び出しの連鎖によって実行されます。7.3 節を参照。

インスタンスメソッドを実行する

インスタンスメソッドは「名前のつけられた、属性（フィールド）に対するひとまとまりの操作」であり、メソッドの一種です。メソッドですから、これを実行するには呼び出しが必要です。インスタンスメソッドの呼び出しを書くときには、それがどのインスタンスにくっついているのかがわかるようにする必要があります。

▶[どのインスタンスにくっついているのかがわかるように]
勘のいいひとは気づくかもしれませんが、要するにフィールドのときと理屈は同じです。

インスタンスの外から呼び出す場合

インスタンスメソッドを、それがくっついているインスタンスの外から呼び出すときには、次のようにドット「.」で区切って記述します。

▶[ドット「.」]
ドット演算子という演算子です。

> インスタンスメソッドの呼び出し
>
> インスタンス．インスタンスメソッド名（実引数並び）

例を示します。次ページのリスト 9.6 の 19〜21 行目にインスタンスメソッド earn の宣言があります。これに対し、次のリスト 9.4 はインスタンス p1 の earn の呼び出しをおこないます。実引数の 50 という整数値は、呼び出された earn の側で仮引数 income に代入されたうえで使われます。

▶[実引数（じつひきすう）]
メソッド呼び出しの引数並びに書く引数を実引数といいます。実引数はメソッドを呼び出すときに一緒に渡すデータです。このデータは、呼び出されたメソッドの仮引数に代入されます。7.4 節を参照。

リスト **9.4**　インスタンスメソッド earn の呼び出し

```
1        p1.earn(50);
```

また、次ページのリスト 9.6 の 29〜31 行目にインスタンスメソッド info の宣言があります。これに対し、次のリスト 9.5 は p1 の info の呼び出しをおこないます。`p1.info()` という部分が info を呼び出すと、info は返り値として文字列を返します。`System.out.println` はこの文字列を画面に表示します。

リスト **9.5**　インスタンスメソッド info の呼び出し

```
1        System.out.println(p1.info());
```

なお、info は引数をもちませんから、リスト 9.5 の呼び出しでも `info()` の丸カッコ「( )」の中に実引数はありません。ただし、この丸カッコ自体を省略することはできません。

同一のインスタンスの中で呼び出す場合

同一のインスタンスの中で、あるインスタンスメソッドから別のインスタンスメソッドを呼び出すときには、その呼び出しに「インスタンス.」の部分を書く必要はありません。リスト 9.6 は、クラス Person にインスタンスメソッド show の宣言（34 行目から）を追加した例です。show はインスタンスメソッド info を呼び出し、その返り値を画面に表示します（35 行目）。同一のインスタンスの中での呼び出しですので、前ページのリスト 9.4, 9.5 と違って p1. のような部分がありません。

リスト 9.6 Sample09_03_Person.java

```
1  public class Sample09_03_Person {
2    public static void main(String[] args) {
3      Person p1 = new Person();
4      p1.name = "丘␣かすみ";
5      p1.year = 2000;
6      p1.money = 500;
7
8      p1.earn(50); // インスタンスメソッドearnの呼び出し
9      p1.show(); // インスタンスメソッドshowの呼び出し
10   }
11 }
12
13 class Person {
14   String name; // 名前のフィールド
15   int year; // 生年のフィールド
16   int money; // 所持金のフィールド
17
18   // インスタンスメソッドearn
19   void earn(int income) {
20     money += income; // 所持金を増やす
21   }
22
23   // インスタンスメソッドpay
24   void pay(int expense) {
25     money -= expense; // 所持金を減らす
26   }
27
28   // インスタンスメソッドinfo
29   String info() {
30     return name + "(" + year + "年生)␣所持金" + money + "円";
31   }
32
33   // インスタンスメソッドshow
34   void show() {
35     System.out.println(info());
36   }
37 }
```

9.4 this (1)「このインスタンス」を表すthis

インスタンスメソッドの中では「このインスタンス」を意味する this という語を用いることができます。たとえば「this.フィールド」は「このインスタンスのフィールド」を意味します。

インスタンスメソッドsetを作りたいのに

本題に入る前に、プログラミング上の工夫について考えます。前節のリスト9.6の3行目からは、newでクラスPersonのインスタンスを生成し、その各フィールドに値を代入していました（図9.4の上側）。インスタンスが1個だけならこれでもかまいませんが、もしインスタンスが10個、20個と増えていけば、フィールドものべ30個、60個と増えていきますから、このままではプログラムの行数がたいへん長くなって見通しが悪くなるのは想像がつきます。

▶[代入をまとめる]
インスタンスメソッドを使う利点は他にもあります。
代入の直前に値をif文などで検査すれば、たとえば名前(name)にnullが代入されるといったおかしなことを防ぐことができます。
また、代入といっしょに他の処理をおこなうこともできるので、たとえば画面に更新履歴を表示したり、お金にかかる税金を自動的に計算したりといったことができます。

そこで、インスタンスメソッドをさっそく応用してみましょう。これから新しいインスタンスメソッドsetを作り、これを使って各フィールドへの値の代入をまとめます（図9.4の下側）。

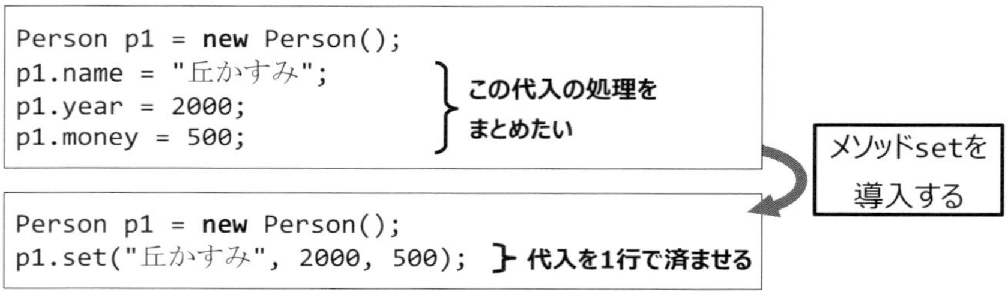

```
Person p1 = new Person();
p1.name = "丘かすみ";
p1.year = 2000;
p1.money = 500;
```

この代入の処理をまとめたい

メソッドsetを導入する

```
Person p1 = new Person();
p1.set("丘かすみ", 2000, 500);
```

代入を1行で済ませる

図 9.4　インスタンスメソッドsetで処理をまとめたい

さて、setの宣言はどのように書くべきでしょうか。返り値はなくてもよさそうですから、返り値の型はvoidとしましょう。引数は3個で、それぞれの仮引数の名前はフィールドと同じにするとわかりやすいでしょう。これらを踏まえて書いたsetの宣言がリスト9.7です。

リスト 9.7　インスタンスメソッドsetの宣言(ただし未完成)

```
1  void set(String name, int year, int money) {
2    name = name; // 引数nameに引数nameの値を代入
3    year = year;
4    money = money;
5  }
```

しかし、残念なことにこのsetは期待どおりには動いてくれません。仮引数の名前をフィールドの名前とおそろいにするまではよかったのですが、そのために2〜4行目の代入文では左辺と右辺が同じになってしまいました。たとえば、2行目ではnameにnameの値を代入することになります。なんだか変ですね。

Javaでは、インスタンスメソッドの宣言において、**仮引数名とフィールド名が同じなら仮引数が優先される**という規則があります。たとえば、2行目はもともと「**フィールドのnameに仮引数nameの値を代入する」というつもりで書いたのに**、実際には「仮引数nameに仮引数nameの値を代入する」という処理をします。3〜4行目も同様です。結果として、このsetを呼び出してもフィールドには何も代入されません。

▶[仮引数名とフィールド名が同じなら仮引数が優先]
プロっぽいいいかたでは「仮引数がフィールドを隠蔽(いんぺい)する」といいます。

▶[「フィールドのnameに引数nameの値を代入する」というつもりで書いたのに]
じゃあ仮引数名をフィールド名と違えておけばいいのでは？ 実際にそれも1つの解決方法です。しかし、プログラムを読みやすくしたいとか、あとでプログラムを流用するときのために名前をそろえておきたいとかいった理由で、名前を同じにしておくという場面も実際に少なくありません。

「このインスタンス」を意味するthisによる解決

この問題は、「このインスタンス」を意味する**this**という語を用いることで解決します。リスト9.8はthisを用いて前述の問題を解決した例です。たとえば、2行目の左辺にあるthis.nameは「このインスタンスのフィールドname」を指します。これならフィールドに仮引数の値を代入することができます。

リスト9.8　インスタンスメソッドsetの宣言(完成)

```
1  void set(String name, int year, int money) {
2    this.name = name; // フィールドnameに引数nameの値を代入
3    this.year = year;
4    this.money = money;
5  }
```

▶[this]
正確にいうと、インスタンスメソッドの中でthisはそのインスタンスの参照であり、参照型の値として使われます。参照型については8.5節を参照。

thisによるメンバの使用

話をまとめます。8.3節や9.3節では、あるインスタンスにくっついているメンバを使うときには、p1.moneyやp1.info()のように、メンバ名の前に「インスタンス.」をつければよいことを説明しました。

▶[メンバ]
クラスの構成要素を総称してメンバといいます。8.2節を参照。

さらに9.2節や9.3節では、同一のインスタンスの中でインスタンスメソッドから他のメンバを使うときには、「インスタンス.」の部分を書かずにmoneyやinfo()のように書けばよいことも説明しました。

しかし、同一のインスタンスのメンバについても「このインスタンス.」という指定をする場合があります。そのような場合には、thisを用いてthis.moneyのように書きます。

thisによるメンバの使用

```
this.フィールド名
this.インスタンスメソッド名(実引数並び)
```

9.5 this (2) 省略されているthis、単体のthis

あらためてクラス Person の全体を示し、this. が省略されている箇所があることを確認します。また、this を「このインスタンス」そのものを扱うために用いる場合についても説明します。

省略されているthis

本節ではクラス Person にさらに 2 つのインスタンスメソッドを追加します。あらためて Person の全体をリスト 9.9 に示します。

前節と同じインスタンスメソッド set の宣言は 22〜26 行目にあります。このうち 23〜25 行目の代入文の左辺では、this. を用いることによって各フィールドを同名の仮引数と区別しています。

9.2〜9.3 節と同じインスタンスメソッド earn, pay, info, show の宣言は 29〜46 行目にあります。これらの宣言にはフィールドと同名の仮引数がありませんので this. を省略しています。

▶[this. を省略]
本書では this. を省略できる場合には省略します。しかし、プログラムを書くうちにいつのまにか「場合」が変わってしまって、省略できない場合になることがあるので、最初から場合によらず this. を書いておくことを奨める流儀もあります。

《発展》「このインスタンス」そのものを扱うためのthis

this を、フィールド名の前につけるのではなく、単体で用いる場合もあります。リスト 9.9 の 55 行にある cheer(this); はその例です。

まず、49〜51 行目のインスタンスメソッド cheer の宣言を見てみましょう。cheer は他のひとを応援する熱いメッセージを画面に表示します。cheer の引数はクラス Person のインスタンスです。50 行目に name が 2 回登場しますが、最初の name は同一インスタンスのフィールドで、次の name は仮引数であるインスタンス buddy のフィールドです。cheer の呼び出しの例は 9 行目にあり、その実行結果はリスト 9.10 の 1 行目です。

この cheer を応用して自分自身を応援するためのインスタンスメソッドが、リスト 9.9 の 54〜56 行目で宣言されている cheerMyself です。これは実際には this を実引数として cheer を呼び出すだけです (55 行目)。cheerMyself の呼び出しの例は 12 行目にあり、その実行結果はリスト 9.10 の 2 行目です。これはごく簡単な例ですが、このように this は単体で用いることもできます。

▶[cheerMyself の呼び出し]
リスト 9.9 の 12 行目は、インスタンス p1 から見ると外部にあたります。したがって、これを p1.cheer(this); のようにしても、その this はインスタンス p1 を指しません。

▶[クラス名に注意]
リスト 9.9 では Person を Person2 としています。本章で既出の実行可能プログラム (リスト 9.6) とのクラス名の重複を避けるための名称変更です。
Eclipse 使用者は 2.4 節も参照。

リスト **9.9** Sample09_05_Person.java

```
1  public class Sample09_05_Person {
2    public static void main(String[] args) {
3      Person2 p1 = new Person2();
4      p1.set("丘␣かすみ", 2000, 500);
5      Person2 p2 = new Person2();
6      p2.set("松香␣台介", 2003, 1500);
7
8      // p1はp2を応援する
```

```
 9      p1.cheer(p2);
10
11      // p1は自分を応援する
12      p1.cheerMyself(); // p1.cheer(p1); と結果は同じ
13    }
14  }
15
16  class Person2 {
17    String name; // 名前のフィールド
18    int year; // 生年のフィールド
19    int money; // 所持金のフィールド
20
21    // インスタンスメソッドshow
22    void set(String name, int year, int money) {
23      this.name = name;
24      this.year = year;
25      this.money = money;
26    }
27
28    // インスタンスメソッドearn
29    void earn(int income) {
30      money += income; // 所持金を増やす
31    }
32
33    // インスタンスメソッドpay
34    void pay(int expense) {
35      money -= expense; // 所持金を減らす
36    }
37
38    // インスタンスメソッドinfo
39    String info() {
40      return name + "(" + year + "年生)␣所持金" + money + "円";
41    }
42
43    // インスタンスメソッドshow
44    void show() {
45      System.out.println(info());
46    }
47
48    // インスタンスメソッドcheer
49    void cheer(Person2 buddy) {
50      System.out.println(name + "は" + buddy.name + "を応援します");
51    }
52
53    // インスタンスメソッドcheerMyself
54    void cheerMyself() {
55      cheer(this); // このインスタンス自身を引数として渡す
56    }
57  }
```

リスト **9.10**　リスト 9.9 の実行結果

```
1  丘 かすみは松香 台介を応援します
2  丘 かすみは丘 かすみを応援します
```

9.6 修飾子(1) アクセス修飾子

修飾子は宣言について、その宣言されたものの性質を決めます。アクセス修飾子は公開範囲を決めます。private はフィールドやメソッドを非公開にし、それらが外部から操作されるのを防ぎます。

▶[メンバ]
クラスの構成要素を総称してメンバといいます。8.2 節を参照。

アクセス修飾子はクラスやメンバの公開範囲を決める

修飾子とは、クラスやメンバの宣言の頭につけることでその性質を決めることのできる語です（表 9.1）。ここまでに何度も登場した public や static も修飾子です。

アクセス修飾子とは、クラスやメンバの公開範囲を決めるための修飾子です。private, protected, public の 3 つがそれです。このうちのどれがあるか、どれもないかによって公開範囲が決まります（表 9.2）。なお、複数のアクセス修飾子を併用することはできません。

private　メンバの宣言に private がついていると、そのメンバは同一クラスおよびそのインスタンスの中だけで使えます。詳しくは本節で説明します。

アクセス修飾子なし　クラスやメンバの宣言にアクセス修飾子がないと、そのクラスないしメンバは同一パッケージの中だけで使えます。

protected　メンバの宣言に protected がついていると、そのメンバは同一パッケージないしサブクラスの中だけで使えます。

public　クラスやメンバの宣言に public がついていると、そのクラスないしメンバはパッケージの外に公開されます。大規模なプログラムを複数パッケージに分けて作るときなどに役立ちます。
なお、public のついているクラスの名前は、Java ソースファイル名（の拡張子を除いた部分）と一致していなくてはなりません。

▶[パッケージ]
パッケージは互いに関係するクラスをひとまとめにするときの単位です。詳しくは 12.6 節を参照。

▶[サブクラス]
11.1 節、11.2 節を参照。

▶[Java ソースファイル名]
「Sample.java」のようなファイル名です。拡張子は java です。

▶[ファイル名と一致]
Eclipse などの統合開発環境を利用すると、public のクラス名がファイル名と一致するよう助けてくれます。2.4 節を参照。

アクセス修飾子 private は情報の保護に役立つ

private は、メンバが他のクラスやそのインスタンスから直接使われるのを防ぎます。たとえば、人物情報がシステムのどこからでも変更できるようになっていると、誤って（あるいは勝手に）名前が書き換えられたり所持金が減らされたりすることが起こるかもしれません。private はこのような情報を保護します。

リスト 9.11 は、フィールドの値をクラス Person の外から直接読み書きできないよう、フィールドの宣言に private をつけた例です。たとえば、フィールド money の値を Person の外から操作するには、インスタンスメソッド earn や pay を介する必要があります。リスト 9.11 のように、これらのメソッドに値を点検する処理を組み込むと、不適切な操作を防ぐことができます。

表 9.1　修飾子の一覧

修飾子	性質	本書で扱う
abstract	メソッドが未実装	○
final	値の更新やメソッドのオーバーライド不可	○
native	（他言語による開発のために使用）	—
private	クラス内でのみアクセス可	○
protected	パッケージ内かサブクラス内のみアクセス可	△
public	どこからでもアクセス可	○
static	インスタンスではなくクラスに所属	○
strictfp	（厳密な浮動小数点演算のために使用）	—
synchronized	（マルチスレッド処理で使用）	—
transient	（シリアライズ処理で使用）	—
volatile	（マルチスレッド処理で使用）	—

▶［オーバーライド］
11.4 節を参照。

表 9.2　アクセス修飾子によって決まる公開範囲

修飾子	対象	公開範囲
private	メンバ	クラス内のみ
（なし）	クラス，メンバ，インタフェース	パッケージ内のみ
protected	メンバ	パッケージ内かサブクラス内のみ
public	クラス，メンバ，インタフェース	どこからでもアクセス可

▶［インタフェース］
12.1 節を参照。

リスト 9.11　アクセス修飾子 private の使用

```
1  class Person {
2    private String name; // 名前のフィールド( クラス外には非公開)
3    private int year; // 生年のフィールド( クラス外には非公開)
4    private int money; // 所持金のフィールド( クラス外には非公開)
5  
6    // earnは引数incomeが正の数のときのみ処理をおこなう
7    void earn(int income) {
8      if (income > 0) {
9        money += income; // 所持金を増やす
10     }
11   }
12 
13   // payは引数expenseが正の数で所持金以下のときのみ処理をおこなう
14   void pay(int expense) {
15     if (expense > 0 && expense <= money) {
16       money -= expense; // 所持金を減らす
17     }
18   }
19 
20   /* 他のメンバは略 */
21 }
```

9.7 《発展》 修飾子 (2) その他の修飾子

static をメンバの宣言につけると、そのメンバはインスタンスにではなくクラスにくっつきます。final をフィールドの宣言につけると、そのフィールドは定数になります。

▶ [static]
"static" は「静的」と訳され、Java では「インスタンスではなくクラスに所属する」という意味で用いられます。

▶ [クラスメンバ]
これに対し、インスタンスにくっついているインスタンスメソッドやインスタンスフィールドといったメンバを総称してインスタンスメンバといいます。

static はメンバをインスタンスではなくクラスにくっつける

static は、メンバがインスタンスではなくクラスにくっつくようにするための修飾子です。このようなメンバのことを**クラスメンバ**（あるいは**静的メンバ**）といいます。

static のついたフィールドを**クラスフィールド**（あるいは**クラス変数**、**静的フィールド**など）といいます。リスト 9.12 の 9〜10 行目はクラスフィールド BMI_LOW および BMI_HIGH の宣言です。

クラスフィールドの宣言

```
static 型 フィールド名;
```

今までのフィールド（インスタンスフィールド）とクラスフィールドの違いに留意してください。インスタンスフィールドはインスタンスごとに別の値をもてるのでしたが、クラスにくっついている**クラスフィールドは同一クラスにおいて共通のフィールド**であり、1 つの値しかもてません。

▶ [クラスメソッド]
はじまりのメソッド main もクラスメソッドです。

さて、static のついたメソッドを**クラスメソッド**（あるいは**静的メソッド**）といいます。つまり、第 7 章で学んだメソッドはクラスメソッドです。リスト 9.12 の 13〜16 行目はクラスメソッド warn の宣言です。

▶ [同一のクラスのクラスフィールドを使用]
9.4 節で説明したように、メソッドの宣言において、フィールド名とメソッドの仮引数名が同じなら仮引数が優先されます。これを区別するときには、クラスフィールドの使用に「クラス名.」をつけます。インスタンスフィールドの場合とは違って、この場合には this. は使用できません。

static のついているメンバ（クラスメンバ）を使う

クラスメンバはインスタンスを作らなくてもクラスがあれば使えます。クラスメンバを他のクラスから使うには、クラスメンバ名の前に「クラス名.」をつけます。

クラスフィールドの使用

```
クラス名.クラスフィールド名
```

クラスメソッドの呼び出し

```
クラス名.クラスメソッド名(実引数並び)
```

リスト 9.12 の 3 行目には、クラス Body のクラスメソッド warn の呼び出しがあります。別のクラス Sample09_07_Body からの呼び出しですので、warn() の前に Body. が必要です。

一方、同一のクラスの中で使うときにはそのクラスメンバ名を書くだけです。リスト 9.12 の 14〜15 行目では同一クラスのクラスフィールド BMI_LOW や BMI_HIGH を Body. なしで使っています。

リスト 9.12　クラスメンバの宣言 (Sample09_07_Body.java)

```
public class Sample09_07_Body {
  public static void main(String[] args) {
    Body.warn(); // クラスBodyのクラスメソッドwarnの呼び出し
  }
}

class Body {
  // クラスフィールドの宣言
  static double BMI_LOW = 18.5;
  static double BMI_HIGH = 22;

  // クラスメソッドwarnの宣言
  static void warn() {
    System.out.println("BMI≦" + BMI_LOW + "なら低体重");
    System.out.println("BMI≧" + BMI_HIGH + "なら要注意");
  }
}
```

クラスフィールドやクラスメソッドをそのクラスから生成されたインスタンスからも使うことができます。前述のとおりクラスフィールドはクラスにおいて共通ですので、インスタンス間で値を共有するために使うこともできます。このプログラム例は次節に示します。

▶[プログラム例は次節に]
リスト 9.14 の 44 行目と 46 行目を参照。

final はフィールドを定数にする

final は「上書きを禁止する」という意味合いでつけられる修飾子です。メソッドの中の変数（ローカル変数）の宣言やフィールドの宣言に final がついていると、その値を別の値で上書きすることができません。つまり、final は変数やフィールドを定数にすることができます。

リスト 9.13 ではクラスフィールド BMI_LOW と BMI_HIGH の宣言に final がついています（リスト 9.12 と比較してみてください）ので、この 2 つは定数になっています。こうしておけば、なにかの間違いでこれらの値が別の値で上書きされるのを防ぐことができます。

リスト 9.13　static と final の併用

```
  static final double BMI_LOW = 18.5;
  static final double BMI_HIGH = 22;
```

▶[final]
final の使用方法について補足します。
リスト 9.13 のように宣言において初期値を与えるのではなく、インスタンスフィールドにはコンストラクタで、クラスフィールドにはイニシャライザ（本書では説明を割愛）で代入することもできます。

メソッドの宣言の仮引数並びにおいて仮引数の頭につけることもできます。仮引数の値はメソッドの呼び出しごとに変わりますが、これをメソッドの中で上書きすることはできなくなります。

クラスの宣言に final がつくと、そのクラスの継承はできなくなります。メソッドの宣言に final がつくと、そのメソッドのオーバーライドはできなくなります。継承やオーバーライドについては第 11 章を参照。ただし、final については深入りしません。

9.8 《発展》 mainの正体と、修飾子のサンプルプログラム

`public static void main(String[] args)` の意味を、前節までに説明したことを踏まえて説明します。また、身長と体重にもとづいてBMIを計算するサンプルプログラムを示します。

▶[はじまりのメソッド main]
1つのプログラムの中で最初に実行される（呼び出される）メソッドはかならずmainです。他のメソッドはmainからの呼び出しの連鎖によって実行されます。7.3節を参照。

▶[Java の実行環境]
Java プログラムを実行するためのしくみのことです。Java Runtime Enviroment (JRE) といいます。

▶[引数の型は String[ ]]
main の引数の型は決まっていますが、仮引数の名前はargs でなくてもかまいません。ただし、よく用いられる名前は args です。

はじまりのメソッド main の正体

はじまりのメソッドについては7.3節で説明しました。そこでも少し触れた `public static void main(String[] args)` というおまじないの意味が、修飾子を学んだおかげでようやく判明しました。

public パッケージ外に公開するためのアクセス修飾子です。main はプログラムの実行開始時に Java の実行環境から（つまりパッケージ外から）呼び出されるため、main には `public` が必要です。

static クラスメソッドにするための修飾子です。main はプログラムの実行開始時に（つまりインスタンスの生成より前に）呼び出されるため、main には `static` が必要です。

void 返り値がないことを意味します。

main プログラムの実行開始時に最初に呼び出されるメソッドです。その修飾子は `public static`、返り値の型は `void`、引数の型は String[ ] でなくてはなりません。

修飾子のサンプルプログラム

リスト9.14で用いられている修飾子について説明します。

private 23〜25行目のインスタンスフィールドの宣言についているので、これらのフィールドを他のクラス（およびそのインスタンス）から直接使うことはできません。6行目のようにインスタンスメソッド set を介して変更することはできます。

public 1行目からのクラス Sample09_08_Body の宣言についているので、この Java ソースファイル名は Sample09_08_Body.java です。2行目からのクラスメソッド main の宣言にもついています。

static 13〜14行目はクラスフィールド BMI_LOW, BMI_HIGH の宣言です。これらのクラスフィールドはそのクラスに共通の値をもち、インスタンスメソッド info でも使われています（42, 44行目）。
また、17行目からはクラスメソッド warn の宣言です。これを呼び出すのが3行目です。別のクラスからの呼び出しですので「クラス名.」つまり `Body2.` が `warn()` の前についています。

final 13〜14行目のクラスフィールド BMI_LOW, BMI_HIGH の宣言についているので、これらのクラスフィールドは定数であり、あとか

ら別の値を代入することはできません。

▶[クラス名に注意]
リスト 9.14 では Body を Body2 としています。本章で既出の実行可能プログラム（リスト 9.12）とのクラス名の重複を避けるための名称変更です。
Eclipse 使用者は 2.4 節も参照。

リスト **9.14** Sample09_08_Body.java

```
1  public class Sample09_08_Body {
2    public static void main(String[] args) {
3      Body2.warn(); // クラスBody2のクラスメソッドwarnの呼び出し
4  
5      Body2 mybody = new Body2();
6      mybody.set("立花マヤ", 164.5, 57);
7      System.out.println(mybody.info());
8    }
9  }
10 
11 class Body2 {
12   // クラスフィールド
13   static final double BMI_LOW = 18.5;
14   static final double BMI_HIGH = 22;
15 
16   // クラスメソッドwarn
17   static void warn() {
18     System.out.println("BMI≦" + BMI_LOW + "なら低体重");
19     System.out.println("BMI≧" + BMI_HIGH + "なら要注意");
20   }
21 
22   // インスタンスフィールド
23   private String name; // 氏名のフィールド( クラス外には非公開)
24   private double height; // 身長のフィールド( クラス外には非公開)
25   private double weight; // 体重のフィールド( クラス外には非公開)
26 
27   // インスタンスメソッドset
28   void set(String name, double height, double weight) {
29     this.name = name;
30     this.height = height / 100.0; // メートルに換算
31     this.weight = weight;
32   }
33 
34   // インスタンスメソッドgetBMI
35   double getBMI() {
36     return weight / (height * height); // ボディマス指数(BMI)
37   }
38 
39   // インスタンスメソッドinfo
40   String info() {
41     double bmi = getBMI();
42     if (bmi <= BMI_LOW) {
43       return name + "さんは低体重です。";
44     } else if (bmi < BMI_HIGH) {
45       return name + "さんは普通です。";
46     } else {
47       return name + "さんは要注意です。";
48     }
49   }
50 }
```

9.9 《発展》 スコープ

クラスに含まれるフィールド、メソッドや、メソッドの仮引数、メソッドの中のローカル変数には、それぞれ有効範囲（スコープ）があります。ここであらためてスコープを整理しておきます。

▶［ローカル変数］
メソッドやブロックの中で宣言された変数をローカル変数あるいは局所変数といいます。なお、ブロックについては 4.1 節を参照。

メソッドの仮引数とローカル変数のスコープ

インスタンスメソッドでもクラスメソッドでも、メソッドの宣言には仮引数やローカル変数が含まれることがあります。前節のリスト 9.14 では、2 行目からのメソッド main に仮引数 args とローカル変数 mybody があります。28 行目からのメソッド set に仮引数 name, height, weight があり、40 行目からのメソッド info にローカル変数 bmi があります。

これらの有効範囲はすべてそのメソッドの中だけで、そのメソッドの外からじかに使うことはできません（図 9.5）。また、これらにアクセス修飾子 public をつけて公開することもできません。

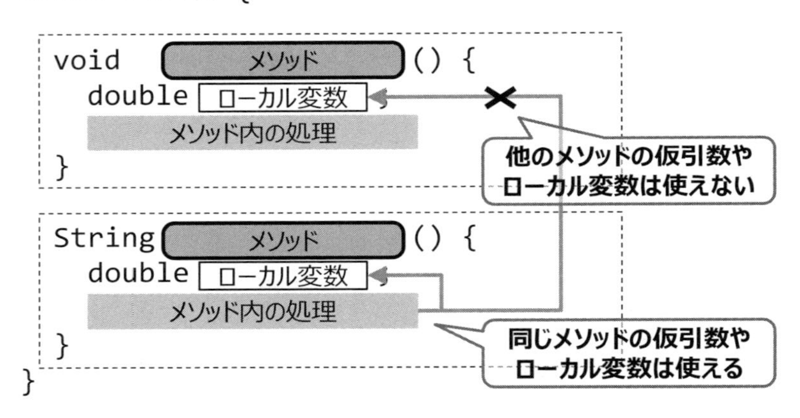

図 9.5　仮引数とローカル変数のスコープ

▶［インスタンスメンバ］
インスタンスにくっついているインスタンスメソッドやインスタンスフィールドといったメンバを総称してインスタンスメンバといいます。

インスタンスメソッドから使えるメンバ

インスタンスメソッドからは、同一のインスタンスにくっついているインスタンスメンバと、クラスにくっついているクラスメンバを、いずれもじかに使うこともできます（図 9.6）。いいかえれば、クラスメンバの有効範囲はそのクラスとそれから生成されたインスタンスにまで広がっています。

また、別のインスタンスのメンバであっても、「インスタンス.」をつければ使うことができます。このとき、そのメンバがアクセス修飾子 private によって非公開になっていても、同一クラスのインスタンスどうしなら仲間ですから使うことができます。

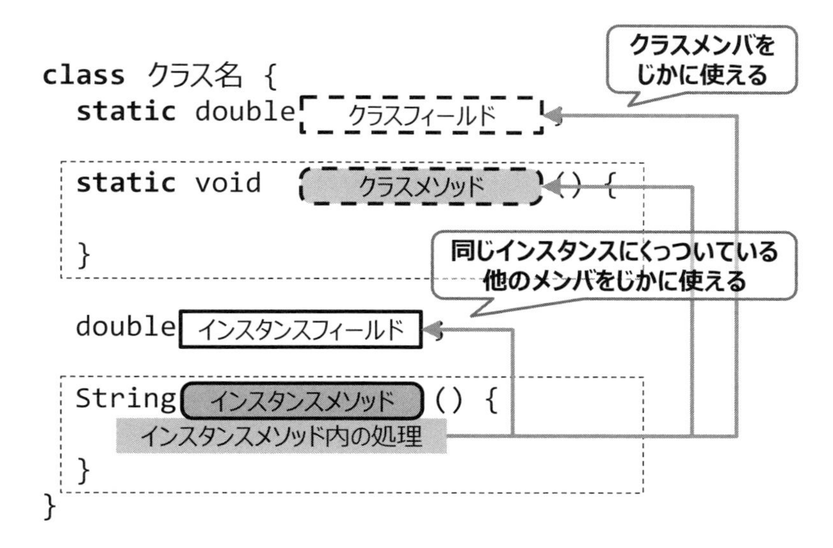

図 9.6 インスタンスメソッドからはクラスメンバを使用可

クラスメソッドはインスタンスメンバをじかには使えない

クラスメソッドからは、同一のクラスにくっついているクラスメンバをじかに使うことができますが、インスタンスメンバをじかに使うことはできません（図 9.7）。

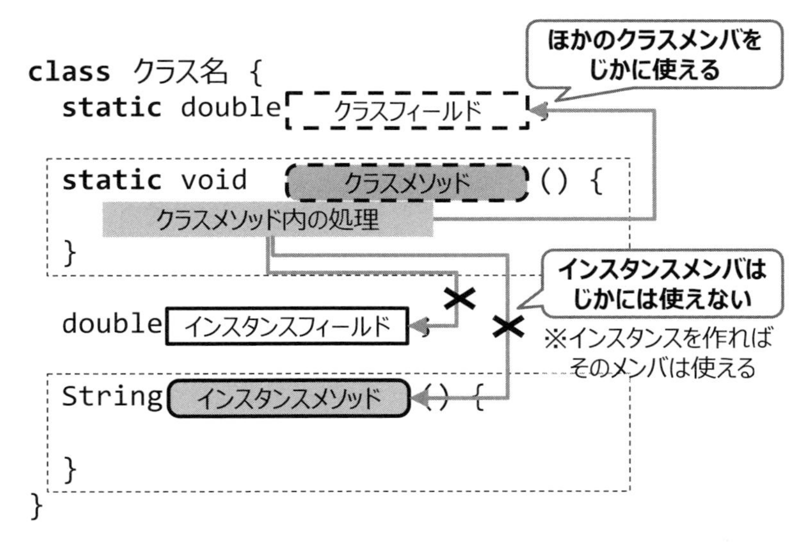

図 9.7 クラスメソッドからはインスタンスメンバを使用不可

「じかに」使えなくても、インスタンスを生成しておいて「インスタンス.」をつければ使うことができます。そのメンバがアクセス修飾子 `private` によって非公開になっていても、やはり同一クラスの仲間であれば使うことができます。

9.10 ■ 章末問題 ■

問 1

▶[ヒント 1]
インスタンスメソッドの宣言には、第 7 章のメソッド（クラスメソッド）の宣言にあったある修飾子がありません。

名前 (name)、生年 (year)、吠え声 (voice) という 3 個のフィールドと、次に挙げる 3 個のインスタンスメソッドをもつ犬のクラス Dog の宣言を書きなさい。

getName 引数なし。返り値は名前。

ageIn 引数は 1 個で、整数型の thisyear。返り値として引数 thisyear と生年の差を返す。

bark 引数なし。返り値なし。吠え声を画面に表示する。

▶[ヒント 2]
bark は、文字列リテラルの"ワン"を表示するのではなく、フィールドの値を表示するプログラムにしましょう。

問 2

▶[ヒント 3]
リスト 9.15 の 3〜4 行目の部分は、実際には行数がもっと多くなってもかまいません。

問 1 のクラス Dog を用いてリスト 9.15 のプログラムの 3〜4 行目および 11 行目以降を完成させ、実行して結果を確認しなさい。

リスト **9.15** Pr09_02.java

```
1  public class Pr09_02 {
2    public static void main(String[] args) {
3      《 mydog1にDogのインスタンスを代入。各フィールドに値を代入》
4      《 mydog2にDogのインスタンスを代入。各フィールドに値を代入》
5
6      // 2019の部分は現在の西暦年にすること
7      System.out.print(mydog1.getName());
8      System.out.println("␣(" + mydog1.ageIn(2019) + "歳)");
9      mydog1.bark();
10
11     《 以下略》
```

リスト **9.16** Pr09_02.java の実行結果（現在が 2019 年の場合）

```
1  パンチ (6歳)
2  ワン
3  ハチ (19歳)
4  バウ
```

問 3

▶[ヒント 4]
各フィールドの宣言にアクセス修飾子を追加しましょう。

問 1 のクラス Dog および問 2 のプログラムを次のように変更しなさい。

- Dog の各フィールドをクラス外部からは使えないようにしなさい。
- 9.4 節にならい、Dog にインスタンスメソッド set を追加しなさい。
- メソッド main を、set を呼び出すように修正しなさい。

第 10 章

コンストラクタと多重定義

▶▶▶ねらい

本章では、個々のコト・モノの準備処理をより簡単にするためのしくみや、複数の処理に同じ名前をつけて扱いやすくするためのしくみについて説明します。

個々のコト・モノを表現するために、クラスからインスタンスを`new`で生成することを第 8 章で学びましたね。インスタンス生成時の準備処理には、実はふつうのメソッドではなく専用の特殊なメソッドのようなものを用います。それが本章で登場するコンストラクタです。

一方、よく似た役割のメソッドには同じ名前をつけておけば、人間にとっては覚えやすくて便利なことがあります。そんなときに役立つ、複数のメソッドに同じ名前をつけることのできるしくみが多重定義（オーバーロード）です。多重定義はすでに 7.7 節で登場しましたが、ここではより詳しく、宣言や呼び出しの要領を説明します。

さらに、コンストラクタに多重定義を組み合わせると、インスタンスの準備処理を場合に応じて切り替えたいときに便利です。

この章の項目

コンストラクタ
デフォルトコンストラクタ
クラス型の配列の初期化
メソッドの多重定義
コンストラクタの多重定義

10.1 コンストラクタ(1) 宣言と実行

クラスのインスタンスが`new`で生成されるときに何か決まった処理を実行したいということはよくあります。クラスにはコンストラクタとしてそのような処理を書いておくことができます。コンストラクタとは、インスタンスの生成時に1回だけ自動的に実行される処理です。

▶[代入をまとめる]
インスタンスメソッドを用いる利点は他にもあります。たとえば、代入の前に引数の値を検査することや、代入といっしょに他の処理をおこなうことができます。9.4節の欄外も参照。

▶[生成されるときに1回だけ]
コンストラクタは、インスタンスを使いはじめるときの準備処理をおこなうためによく活用されます。このような準備処理のことを初期化といいます。この言葉は変数や配列ですでにおなじみですね。

もっとまとめたい

9.4節で示したインスタンスメソッドsetは、複数のフィールドへの値の代入をまとめるためのものでした。このようなメソッドを用いると、プログラムは見た目にスッキリしてわかりやすくなります。

本節ではさらに、インスタンスの生成からフィールドに値を代入するまでの処理をひとまとめにする方法としてコンストラクタを紹介します(図10.1)。コンストラクタは、クラスのインスタンスが`new`で生成されるときに1回だけ自動的に実行される処理です。メソッドではありませんが、特殊なインスタンスメソッドのようなものです。

```
Person p1 = new Person();
p1.name = "丘かすみ";
p1.year = 2000;
p1.money = 500;
```

メソッドsetを導入する

```
Person p1 = new Person();
p1.set("丘かすみ", 2000, 500);
```

} もっとまとめたい

コンストラクタを導入する

```
Person p1 = new Person("丘かすみ", 2000, 500);
```

図 10.1　コンストラクタでもっとまとめる

▶[クラス名]
メソッドの宣言にはメソッド名を書きますが、コンストラクタの宣言にはクラス名を書きます。コンストラクタの名前はクラスの名前と同じと覚えてください。

コンストラクタの宣言と実行

コンストラクタの宣言の基本的な形式は次のとおりです。メソッドの宣言と同様に、クラスの宣言の中に書きます。

コンストラクタの宣言

```
クラス名 (仮引数並び) {
  処理
}
```

この宣言に修飾子の`static`や、`void`のような返り値の型はつけません。コンストラクタは値を返しません。処理の中に`return`を書いてその処理から抜けることはできますが、その`return`のあとに値を書くことはできません。

コンストラクタの実行すなわち呼び出しは、クラスのインスタンスが

new によって生成されるときに自動的におこなわれます。このとき、丸カッコ「( )」の中にはコンストラクタの仮引数の並びにあわせて実引数の並びを書かなくてはなりません。

インスタンスの生成とコンストラクタの実行

```
new クラス名 (実引数並び) // 自動的にコンストラクタを実行
```

▶［コンストラクタの実行］
インスタンスメソッド set と同様に、コンストラクタでも代入の前に引数の値を検査したり、他の処理をおこなったりすることができます。前ページの欄外も参照。

さて、ここでちょっと面倒なのは、引数の値を検査した結果として、インスタンスの生成をやめたい場合です。インスタンスの生成はコンストラクタ自身がやっていることではないので、それをやめるためには非常手段が必要です。そこで、「このインスタンスは使うことができない」というしるしとしてフィールドに適当な値を代入しておくか、例外を投げる (throw) ことで強引に中断するといった措置をとることになります。

コンストラクタの使用例

クラス Person（図 10.2）の例を次に示します。リスト 10.1 の 7 行目からがコンストラクタの宣言で、リスト 10.2 がインスタンスの生成です。どちらにおいても、丸カッコ「( )」の中にある引数の並びは左から順に文字列、整数、整数ですから、引数並びはちゃんとあっています。

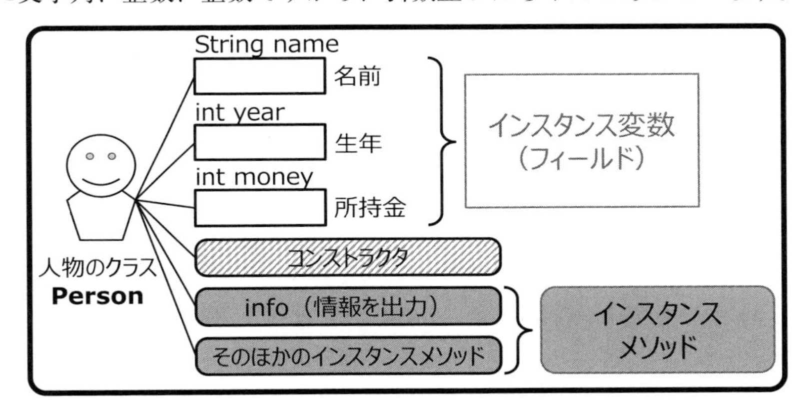

図 **10.2**　クラス Person にコンストラクタを追加

リスト **10.1**　クラス Person のコンストラクタの宣言

```
1  class Person {
2    private String name; // 名前のフィールド( クラス外には非公開)
3    private int year; // 生年のフィールド( クラス外には非公開)
4    private int money; // 所持金のフィールド( クラス外には非公開)
5
6    // コンストラクタ
7    Person(String name, int year, int money) {
8      this.name = name;
9      this.year = year;
10     this.money = money;
11   }
12
13   /* 以下略 */
```

リスト **10.2**　クラス Person のインスタンスの生成

```
1    Person p1 = new Person("丘␣かすみ", 2000, 500);
```

10.2 コンストラクタ(2) デフォルトコンストラクタ

クラスには、引数のないコンストラクタを作ることもできます。また、クラスにコンストラクタを作らなければ、そのクラスには引数をもたず何も処理をしないコンストラクタ（デフォルトコンストラクタ）があるものとみなされます。

引数のないコンストラクタを作ることもできる

前節のリスト 10.1 の例では、コンストラクタに 3 個の引数がありました。しかし、引数が 1 つもないコンストラクタを作ることもできます。その場合、前章までのように `new クラス名 ()` でインスタンスを生成することができます。

▶[引数のないコンストラクタ]
引数並びがからっぽになっても丸カッコ「( )」は省略できないことに注意してください。

例として、8.4 節のリスト 8.5 のクラス Car に、引数のないコンストラクタを追加してみましょう（図 10.3）。インスタンスの生成と各フィールドへの値の代入を、`new Car()` だけでまとめて実行できるようになります（図 10.4）。リスト 10.3 の 6 行目からがコンストラクタの宣言です。ここに代入処理をまとめます。

リスト 10.4 がインスタンスの生成です。前章までの `new クラス名 ()` と変わらないように見えますが、その裏ではちゃんとコンストラクタが実行されて、所有者 (owner) は「不明な所有者」に、燃料 (fuel) は 1000.0 になります。

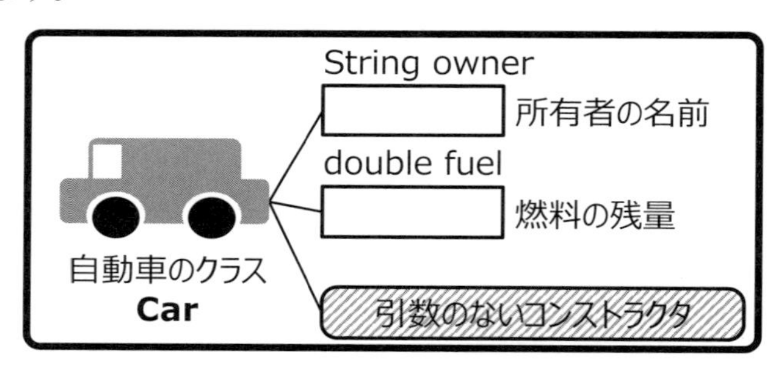

図 10.3　引数のないコンストラクタがあるクラス Car

```
Car mycar = new Car();
mycar.owner = "不明な所有者";
mycar.fuel = 1000.0; // 燃料をカラにしない
```

引数のないコンストラクタを導入する

```
Car mycar = new Car();
```

図 10.4　引数のないコンストラクタに代入処理をまとめる

リスト 10.3　クラス Car の引数のないコンストラクタの宣言

```
1  class Car {
2    String owner; // 所有者の名前
3    double fuel; // 燃料の残量
4
5    // 引数のないコンストラクタ
6    Car() {
7      this.owner = "不明な所有者";
8      this.fuel = 1000.0; // 燃料タンクを最初からカラにしない
9    }
10 }
```

リスト 10.4　クラス Car のインスタンスの生成

```
1    Car mycar = new Car();
```

コンストラクタがなければデフォルトコンストラクタができる

前章までに用いていた new クラス名 () という記述は、実は引数のないコンストラクタを実行することがわかりました。それなら、前章までのクラスにも引数のないコンストラクタがなくてはつじつまがあいません。

Java には、クラスの宣言にコンストラクタの宣言がなければ、**引数のない・何もしないコンストラクタが暗黙のうちにあるものとみなす**という規則があります（図 10.5）。この暗黙的なコンストラクタを**デフォルトコンストラクタ**といいます。前章までの new クラス名 () はデフォルトコンストラクタを実行していたというわけです。

▶［暗黙のうちにあるものとみなす］
存在しないけれども存在するかのようにみなすということです。Java のシステムが人間の書いたプログラムのソースファイルを勝手に書き換えてしまうということではありません。

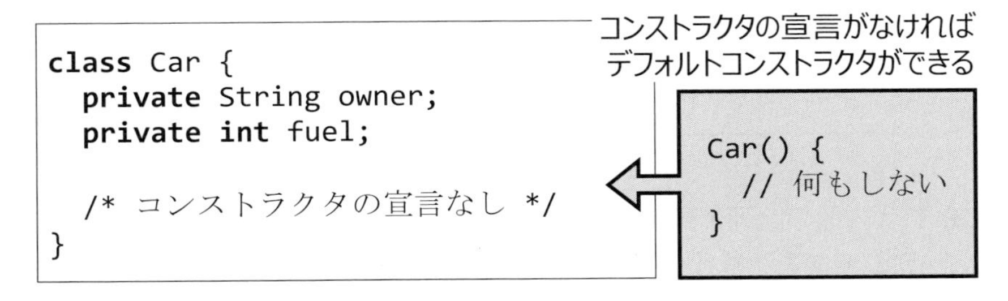

図 10.5　デフォルトコンストラクタがあるものとみなす

クラスにデフォルトコンストラクタが暗黙的にあるとされるのは、そのクラスに明示的なコンストラクタの宣言が 1 つもないときだけです。引数のあるなしにかかわらずコンストラクタの宣言が 1 つでもあれば、そのクラスにデフォルトコンストラクタはありません。

▶［コンストラクタの宣言が 1 つもない］
逆に、クラスに 2 つ以上のコンストラクタの宣言がありうるのでしょうか？ その答えは、本章の後半に登場する**多重定義**です。コンストラクタの多重定義については 10.6 節を参照。

10.3 コンストラクタ(3) クラス型の配列の初期化

同じ型の値を複数個扱うとき、第6章で学んだように配列を用いると便利でした。これと同様に、同じクラスのインスタンスを複数個扱うときには、クラス型の配列を用いると便利です。これに、本章で登場したコンストラクタを組み合わせるとさらに便利です。

▶[クラス型の配列]
8.8節において、参照という概念を踏まえて説明しました。「参照は手ごわかった」とか「あそこは読みとばした」というひとは、まずはなんとなくでいいので、本節でつかみましょう。

クラス型の配列とは

配列の要素の型をクラスにすると、そのクラスのインスタンスを配列に要素として入れることができます。この配列がクラス型の配列です。基本的な規則はint型や文字列型の配列と同じです。int型の配列の要素はint型のデータであるのに対し、クラス型の配列の要素はインスタンスです。

▶[配列の基本的な規則]
配列の要素番号（添え字）はかならず0番から始まります。
配列に角カッコ「[ ]」つきで添え字を書くことで、その要素を使うことができます。たとえば、配列arrayの5番目の要素は`array[5]`といった具合です。
詳しくは6章を参照。

▶[クラス型の配列の要素はインスタンス]
厳密にいうと、この要素はインスタンスそのものではなくインスタンスの参照です。この厳密なことについては、さしあたっては知らなくても大丈夫ですが、知りたいというひとは8.8節を参照。

クラス型の配列を準備するための作業の典型的な流れは次のとおりです。

(1) 配列の宣言: 配列名を使用できるようにする。
(2) 要素の生成: インスタンスを入れるための要素を用意する。
(3) 要素への代入: 1つ1つの要素にインスタンスを入れる。

さらに、配列の初期化つきの宣言を用いれば、この(1)～(3)をまとめておこなうこともできます。そこで役に立つのがコンストラクタです。

(1) クラス型の配列の宣言

クラス型の配列の宣言は次のように書きます。この宣言によってその配列名を使用できるようになります。

クラス型の配列の宣言

```
クラス名 [] 配列名;
```

(2) クラス型の配列の要素の生成

配列の要素を生成するためには`new`を用います。この時点ではインスタンスを入れるための箱としての要素ができただけですから、要素にインスタンスはまだ入っていないことに注意してください。

▶[要素ができただけ]
要素にインスタンスがまだ入っていないなら何が入っているのかというと、`null`が入っています。`new`によって確保された記憶領域は最初にクリアされるからです。
したがって、このような要素をうっかりインスタンスとして使おうとすると、NullPointerExceptionという例外が発生します。
なお、配列にまつわる例外については6.4節も参照。

クラス型の配列の要素の生成

```
new クラス名 [要素数]
```

(1)の宣言と(2)の生成を同時におこなうためには次のように書きます。

クラス型の配列の宣言と要素の生成

```
クラス名 [] 配列名 = new クラス名 [要素数];
```

(3) クラス型の配列の要素への代入

配列の要素の1つ1つにインスタンスを代入します。インスタンスを新しく用意するなら、要素の数だけ new を繰り返すことになります。

Person 型の配列、Car 型の配列

10.1 節のクラス Person とコンストラクタを用いる例を示します。リスト 10.5 は、(1) Person 型の配列を宣言し、(2) 要素を生成し、さらに (3) インスタンスを生成して要素に代入します。配列の初期化を用いると (1)〜(3) をまとめてリスト 10.6 のように書くこともできます。

リスト 10.5 Person 型の配列の宣言と要素の生成

```
1  // (1) 配列の宣言と (2) 要素の生成
2  Person[] group = new Person[3];
3
4  // (3) 要素への代入
5  group[0] = new Person("丘␣かすみ", 2000, 500);
6  group[1] = new Person("松香␣台介", 2003, 1500);
7  group[2] = new Person("立花␣マヤ", 2005, 300);
```

リスト 10.6 Person 型の配列の初期化

```
1  // 配列の宣言と初期化
2  Person[] group = {
3      new Person("丘␣かすみ", 2000, 500),
4      new Person("松香␣台介", 2003, 1500),
5      new Person("立花␣マヤ", 2005, 300) };
```

▶[配列の初期化]
最後の波カッコ閉じ「}」のあとにセミコロン「;」をつけるのを忘れないようにしましょう。

10.2 節のクラス Car を用いる例もリスト 10.7 に示します。これはリスト 10.5 と同じやりかたです。しかし、5〜7 行目のようにまったく同じ処理を繰り返すことになるので、それよりリスト 10.8 のように for 文を用いるほうがいいですね。

▶[for 文]
配列の要素を for 文で順番に処理するときのやりかたについては 6.5 節も参照。

リスト 10.7 Car 型の配列の宣言と要素の生成

```
1  // (1) 配列の宣言と (2) 要素の生成
2  Car[] cars = new Car[3];
3
4  // (3) 要素への代入
5  cars[0] = new Car();
6  cars[1] = new Car();
7  cars[2] = new Car();
```

リスト 10.8 Car 型の配列の宣言と要素の生成

```
4  // (3) 要素への代入
5  for (int i = 0; i < cars.length; i++) {
6    cars[i] = new Car();
7  }
```

10.4 メソッドの多重定義(1) 基本的な考えかた

よく似た役割のメソッドには同じ名前をつけると、人間にとって覚えやすくて便利なことがあります。1つのクラスに同じ名前のメソッドを複数作ることを多重定義（オーバーロード）といいます。

▶[多重定義]
すでに7.7節で登場しましたが、ここではインスタンスメソッドの多重定義について説明します。

よく似たメソッドにつける名前を考えてみよう

コト・モノの属性に対する操作について、もう一度考えてみましょう。「人物」にくっついている「所持金」(money)という属性には「稼ぐ（所持金を増やす）」(earn)という操作がありえます。この操作を9.2節ではインスタンスメソッドearnとして実現しました。earnは引数として指定された金額をフィールドmoneyに加算するのでした。

ここで問題提起をします。ひとくちに「稼ぐ」といっても、本当は次に挙げるような複数とおりの処理がありえます（図10.6）。それらの違いをJavaではどのようにして表現すればいいのでしょうか。

▶[毎月の給与]
もちろん現実には昇給やボーナスもあるので変動するでしょうが、話を簡単にするためにここではいったん脇に置くことにします。

(a) 指定された金額を所持金に加算する。
(b) 金額をいちいち指定するのではなく、あらかじめ決まった金額（毎月の給与など）を所持金に加算する。
(c) 所持金に加算しない（現物支給など）。

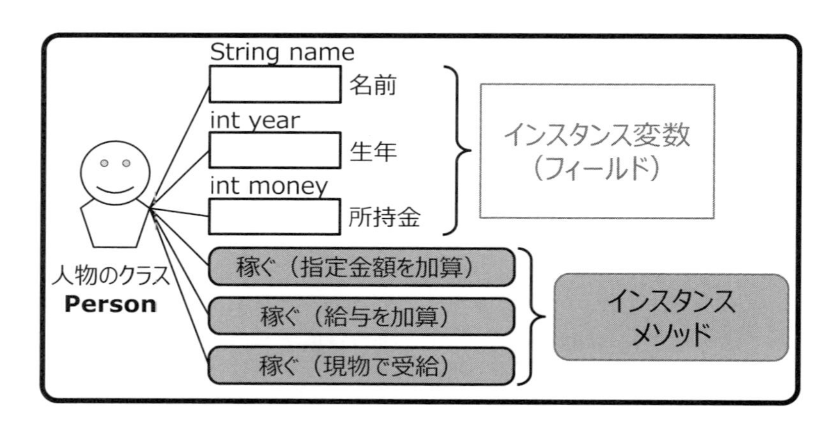

図10.6 「稼ぐ」が3つあるクラスPerson

この3つをそれぞれ別の名前をもつインスタンスメソッドにするのは1つの方法です。(a)の名前がearnなら、(b)をearnSalary、(c)をearnSalaryInKindとでもしましょうか。それとも日本語で、(a)をrinji、(b)をkyuyo、(c)をgenbutsuとするのがいいでしょうか。プログラムを書くうえでは簡潔で覚えやすい名前をつけることが望ましいのですが、どうやらそんな名前を考えるだけで大変そうです。

▶[名前を考えるだけで大変]
(a)をearn1、(b)をearn2、(c)をearn3とするのは、あとで混乱を招きやすくてダメな案です。しかし、不慣れなひとが書いたプログラムではこのような名前のメソッドをときおり見かけます……。

多重定義による解決: よく似たメソッドには同じ名前を

実は Java には、この 3 つのすべてに同じ名前をつけるという簡単な解決方法があります。つまり Java では、1 つのクラスに複数の同名メソッドを作ることができます。これを**多重定義**（**オーバーロード**）といいます。

▶［オーバーロード］
英語の overload は、一般的には「過負荷」を意味しますが、プログラミングの文脈では「多重定義」の意味で用いられます。
なお、よく似たつづりの overlord は別の言葉です。

リスト 10.9 の 14〜26 行目は多重定義の例です。インスタンスメソッド earn の宣言が 3 つあり、問題なく共存しています。

リスト 10.10 の 2〜4 行目は呼び出しの例です。見かけ上は 1 つのメソッドに複数の役割があるかのように見えるでしょう。

このようなことができるのは、3 つの earn では引数の型の並びがそれぞれ違うからです。詳しくは次節で説明します。

リスト 10.9　インスタンスメソッド earn の多重定義

```
1  class Person {
2    private String name; // 名前のフィールド( クラス外には非公開)
3    private int year; // 生年のフィールド( クラス外には非公開)
4    private int money; // 所持金のフィールド( クラス外には非公開)
5
6    // コンストラクタ
7    Person(String name, int year, int money) {
8      this.name = name;
9      this.year = year;
10     this.money = money;
11   }
12
13   // (a) 指定金額を稼ぐ
14   void earn(int income) {
15     money += income;
16   }
17
18   // (b) 決まった給与を稼ぐ
19   void earn() {
20     money += 200000;
21   }
22
23   // (c) 現物支給を受ける
24   void earn(String inkind) {
25     System.out.println(name + "さんに現物支給:␣" + inkind);
26   }
27
28   /* 以下略 */
```

リスト 10.10　多重定義された earn の呼び出し

```
1      Person p1 = new Person("丘␣かすみ", 2000, 500);
2      p1.earn(2000);      // (a)の呼び出し
3      p1.earn();          // (b)の呼び出し
4      p1.earn("米 1俵"); // (c)の呼び出し
```

10.5 メソッドの多重定義(2) 引数によるメソッドの区別

▶[引数の型の並びで区別]
7.7 節で説明した、7 章のメソッド（クラスメソッド）の多重定義においても、この区別のしかたは同様です。

クラスに多重定義されたメソッドがあるとき、つまり同じ名前のメソッドが複数あるとき、それらのメソッドどうしは引数の型の並びで区別されます。仮引数の名前や返り値の型の違いはメソッドの区別には関係がないので注意しましょう。

メソッドは引数の型の並びでも区別される

前節のリスト 10.9 のように多重定義された複数の同名メソッドがあるとき、これらがきちんと区別されるのはなぜでしょうか。

▶[メソッドの宣言の書きだし]
メソッドの名前と引数の型の並びをあわせて、メソッドのシグネチャといいます。シグネチャは、そのメソッドをどのような実引数で呼び出すことができるかという仕様を表現します。

Java では、メソッドは名前だけで区別されるのではなく、引数並びにおける引数の型の並びでも区別されます。つまり、メソッドの宣言の書きだしに仮引数がいくつあり、それぞれが何型で、どういう順序で並んでいるかによって、同名のメソッドは見分けられます。

例として、リスト 10.9 からインスタンスメソッド earn の宣言 (a)〜(c) の書きだしだけを図 10.7 の上半分に抜粋します。それぞれにどのような型の引数があるかを見ると、(a) には int 型が 1 個、(b) にはなし、(c) には String 型が 1 個です。(a)〜(c) に重複する型の並びはありませんから、これらは問題なく共存できるというわけです。

▶[実引数の型の並びで区別]
この規則は多重定義がされていない場合でも同じです。宣言と呼び出しでメソッド名があっていても、引数の並びがあわなければ、呼び出しはエラーになります。

メソッドの呼び出しにおいては、丸カッコ「( )」の中にある実引数の型の並びにあうメソッドが呼び出されます。もしあうものがなければ、その呼び出しはエラーになります。

▶[あうものがなければ]
double 型の仮引数をもつメソッドしかないとき、これを int 型の実引数を使って呼び出すといったことはできます（逆はダメです）。この場合、int 型の値は double 型に自動的に変換されます。

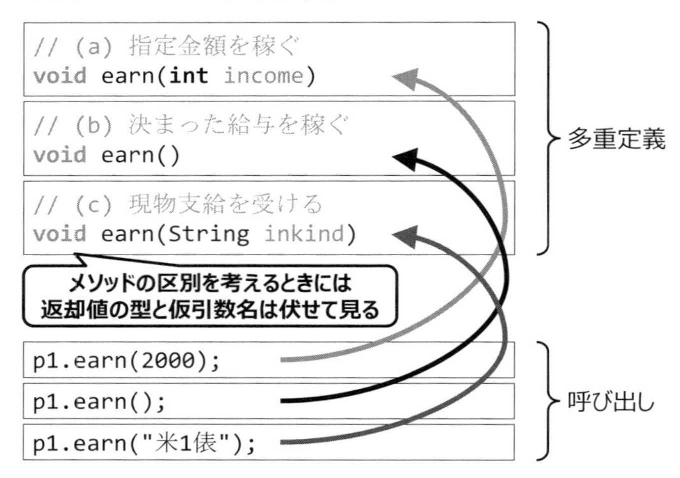

図 10.7　多重定義されたメソッドの区別

仮引数の名前だけが異なる多重定義はできない

メソッドを区別するうえで仮引数の名前の違いは関係ありません。リスト 10.11 に多重定義の失敗例を示します。この 2 つのメソッドの宣言の書きだしを見ると、メソッド名が同じ、仮引数の型の並びも同じで、仮引数名だけが異なります（図 10.8）。このような 2 つのメソッドは 1 つのクラスの中に共存できません。

リスト 10.11　多重定義の失敗例・その 1

```
1  // (a) 指定金額を稼ぐ
2  void earn(int income) {
3    money += income;
4  }
5
6  // (x1) 指定の月数分の給与相当額を稼ぐ
7  void earn(int num) {
8    money += num * 200000;
9  }
```

```
// (a) 指定金額を稼ぐ
void earn(int income)
```

```
// (x1) 指定の月数分の給与相当額を稼ぐ
void earn(int num)
```

仮引数名は関係ない

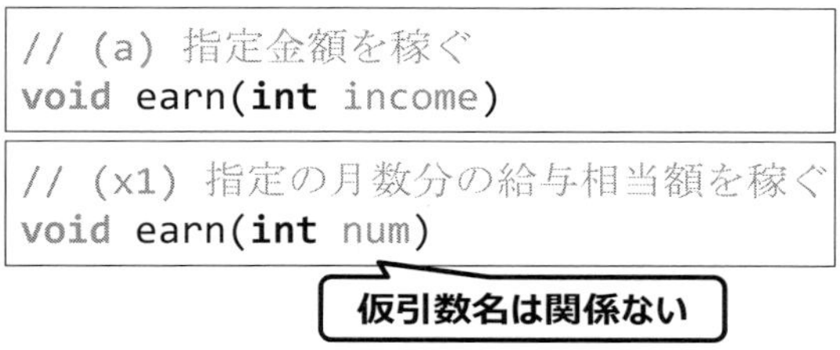

図 10.8　仮引数名だけが異なる場合は共存できない

返り値の型だけが異なる多重定義はできない

メソッドを区別するうえで返り値の型の違いは関係ありません。リスト 10.12 に多重定義の失敗例をもう 1 つ示します。このメソッドの宣言の書きだしを見ると、リスト 10.11 の (a) とは返り値の型だけが異なります（図 10.9）。このような 2 つのメソッドも共存できません。

リスト 10.12　多重定義の失敗例・その 2

```
1  // (x2) 指定金額を稼ぎ、現在の所持金を返す
2  int earn(int income) {
3    money += income;
4    return money;
5  }
```

```
// (a) 指定金額を稼ぐ
void earn(int income)
```

```
// (x2) 指定金額を稼ぎ、所持金を返す
int earn(int income)
```

返却値の型は関係ない

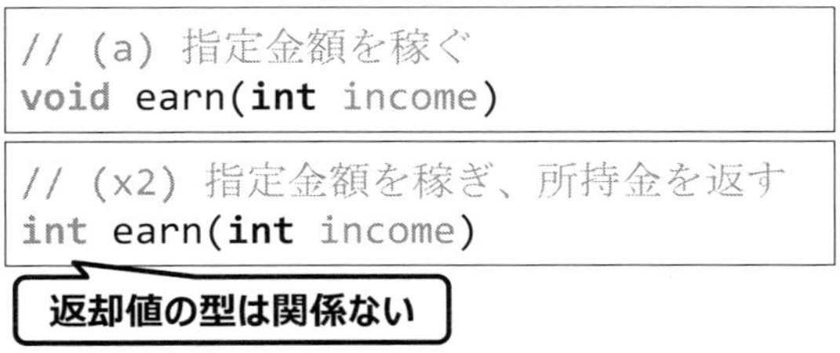

図 10.9　返り値の型だけが異なる場合は共存できない

10.6 コンストラクタの多重定義

1つのクラスに複数のコンストラクタを作ることもできます。インスタンスの生成時にはこれらのコンストラクタのうちどれか1つが自動的に実行されます。どのコンストラクタが実行されるかは引数の組み合わせかたで指定できます。

▶[コンストラクタ]
インスタンスの生成時に1回だけ自動的に実行される処理です。10.1節を参照。

コンストラクタの多重定義もできる

コンストラクタについても多重定義は可能です。コンストラクタどうしの区別も、メソッドのときと同様に、引数の型の並びによってされます。

▶[コンストラクタの多重定義]
もともとコンストラクタの宣言では名前のところにクラス名を書くのですから、1つのクラスに複数のコンストラクタを作ろうとすれば多重定義にせざるをえません。コンストラクタを覚えるときにはかならず多重定義も覚えましょう。

リスト10.13の21〜36行目は、クラスCarにおけるコンストラクタの多重定義の例です。ここにある3つのコンストラクタの宣言がそれぞれ何を表現しているのかを順に説明します。

(a) 21〜24行目: 引数は2個あります。第1引数はString型、第2引数はdouble型です。これらの値はそれぞれフィールドownerとフィールドfuelに代入されます。すなわち、このコンストラクタを用いると所有者名と燃料の残量をまとめて設定することができます。
(b) 27〜30行目: 引数はString型の1個だけです。この値はownerに代入されます。すなわち、このコンストラクタを用いると所有者名のみを設定することができます。燃料の残量は0になります。
(c) 33〜36行目: 引数はありません。このコンストラクタを用いると、所有者名は「不明な所有者」に、燃料の残量は0になります。

▶[燃料の残量は0]
10.2節のリスト10.3に示した引数のないコンストラクタでは燃料の残量を1000.0にしていましたが、ここでは0.0に変えました。

多重定義されたコンストラクタを用いたクラス型の配列の初期化

多重定義されたコンストラクタを用いることで、引数の型の並びを変えながらインスタンスを生成するようなプログラムを書くこともできます。さらに、これをクラス型の配列の初期化において用いることもできます。

▶[クラス型の配列の初期化]
10.3節を参照。

リスト10.13の4〜7行目は、多重定義されたコンストラクタを、Car型の配列の初期化において用いる例です。ここではクラスCarのインスタンスが4個生成されて配列carsに入ります。引数の型の並びを見ると、4行目では(b)のコンストラクタが、5行目と6行目では(a)のコンストラクタが、7行目では(c)のコンストラクタが用いられていることがわかるでしょう。

なお、リスト10.13の10〜12行目は、この配列carsをfor文で処理する例です。

▶[for文]
配列の要素をfor文で順番に処理するときのやりかたについては6.5節も参照。

リスト **10.13**　Sample10_06_Car.java

```
public class Sample10_06_Car {
  public static void main(String[] args) {
    // 配列の宣言と初期化
    Car[] cars = { new Car("立花␣マヤ"),
                   new Car("唐野␣春雄", 1800.0),
                   new Car("花園␣香", 1500.0),
                   new Car() };

    // 表示
    for (int i = 0; i < cars.length; i++) {
      System.out.println(cars[i].info());
    }
  }
}

class Car {
  String owner; // 所有者の名前
  double fuel; // 燃料の残量

  // コンストラクタの多重定義(a) 引数のあるコンストラクタ
  Car(String owner, double fuel) {
    this.owner = owner;
    this.fuel = fuel;
  }

  // コンストラクタの多重定義(b) 引数のあるコンストラクタ
  Car(String owner) {
    this.owner = owner;
    this.fuel = 0.0;
  }

  // コンストラクタの多重定義(c) 引数のないコンストラクタ
  Car() {
    this.owner = "不明な所有者";
    this.fuel = 0.0;
  }

  String info() {
    return "所有者:␣" + owner + ",␣燃料残り:␣" + fuel + "␣cc";
  }
}
```

リスト **10.14**　Sample10_06_Car.java の実行結果

```
所有者: 立花 マヤ, 燃料残り: 0.0 cc
所有者: 唐野 春雄, 燃料残り: 1800.0 cc
所有者: 花園 香, 燃料残り: 1500.0 cc
所有者: 不明な所有者, 燃料残り: 0.0 cc
```

10.7 コンストラクタと多重定義のサンプルプログラム

クラス Person（図 10.10）について、実行可能なサンプルプログラムの全体とその実行結果を示します（リスト 10.15, 10.16）。既出のメソッドのうち本章で使用しなかったものも含めた「全部乗せ」です。

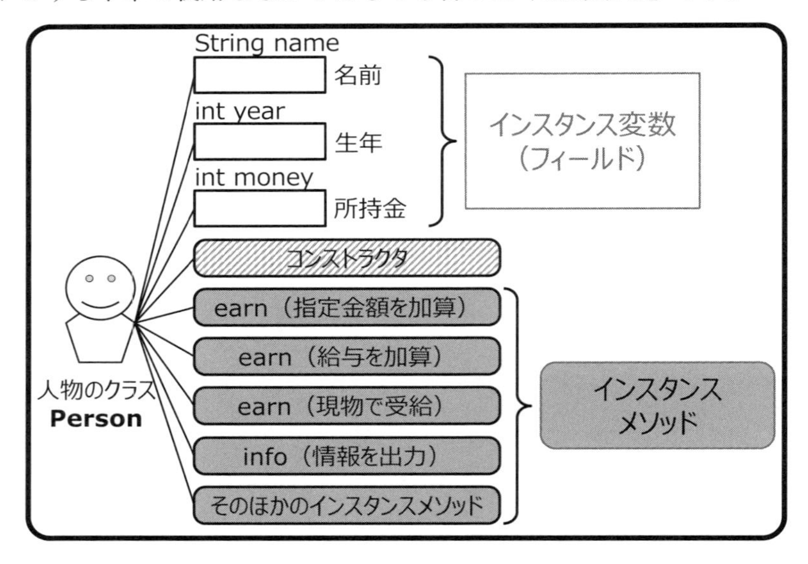

図 **10.10**　クラス Person

リスト **10.15**　Sample10_07_Person.java

```
 1  public class Sample10_07_Person {
 2    public static void main(String[] args) {
 3      // 配列の宣言と初期化
 4      Person[] group = {
 5          new Person("丘␣かすみ", 2000, 500),
 6          new Person("松香␣台介", 2003, 1500),
 7          new Person("立花␣マヤ", 2005, 300) };
 8
 9      // 丘さんが稼ぐ
10      group[0].earn(2000);
11      group[0].earn();
12      group[0].earn("米 1俵");
13
14      // 全員の情報を表示
15      for (int i = 0; i < group.length; i++) {
16        group[i].show();
17      }
18    }
19  }
20
21  class Person {
22    private String name; // 名前のフィールド( クラス外には非公開)
23    private int year; // 生年のフィールド( クラス外には非公開)
24    private int money; // 所持金のフィールド( クラス外には非公開)
25
26    // コンストラクタ
```

```
27    Person(String name, int year, int money) {
28      this.name = name;
29      this.year = year;
30      this.money = money;
31    }
32
33    // インスタンスメソッドearnの多重定義(a) 指定金額を稼ぐ
34    void earn(int income) {
35      if (income > 0) {
36        money += income;
37      }
38    }
39
40    // インスタンスメソッドearnの多重定義(b) 決まった給与を稼ぐ
41    void earn() {
42      money += 200000;
43    }
44
45    // インスタンスメソッドearnの多重定義(c) 現物支給を受ける
46    void earn(String inkind) {
47      System.out.println(name + "さんに現物支給:␣" + inkind);
48    }
49
50    // payは引数expenseが正の数で所持金以下のときのみ処理をおこなう
51    void pay(int expense) {
52      if (expense > 0 && expense <= money) {
53        money -= expense;
54      }
55    }
56
57    String info() {
58      return name + "(" + year + "年生)␣所持金" + money + "円";
59    }
60
61    void show() {
62      System.out.println(info());
63    }
64
65    void cheer(Person buddy) {
66      System.out.println(name + "は" + buddy.name + "を応援します");
67    }
68
69    void cheerMyself() {
70      cheer(this); // このインスタンス自身を引数として渡す
71    }
72  }
```

リスト 10.16 Sample10_07_Person.java の実行結果

```
1  丘 かすみさんに現物支給: 米1俵
2  丘 かすみ(2000年生) 所持金202500円
3  松香 台介(2003年生) 所持金1500円
4  立花 マヤ(2005年生) 所持金300円
```

10.8 章末問題

問 1

10.7 節のリスト 10.15 の Sample10_07_Person.java はインスタンスメソッドの多重定義を含む。このプログラムを入力して実行し、結果を確認しなさい。

問 2

10.6 節のリスト 10.13 の Sample10_06_Car.java はコンストラクタの多重定義を含む。このプログラムを入力して実行し、結果を確認しなさい。

問 3

問 2 で入力した Sample10_06_Car.java を次のように変更しなさい。

- 次のようなコンストラクタを追加しなさい。

  ・double 型の引数 1 個 fuel をもつ。
  ・フィールド owner には「不明な所有者」という文字列を設定する。
  ・フィールド fuel には引数 fuel の値を設定する。

- 4 行目からの配列 cars の宣言と初期化を、実行結果が下のとおりになるよう変更しなさい。ただし、追加したコンストラクタを含むすべてのコンストラクタをそれぞれ 1 回以上用いること。

```
1  所有者: 武田 信玄, 燃料残り: 0.0 cc
2  所有者: 織田 信長, 燃料残り: 3500.0 cc
3  所有者: 柴田 勝家, 燃料残り: 2000.0 cc
4  所有者: 上杉 謙信, 燃料残り: 0.0 cc
5  所有者: 不明な所有者, 燃料残り: 5300.0 cc
6  所有者: 不明な所有者, 燃料残り: 0.0 cc
7  所有者: ルチ将軍, 燃料残り: 1300.0 cc
```

第 11 章

継承

▶▶▶ねらい

本章では、あるコト・モノが別のコト・モノの一種であるという関係を、プログラムの中で表現するためのしくみについて説明します。このような関係は世の中にたくさんありますから、これをうまく表現して扱いやすくすることは、プログラミングをおこなううえでたいへん重要です。

たとえば、バスはクルマの一種です。このことを利用して、クルマのクラスにもとづいてバスのクラスを作ることを可能にするのが、Java の継承というしくみです。クルマはクルマ、バスはバスと別々に作るよりも、プログラミングの可能性がずっと広がります。

この継承のしくみには、属性に対する操作であるインスタンスメソッドやコンストラクタの扱いかたもかかわってきます。これらの扱いかたには、ちょっとややこしく感じるところもあるかもしれません。しかし、これを使いこなせば、継承はプログラミングの強力な道具になります。本章でしっかり確認しましょう。

この章の項目

継承
サブクラスとスーパークラス
is-a 関係
オーバーライド
super
コンストラクタの連鎖
抽象クラス
抽象メソッド

11.1 継承(1) 基本的な考えかた

「バス」は「クルマ」の一種です。このようなコト・モノどうしの関係を、Javaでは継承というしくみで表現することができます。継承はプログラミングをするうえで強力な道具として役立ちます。

▶[クラス Car]
本節を読むうえで、前章までに登場したCarの宣言を見る必要はありませんが、参考までに節番号を紹介しておきます。
8.4節にフィールドのみのCarの宣言。
10.2節でコンストラクタを追加。
10.6節でコンストラクタの多重定義とインスタンスメソッドinfoを追加。

世の中には似たようなコト・モノがある

第8章で学んだように、世の中にあるさまざまなコト・モノをJavaではクラスとインスタンスとして表現します。たとえば、「クルマ」というコト・モノの種類をクラスCarとして表現し、個々のクルマをCarのインスタンスとして表現するといった具合です。

さて、コト・モノのなかには、「クルマ」「バス」「タクシー」「レーシングカー」のような似たものどうしもあります。ここで「クルマ」がバスやタクシーやレーシングカーを含む自動車全般を指すものとすると、バスもタクシーもレーシングカーもクルマの一種ということになります(図11.1)。

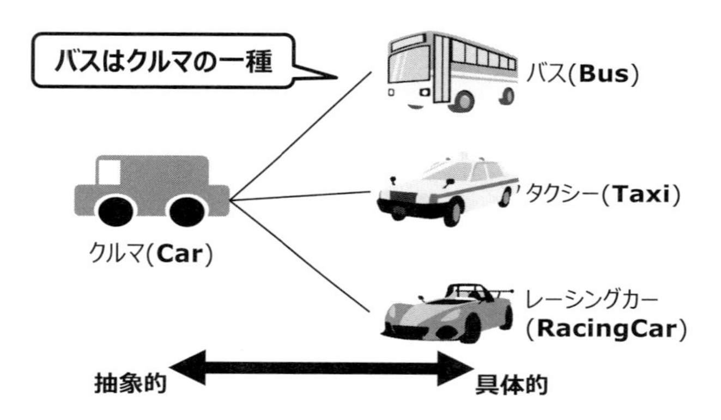

図 11.1　似たようなコト・モノたちの関係

▶[部分集合]
英語でサブセット(subset)といいます。反対に、この場合のクルマを超集合といい、英語でスーパーセット(superset)といいます。サブ(sub-)とスーパー(super-)が対になっていることを知っておくと、このあとに登場する用語も覚えやすいでしょう。

クルマのほうが広い範囲を指すぶんバスより抽象的であるともいえます。数学の用語でいうと、バス、タクシー、レーシングカーはいずれもクルマの部分集合です(図11.2)。

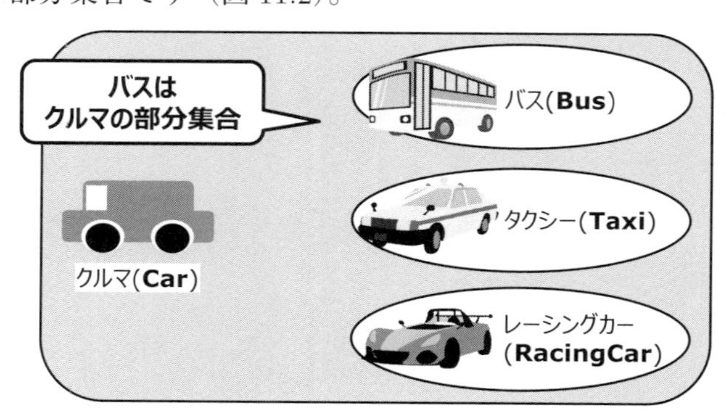

図 11.2　似たようのコト・モノの包含関係

似たようなコト・モノには共通の属性や操作がある

さらに別の観点から考えてみましょう。コト・モノどうしが似ているということは、すなわち共通の属性があるということです。たとえば、クルマにある属性はバスにもあるはずです（図 11.3）。

▶［クルマにある属性はバスにもある］
ただし、逆はかならずしも成り立ちません。バスにある属性がクルマにもあるとは限りません。

また、属性が共通ならそれに対する操作も共通のはずです。どうやら、このような関係をクラスで表現するときには、共通の属性や操作があることがカギになりそうです。

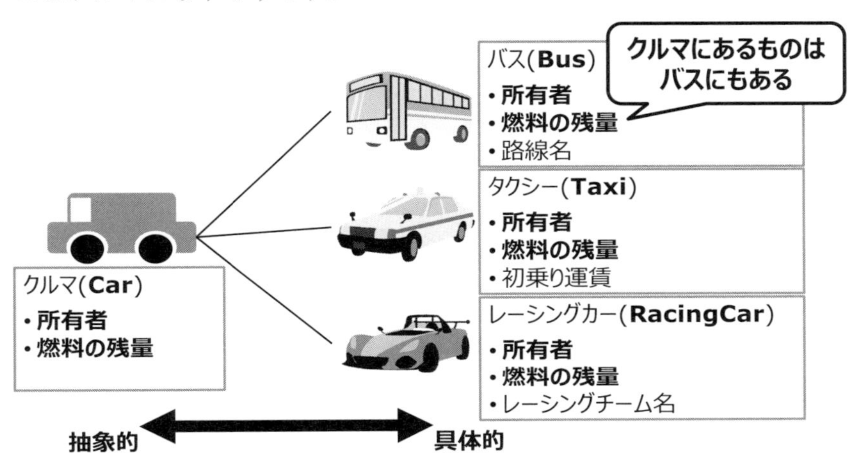

図 11.3　クルマの属性とバスの属性

Java では「○○は××の一種」を継承で表現する

Java では、このクルマとバスのような関係を継承というしくみで表現することができます。たとえば、バスのクラス Bus を作るときには、クルマのクラス Car を継承するものとして作ります。これによって Car にある属性や操作は Bus に受け継がれます（図 11.4）。

▶［継承というしくみで表現］
バスは公共交通機関でもあります。つまり、バスはクルマの一種であると同時に公共交通機関の一種です。
Java では、このように 2 つ以上のコト・モノの一種であることの表現（多重継承）はできません。そのかわりにインタフェースという別のしくみを用います。第 12 章を参照。

継承する側のクラスをサブクラスといいます。クルマとバスの例でいうと、Bus が Car を継承するのですから、Bus は Car のサブクラスです。継承によってサブクラスを作るためにはサブクラスの宣言を書きます。その書きかたは次節で説明しますが、拍子抜けするほど簡単です。

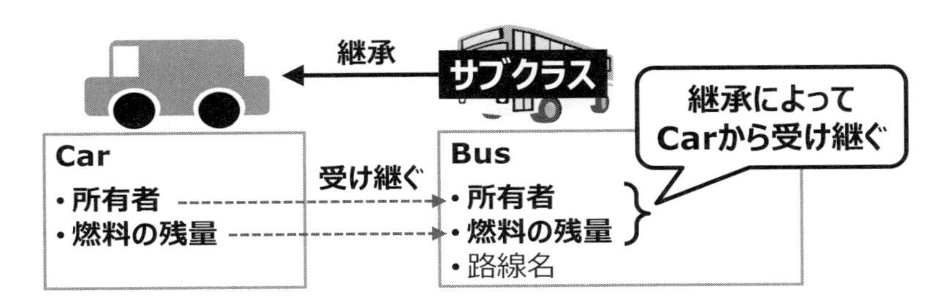

図 11.4　バスはクルマを継承する

11.2 継承 (2) サブクラスの宣言

継承する側のクラスをサブクラスといい、継承される側のクラスをスーパークラスといいます。サブクラスの宣言には extends を用います。スーパークラスの宣言には特別なしかけは不要です。

▶ [スーパークラス]
クラスの宣言の頭に修飾子 final がついていると、そのクラスの継承はできません。すなわち、スーパークラスの宣言の頭に final がついていてはなりません。final については 9.7 節も参照。

▶ [extends]
つづり注意。extend（拡張する）という語に三人称・単数・現在形の s がついたかたちで Java の予約語になっています。仮にサブクラス名が一人称・二人称や複数形であっても、s はかならずつきます。

extends によるサブクラスの宣言

クルマのクラス Car を継承するものとしてバスのクラス Bus を作るとき、継承する側の Bus を Car のサブクラスといいます。これに対し、継承される側の Car を Bus のスーパークラスといいます。

スーパークラスの宣言に特別なしかけは必要ありません。一方、サブクラスの宣言は extends という語を用いて次のように書きます。普通のクラスの宣言と違うのは、クラス名のあとに extends スーパークラス名をつけるところです。

サブクラスの宣言

```
class サブクラス名 extends スーパークラス名 {
  構成要素（メンバ）の宣言
  構成要素（メンバ）の宣言
  ...
}
```

▶ [クラス Car]
フィールドのみの Car は 8.4 節で登場しました。10.2 節、10.6 節で Car にメンバを追加しましたが、リスト 11.1 では 8.4 節のフィールドのみ版を用いています。
なお、継承におけるコンストラクタの扱いについては 11.7 節で説明します。

簡単な例として、リスト 11.1 にフィールドのみのクラスによる継承の例を示します。8 行目の extends Car によって、Bus は Car からフィールド owner と fuel を受け継ぎます。この例の Bus には、実際には 3 個のフィールドがあることになります。

リスト 11.2 は、Car と Bus のそれぞれにインスタンスメソッドを追加した例です。この例の Bus には、実際には 3 個のフィールドと 3 個のインスタンスメソッドがあることになります。

このように、継承を用いることで、クラスの宣言に入っていないフィールドやメソッドでも、スーパークラスにあるものは使えるようになります。

▶ [private]
クラス外からの使用を禁止するアクセス修飾子です。9.6 節を参照。

スーパークラスに private のメンバがあるときには注意

もしスーパークラスのフィールドやメソッドにアクセス修飾子 private がついていたら、それらをサブクラスの中でじかに使うことはできません。たとえば、もしリスト 11.2 の 12〜13 行目にあるフィールドの宣言に private がついていたら、34 行目でのフィールド owner の使用はエラーになります。

▶ [private のフィールドを間接的に使う]
具体的にどうやるのかについては 11.6 節で例を示します。

ただし、private のフィールドやメソッドを間接的に使うためのメソッドを、スーパークラスに別途作っておくことはできます。そのようなメソッドがあれば、サブクラスはそれを介してスーパークラスの private

のフィールドやメソッドを使うことができます。

リスト 11.1　フィールドのみのクラス間での継承

```
 1  // クラスCar（フィールドのみ版）
 2  class Car {
 3    String owner; // 所有者の名前
 4    double fuel; // 燃料の残量
 5  }
 6
 7  // CarのサブクラスBus（フィールドのみ版）
 8  class Bus extends Car {
 9    String line; // 路線名
10
11    /* Carを継承しているので、ここにはownerとfuelも存在する */
12  }
```

リスト 11.2　Sample11_02_Car.java

```
 1  public class Sample11_02_Car {
 2    public static void main(String[] args) {
 3      Bus mybus = new Bus();
 4      mybus.set("新日本バス", 5000.0);
 5      mybus.line = "74␣中央駅東";
 6      mybus.showHead();
 7    }
 8  }
 9
10  // クラスCar（インスタンスメソッド追加版）
11  class Car {
12    String owner; // 所有者の名前
13    double fuel; // 燃料の残量
14
15    // インスタンスメソッドset
16    void set(String owner, double fuel) {
17      this.owner = owner;
18      this.fuel = fuel;
19    }
20
21    // インスタンスメソッドinfo
22    String info() {
23      return "所有者:␣" + owner + ",␣燃料残り:␣" + fuel + "␣cc";
24    }
25  }
26
27  // CarのサブクラスBus（インスタンスメソッド追加版）
28  class Bus extends Car {
29    String line; // 路線名
30
31    // インスタンスメソッドshowHead
32    void showHead() {
33      // バス所有会社名ownerと路線名lineを表示
34      System.out.println(owner + "␣[" + line + "]");
35    }
36  }
```

11.3 is-a関係

「バス」は「クルマ」の一種ですから、個々のバスはクルマとして扱うことができます。これと同様に、サブクラスのインスタンスはスーパークラスのインスタンスとしても扱うことができます。クラスの継承によって生じるこのような関係を is-a 関係といいます。

バスはクルマの一種 (Bus is-a Car)、サブはスーパーの一種

ここまでに学んだように、あるコト・モノが別のコト・モノの一種であるという関係を、Java ではクラスの継承というしくみによって表現することができます（図 11.5）。

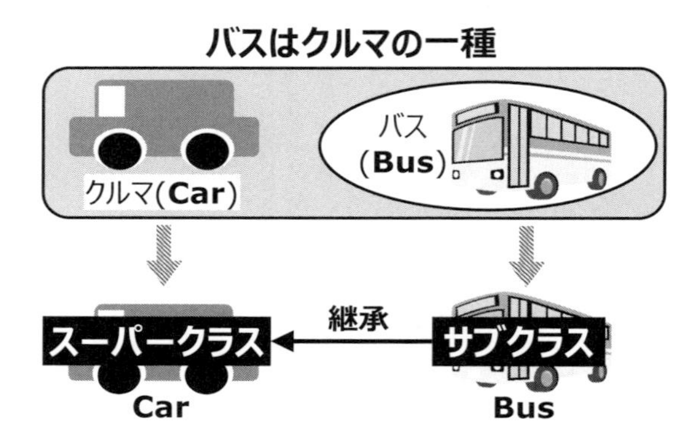

図 11.5　バスはクルマの一種であることを継承で表現

たとえば、クラス Bus がクラス Car を継承することで、バス (Bus) がクルマ (Car) の一種であるという関係が表現されます。この関係を（ちょっとブロークンな）英語で書くと Bus is a Car. といえるでしょう（図 11.6）。

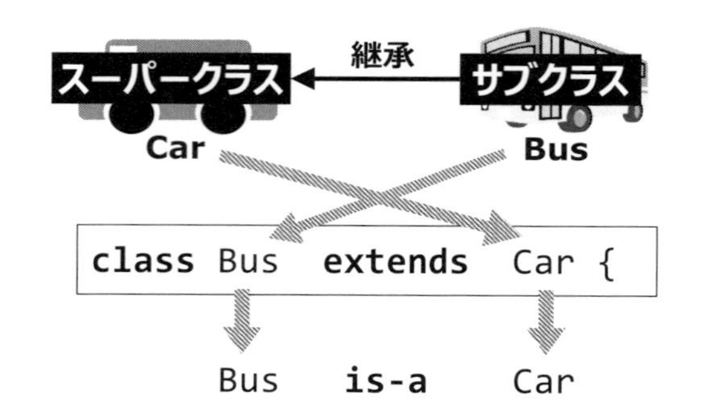

図 11.6　スーパークラス Car とサブクラス Bus の is-a 関係

▶ [is-a 関係]
クラスの継承だけでなく、インタフェースの実装や継承によっても is-a 関係は生じます。インタフェースについては第 12 章を参照。

このような、あるクラスが別のクラスの一種であるという関係のことを is-a 関係といいます。この言葉そのものが Java プログラミングに必要というわけではありませんが、この考えかたを理解しておくことはたいへん重要です。本節ではその理由を説明します。

バスはクルマを兼ねる、サブはスーパーを兼ねる

バスがクルマの一種であるということは、個々のバスはクルマとして扱うことができるということです。これを Java ふうにいいなおせば「クラス Bus がクラス Car を継承するなら、Bus のインスタンスは Car のインスタンスとしても扱うことができる」となります。

一般に、サブクラスのインスタンスはスーパークラスのインスタンスとしても扱うことができます。リスト 11.3 は、Car 型の変数 mycar に初期値として Bus のインスタンスを入れる例です。リスト 11.4 は、Car 型の配列 cars の要素に Bus のインスタンスを混ぜる例です。Bus は Car の一種ですから、こんなこともできてしまいます。

▶[サブはスーパーを兼ねる]
逆は成り立ちません。たとえば、リスト 11.3, 11.4 の Bus と Car を逆にするとエラーになります。どちらがどちらの一種なのかを取り違えないようにしましょう。

リスト 11.3 Car 型の変数 mycar を Bus のインスタンスで初期化

```
1    Car mycar = new Bus(); // is-a関係があるからOK
```

リスト 11.4 Car 型の配列 cars の宣言と初期化

```
1    // is-a関係があるから配列の要素に混ぜてもOK
2    Car[] cars = { new Car(), new Bus(), new Bus() };
```

このようにして継承と is-a 関係を活用すると、インスタンスを処理するプログラムを共通化できるようになりますから、プログラム全体を管理・保守しやすくすることもできます。なんだかラクができそうな話、もとい、効率的にプログラミングができそうな話ですね。

▶[効率的にプログラミング]
既存のプログラムに継承や is-a 関係を利用して新しい部分をくっつけていくやりかたを差分プログラミングといいます。

本当に兼ねるのかを検証してみる

サブクラスのインスタンスをスーパークラスのそれに混ぜたりして、プログラムのどこかで不都合は生じないのでしょうか？ 簡単な検証例として、8.4 節のリスト 8.5 に Bus を追加したうえで、8 行目をリスト 11.5 のように書き換えてみましょう。9〜10 行目は各フィールドに値を代入します。これらの Car のフィールドは継承によって Bus にもありますから、なんの不都合もありません。リスト 8.5 の他の部分については解説を省きますが、理屈はこれと同じです。

リスト 11.5 Car 型の変数 c1 を Bus のインスタンスで初期化

```
8     Car c1 = new Bus();
9     c1.owner = "立花␣マヤ";
10    c1.fuel = 0.0;
```

これはあくまでも簡単な例です。もっと複雑なプログラムでは注意するべきこともあります。しかし、ここで理解してほしいのは、サブクラスがスーパークラスの一種として適切に作られればサブはスーパーを兼ねるという基本原理です。

11.4 オーバーライド

サブクラスでは、スーパークラスから継承したインスタンスメソッドを新しいインスタンスメソッドで隠して、見かけ上そのメソッドの処理を変更することができます。これをオーバーライドといいます。

受け継いだメソッドの処理を変更したい

継承によって作られるサブクラスは、スーパークラスからフィールドやメソッドを受け継ぎます。しかし、受け継いだメソッドのままでは不十分という場合もありえます。その場合、同じ呼び出しかたができる新しいメソッドをサブクラスに追加することもできます。

サブクラスで、スーパークラスのインスタンスメソッドと同じ呼び出しかたができる新しいインスタンスメソッドを作ると、新しいほうが優先されて、元のメソッドは隠されます。このため、見かけ上はそのメソッドの処理は変更されます。サブクラスでのこのようなインスタンスメソッドの宣言をオーバーライドといいます（図 11.7）。

▶［元のメソッドと同じに］
返り値の型は、互換性のある別の型に変更することもできます。
final がメソッドの宣言についていたら、そのメソッドのオーバーライドはできません。
static がメソッドの宣言についていたら、オーバーライドする側でも static をつけなくてはなりません。
アクセス修飾子がメソッドの宣言についていたら、オーバーライドする側でも同じにするか、または公開範囲を広くするほうに変更することができます。

オーバーライドする側では、メソッドの名前、仮引数並びにおける引数の型の並び、返り値の型を元のメソッドと同じにします。仮引数の名前は違っていてもかまいません。

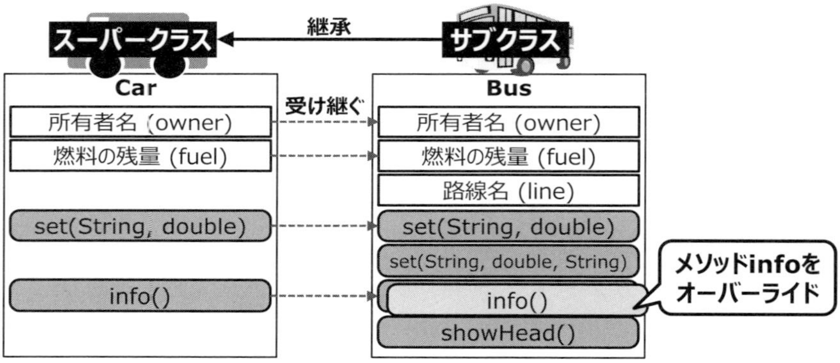

図 11.7　継承とインスタンスメソッドのオーバーライド

クルマの処理をオーバーライドするバスの処理を書いてみる

11.2 節のリスト 11.2 のクラス Car を例にとり、インスタンスメソッド info をサブクラス Bus の側でオーバーライドする場合について説明します。リスト 11.6 に Car の info の宣言を再掲します。この Car の info は、所有者名 (owner) と燃料残り (fuel) を文字列として連結し、その結果を返り値として返します。

リスト 11.7 は、リスト 11.6 の info をサブクラス Bus でオーバーライドする例です。この新しい info の呼び出しかたは、元の info と同じでなくてはなりません。すなわち、メソッド名はもちろん info に、仮引数並びはからっぽに、返り値の型はString型にという具合に、それぞれ元のinfoと同じにします。ただし、処理としては返り値の後ろに路線名(line)を加えるよう変更しています。

リスト **11.6** クラスCarのインスタンスメソッドinfoの宣言

```
1  // インスタンスメソッドinfo
2  String info() {
3    return "所有者:␣" + owner + ",␣燃料残り:␣" + fuel + "␣cc";
4  }
```

リスト **11.7** サブクラスBusにおけるオーバーライド

```
1  // インスタンスメソッドinfo (Carのinfoをオーバーライドする)
2  String info() {
3    return "所有者:␣" + owner + ",␣燃料残り:␣" + fuel + "␣cc"
4        + ",␣路線名:␣" + line;
5  }
```

オーバーライドではなく多重定義(オーバーロード)になる例

オーバーライドのつもりで同名のメソッドを作っても、引数の型の並びが元のメソッドと違うと、異なるメソッドとして区別され多重定義の関係になります。

たとえば、リスト11.8に示すクラスCarのインスタンスメソッドsetの宣言を見ると、引数は2個でString型、double型という並びです。これに対し、サブクラスBusにリスト11.9のようなsetの宣言を書いたとします。このsetの引数は3個で、String型、double型、String型という並びです。この2つのsetは呼び出しかたが違います。したがって、これらは同名でも異なるメソッドとして区別され、オーバーライドは起こりません(前ページの図11.7)。

▶[多重定義]
1つのクラスに同名メソッドを複数作ることです。メソッドどうしは同名であっても引数の型の並びが違えば区別されます。
詳細については10.4節、10.5節を参照。

▶[オーバーライドではなくオーバーロード]
呼称がまぎらわしいのですが、取り違えないようにしましょう(あるある)。

リスト **11.8** クラスCarのインスタンスメソッドsetの宣言

```
1  // インスタンスメソッドset
2  void set(String owner, double fuel) {
3    this.owner = owner;
4    this.fuel = fuel;
5  }
```

リスト **11.9** サブクラスBusにおける多重定義

```
1  // インスタンスメソッドset (Carのsetをオーバーライドしない)
2  void set(String owner, double fuel, String line) {
3    this.owner = owner;
4    this.fuel = fuel;
5    this.line = line;
6  }
```

11.5 super

サブクラスからスーパークラスのメンバを使うために super を用いることがあります。たとえば、「サブクラスでメソッドのオーバーライドをしたが、オーバーライドされた元のメソッドを呼び出したい」というときには、そのメソッド呼び出しの前に super. をつけます。

▶[super]
これと似たような語として「このインスタンス」を表す this を思い出すひともいるでしょう。
正確にいうと、this はそのインスタンスの参照であり、参照型の値として用いられます。一方、super はスーパークラスのメンバを使うためのしくみであり、これ単体を参照型の値として用いることはできません。
this については 9.4 節と 9.5 節を参照。参照型については 8.5 節を参照。

super とは

super は、スーパークラスの宣言に含まれていたフィールドやメソッドをサブクラスから使うためのしくみです。ここでは特にメソッドについて説明します。サブクラスでメソッドをオーバーライドしたとき、その元のメソッドを呼び出すには、メソッド呼び出しの前に super. をつけます。

super によるスーパークラスのメソッドの呼び出し

```
super.メソッド名(実引数並び)
```

クラス Car のメソッドをサブクラス Bus から super で呼び出す

前節では、クラス Car のインスタンスメソッド info をサブクラス Bus でオーバーライドしました。Bus の中では、せっかく Car から受け継いだ元の info が、Bus の info によって隠されます（図 11.8）。

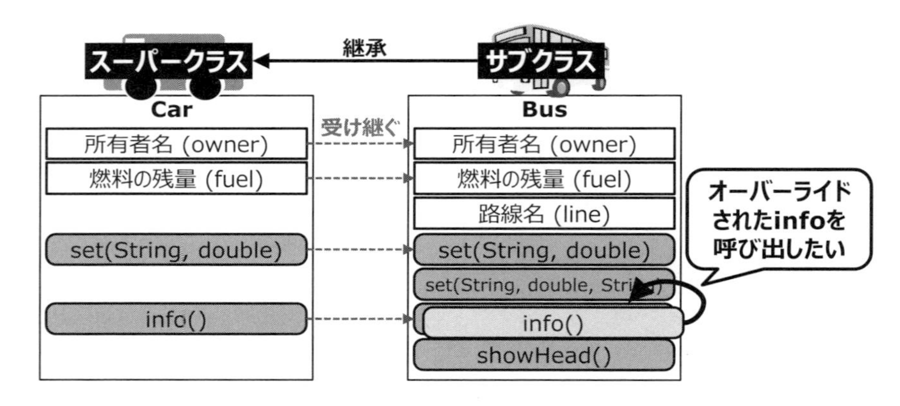

図 11.8 オーバーライドによって隠されたメソッド

しかし、Bus の info の処理をよく見ると、Car の info の処理と同じ部分があります（図 11.9）。Car のフィールドの操作は Car のメソッドに任せるほうがよさそうですから、この部分は Car の info の呼び出しに置き換えましょう（図 11.10）。そこで super. の出番です。

リスト 11.10 にこの置き換えの結果を示します。12 行目からの info の宣言のうち、13 行目に super.info() という呼び出しがあります。

スーパークラス Car

```
String info() {
  return "所有者: " + owner + ", 燃料残り: " + fuel + " cc";
}
```

同じ処理

サブクラス Bus

```
String info() {
  return "所有者: " + owner + ", 燃料残り: " + fuel + " cc"
      + ", 路線名: " + line;
}
```

図 11.9　インスタンスメソッド info の比較

サブクラス Bus

```
String info() {
  return super.info() + ", 路線名: " + line;
}
```

図 11.10　オーバーライドされたメソッドの呼び出しに置き換え

同じ要領で、6行目からのインスタンスメソッド set の宣言も変更しました。7行目に super.set(owner, fuel) という呼び出しがあります。ただし、Car にある引数2個の set は、Bus ではオーバーライドされておらず、引数3個の set とは多重定義の関係です（前節を参照）。この場合、7行目の set(owner, fuel) の前に super. はなくても大丈夫です。

▶[super. はなくても大丈夫]
厳密なことをいうと注意を要する違いがありますので補足します。
仮に、Bus をさらに継承するサブクラス SchoolBus を作り、その中で Car の set(String, double) をオーバーライドしたとします。このとき、リスト 11.10 の 7 行目に super. があるかないかで、SchoolBus の set(String, double, String) の処理が異なります。7行目に super. があれば Car の set の呼び出しになりますが、そうでなければ SchoolBus の set の呼び出しに変更されます。
つまり、継承に継承を重ねるうちにサブクラスの動作に違いが現れることがあります。継承を積極的に用いるときには、処理の変更をサブクラスに許すかどうかを検討したうえで、クラスの宣言を書くようにしましょう。

リスト 11.10　super. を用いるようにしたサブクラス Bus の宣言

```
 1  // CarのサブクラスBus
 2  class Bus extends Car {
 3    String line; // 路線名
 4
 5    // インスタンスメソッドset
 6    void set(String owner, double fuel, String line) {
 7      super.set(owner, fuel);
 8      this.line = line;
 9    }
10
11    // インスタンスメソッドinfo（Carのinfoをオーバーライドする）
12    String info() {
13      return super.info() + ",␣路線名:␣" + line;
14    }
15
16    // インスタンスメソッドshowHead
17    void showHead() {
18      // バス所有会社名ownerと路線名lineを表示
19      System.out.println(owner + "␣[" + line + "]");
20    }
21  }
```

11.6 継承のサンプルプログラム

クラス Car とサブクラス Bus をさらに改訂したうえで、プログラムの全体をリスト 11.11 に示します（ただし、コンストラクタを除く）。

▶[コンストラクタを除く]
継承におけるコンストラクタの扱いについては 11.7 節を参照。

メソッドを介して private のフィールドを使う

クラス Car および Bus の各フィールドにアクセス修飾子 private をつけます（17, 18, 58 行目）。そのかわり、Car にはフィールドを操作するためのインスタンスメソッド getOwner, getFuel, addFuel を追加します。これによって、クラス外から燃料の残量をマイナスにするといった不適切な操作ができないようにします。

Bus もまた、Car のインスタンスメソッドを介してのみフィールドを使います（62, 69, 75 行目）。Bus のインスタンスメソッド info は Car の info をオーバーライドしますが、処理の一部分として Car の info を使います。つまり、69 行目の super.info() はオーバーライドされた元のメソッドの呼び出しですから、この super. を省略してはいけません。一方、62, 75 行目の super. を省略しても結果は変わりません。

▶[クラス名に注意]
リスト 11.11 では Car, Bus をそれぞれ Car2, Bus2 としています。本章で既出の実行可能プログラム（リスト 11.2）とのクラス名の重複を避けるための名称変更です。
Eclipse 使用者は 2.4 節も参照。

▶[set]
11.4 節で説明したように、クラス Bus では引数 2 個の set と引数 3 個の set が多重定義の関係として存在します。しかし、スーパークラス Car から受け継いだほうの引数 2 個の set は、Bus のフィールド line には何もしてくれません。そこで、Bus では引数 3 個の set だけを用いるようにしたいところですが、どうすればいいでしょうか？
この問題は、set のかわりにコンストラクタを用いることで解決します。興味のあるひとは次節を読んでみてください。

リスト 11.11 Sample11_06_Car.java

```
 1  public class Sample11_06_Car {
 2    public static void main(String[] args) {
 3      Bus2 mybus = new Bus2();
 4      mybus.set("新日本バス", 5000.0, "74␣中央駅東");
 5      mybus.showHead();
 6
 7      System.out.println(mybus.info());
 8      mybus.addFuel(-3000.0);
 9      System.out.println(mybus.info());
10      mybus.addFuel(-3000.0);
11      System.out.println(mybus.info());
12    }
13  }
14
15  // クラスCar2
16  class Car2 {
17    private String owner; // 所有者の名前
18    private double fuel; // 燃料の残量
19
20    // インスタンスメソッドset
21    void set(String owner, double fuel) {
22      this.owner = owner;
23      if (fuel > 0.0) {
24        this.fuel = fuel;
25      } else {
26        this.fuel = 0.0;
27      }
28    }
29
30    // インスタンスメソッドinfo
```

```
31    String info() {
32      return "所有者:␣" + owner + ",␣燃料残り:␣" + fuel + "␣cc";
33    }
34
35    // インスタンスメソッドgetOwner
36    String getOwner() {
37      return owner;
38    }
39
40    // インスタンスメソッドgetFuel
41    double getFuel() {
42      return fuel;
43    }
44
45    // インスタンスメソッドaddFuel
46    void addFuel(double amount) {
47      if (fuel + amount > 0) {
48        fuel += amount; // 引数amountが正なら補給、負なら消費
49      } else {
50        fuel = 0.0; // ただしマイナスにはしない
51        System.out.println("...␣燃料を使い切りました␣...");
52      }
53    }
54  }
55
56  // Car2のサブクラスBus2
57  class Bus2 extends Car2 {
58    private String line; // 路線名
59
60    // インスタンスメソッドset
61    void set(String owner, double fuel, String line) {
62      super.set(owner, fuel); // スーパークラスCar2のsetの呼び出し
63      this.line = line;
64    }
65
66    // インスタンスメソッドinfo(Car2のinfoをオーバーライドする)
67    String info() {
68      // super.info() はスーパークラスCar2のinfoの呼び出し
69      return super.info() + ",␣路線名:␣" + line;
70    }
71
72    // インスタンスメソッドshowHead
73    void showHead() {
74      // バス所有会社名ownerと路線名lineを表示
75      System.out.println(super.getOwner() + "␣[" + line + "]");
76    }
77  }
```

リスト **11.12** Sample11_06_Car.java の実行結果

```
1  新日本バス [74 中央駅東]
2  所有者: 新日本バス, 燃料残り: 5000.0 cc, 路線名: 74 中央駅東
3  所有者: 新日本バス, 燃料残り: 2000.0 cc, 路線名: 74 中央駅東
4  ... 燃料を使い切りました。
5  所有者: 新日本バス, 燃料残り: 0.0 cc, 路線名: 74 中央駅東
```

11.7 《発展》 コンストラクタの連鎖

サブクラスのコンストラクタは、その処理の最初にスーパークラスのコンストラクタを呼び出します。もし明示的に呼び出しを記述しなければ、引数のないコンストラクタの呼び出しを暗黙的におこないます。明示的に呼び出しを記述するためには super を用います。

▶[コンストラクタ]
あるクラスのインスタンスが new によって生成されるとき、そのクラスのコンストラクタの呼び出しがおこなわれます。第 10 章を参照。

▶[コンストラクタを呼び出す]
private がついているコンストラクタを呼び出すことはできません。サブクラスのコンストラクタは、スーパークラスのコンストラクタのうち private ではないものを呼び出す必要があります。
もしスーパークラスに private のコンストラクタしか存在しなければ、そのクラスを継承してサブクラスを作ることはできません。

▶[private のコンストラクタ]
コンストラクタが private というのは奇妙に思えるかもしれませんが、実際に用いられることのあるパターンです。興味のあるひとは「シングルトン」で Web 検索してみましょう。
あれ？ 前節まではそもそもコンストラクタの宣言自体を書いてなかったよね？ と思ったひとは鋭いです。次ページの説明がその答えです。

コンストラクタはサブクラスからスーパークラスへと連鎖する

クラス Car にコンストラクタがあるとき、このコンストラクタはサブクラス Bus にそのまま受け継がれて Bus のコンストラクタになるのでしょうか。結論をいうと、そのようなことにはなりません。

サブクラスではサブクラスのコンストラクタが使用されます。また、サブクラスのコンストラクタはかならず最初にスーパークラスのコンストラクタを呼び出すことになっています。つまり、コンストラクタはサブクラスからスーパークラスへと連鎖しなくてはなりません（図 11.11）。

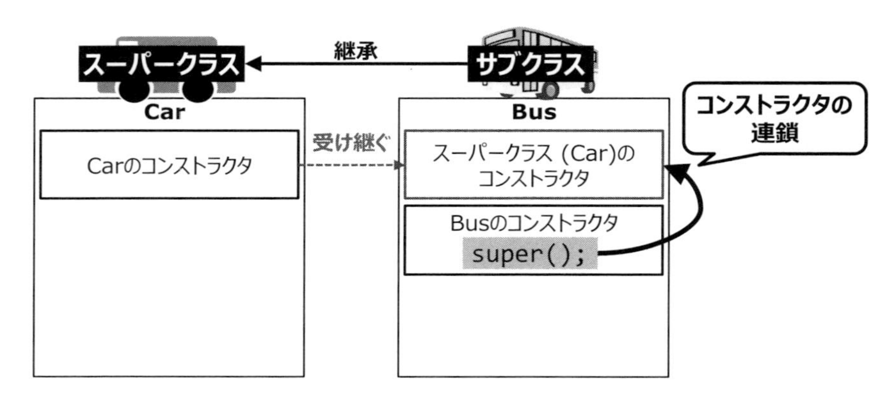

図 11.11　コンストラクタの連鎖

面倒そうですか？ しかし、スーパークラスとサブクラスにそれぞれのフィールドがあることが普通ですから、その初期化をそれぞれのコンストラクタに担当させるうえで、この連鎖のしくみは合理的です。

スーパークラスのコンストラクタの呼び出し

スーパークラスのコンストラクタの呼び出しにも super を用います。

スーパークラスのコンストラクタの呼び出し

```
super(実引数並び);
```

リスト 11.13 に簡単な例を示します。サブクラス Bus のコンストラクタ（18 行目から）は最初（19 行目）にスーパークラス Car のコンストラクタの呼び出しをおこないます。この super による呼び出しはかならずコンストラクタの中身の先頭になくてはなりません。

リスト 11.13　スーパークラスのコンストラクタの呼び出し

```
// クラスCar
class Car {
  private String owner; // 所有者の名前
  private double fuel; // 燃料の残量

  // コンストラクタ
  Car(String owner, double fuel) {
    this.owner = owner;
    this.fuel = fuel;
  }
}

// CarのサブクラスBus
class Bus extends Car {
  private String line; // 路線名

  // コンストラクタ
  Bus(String owner, double fuel, String line) {
    super(owner, fuel); // コンストラクタの連鎖
    this.line = line;
  }
}
```

コンストラクタの連鎖は省略されたら補われる

サブクラスのコンストラクタにスーパークラスのコンストラクタの明示的な呼び出しがないと、暗黙のうちに super(); があるものとみなされます。この super(); は、スーパークラスにある引数のないコンストラクタを呼び出します。

逆にいえば、スーパークラスに引数のあるコンストラクタだけが存在するときには、サブクラスのコンストラクタにも super(実引数並び); による連鎖を書いておかなくてはなりません。そうでないと、暗黙のうちに super(); が補われるのに、その呼び出し先がないためエラーになります。

コンストラクタの宣言がないクラスの場合

コンストラクタの宣言がないときには、10.2 節で学んだように暗黙的にデフォルトコンストラクタが補われます。さらに、10.2 節では説明しませんでしたが、実は前述のとおり暗黙的に super(); が補われます。このようにして、コンストラクタの宣言がないクラスどうしの継承でも、裏にはちゃんとコンストラクタの連鎖があります。

たとえば、11.2 節のリスト 11.1 はフィールドのみのクラス Car, Bus による継承の例でした。このようなクラスにおいても、実は暗黙のデフォルトコンストラクタどうしの暗黙の連鎖があるというわけです。

▶[デフォルトコンストラクタ]
クラスにコンストラクタの宣言がまったくなければ、暗黙のうちにデフォルトコンストラクタがあるものとみなされます。デフォルトコンストラクタは引数をもたず処理を何もしないコンストラクタです。10.2 節を参照。

11.8 《発展》 抽象クラス

継承されることを前提とする未完成のクラスを抽象クラスといいます。また、オーバーライドされることが前提の、処理の中身がからっぽのインスタンスメソッドを抽象メソッドといいます。

継承によってはじめて完成するクラスを作ることもできる

クルマの例にからめて、今度はクルマの点検について考えてみましょう。クルマの種類がなんであれ、クルマの状態を調べてその結果を報告するという手順は共通です。しかし、何のどのような状態を調べればいいのでしょうか？ それはクルマの種類によって異なるでしょう。

これを Java ふうにいいなおすとこんな感じになるでしょう。すなわち、「クルマの点検」のクラス Maintainer があるときに、点検対象とするクルマの種類に対応した Maintainer のサブクラスを作る場合を考えます。点検結果を報告するインスタンスメソッド maintain はそのまま受け継ぐことができます。しかし、クルマの状態を調べるインスタンスメソッド check は、クルマの種類に応じて処理の中身が異なるので、オーバーライドを要します。どうせサブクラスでオーバーライドされるのであれば、この check には中身がなくてもよさそうです。

Java では、サブクラスによって継承されることを前提とする未完成のクラスや、オーバーライドされることを前提とする中身がからっぽのインスタンスメソッドを作ることができます。このような未完成のクラスを**抽象クラス**、中身がからっぽのインスタンスメソッドを**抽象メソッド**といいます。

なお、抽象クラスから new によってインスタンスを作ることはできません。インスタンスを作るためには、すべての抽象メソッドをオーバーライドする完成品のサブクラスが必要です。

抽象クラスと抽象メソッドの宣言

▶ [abstract]
　Java の修飾子の 1 つです。9.6 節の表 9.1 に先行登場していました。
　この修飾子は、いわば未完成であることのしるしです。
　英語の abstract はズバリ「抽象的な」という意味です。

抽象クラスの宣言は次のようにします。先頭に修飾子 abstract がつきます。構成要素（メンバ）として、通常のクラスと同じものに加えて、抽象メソッドの宣言を含めることができます。

抽象クラスの宣言

```
abstract class クラス名 {
  構成要素（メンバ）の宣言
  構成要素（メンバ）の宣言
  ...
}
```

抽象メソッドの宣言は次のようにします。こちらの宣言の頭にも

abstract がつきます。丸カッコ閉じ「)」のあとにはセミコロン「;」が続き、そこで宣言は終わりです。処理の中身は記述されません。

▶[抽象メソッドの宣言]
抽象メソッドの宣言につくことのできる修飾子は、他には public か protected だけです。
オーバーライドされることが前提ですから private はつけられません。また、インスタンスメソッドのみが対象ですので static はつけられません。

抽象メソッドの宣言

```
abstract 返り値の型 メソッド名 (仮引数並び);
```

抽象クラスとサブクラスのサンプルプログラム

リスト 11.14 は抽象クラス Maintainer およびサブクラス BusMaintainer の宣言です。16 行目に抽象メソッド check の宣言があり、これを 29〜35 行目のインスタンスメソッドがオーバーライドしています。12 行目に check の呼び出しがあることに注目してください。

▶[サブクラス]
もし抽象クラスのサブクラスがすべての抽象メソッドをオーバーライドしないなら、そのサブクラスも未完成ですから、宣言の先頭に abstract をつけて抽象クラスとしなくてはなりません。

リスト 11.14 抽象クラス Maintainer の宣言

```
1  // 抽象クラスMaintainer
2  abstract class Maintainer {
3    private Car car;
4
5    Maintainer(Car car) {
6      this.car = car;
7    }
8
9    void maintain() {
10     System.out.println("【検査結果】");
11     System.out.println(car.info());
12     System.out.println(check());
13   }
14
15   // 抽象メソッドcheck
16   abstract String check();
17 }
18
19 // クラスMaintainerを継承するサブクラスBusMaintainer
20 class BusMaintainer extends Maintainer {
21   private Bus bus;
22
23   BusMaintainer(Bus bus) {
24     super(bus);
25     this.bus = bus;
26   }
27
28   // インスタンスメソッドcheck
29   String check() {
30     if (bus.info() == null || "".equals(bus.info())) {
31       return "行先表示が故障しています";
32     } else {
33       return "異状なし";
34     }
35   }
36 }
```

11.9 ■ 章末問題 ■

▶[ヒント 1]
プログラムにおける extends の役割をよく確認しましょう。

▶[ヒント 2]
プログラムにおける super の役割をよく確認しましょう。

問 1

11.2 節のリスト 11.2 の Sample11_02_Car.java を入力して実行し、結果を確認しなさい。

問 2

問 1 で入力した Sample11_02_Car.java について、

1. クラス Bus に、11.5 節のリスト 11.10 にあるインスタンスメソッド info および set の宣言を追加しなさい。
2. クラスメソッド main を次のリスト 11.15 のように書きかえ、実行して結果を確認しなさい。

リスト **11.15** クラスメソッド main の書きかえ

```
2    public static void main(String[] args) {
3      Bus mybus = new Bus();
4      mybus.set("新日本バス", 5000.0, "74␣中央駅東");
5      System.out.println(mybus.info());
6    }
```

リスト **11.16** 問 2 の実行結果

```
1  所有者: 新日本バス, 燃料残り: 5000.0 cc, 路線名: 74 中央駅東
```

問 3

次のリスト 11.17 のクラス Student はクラス Person を継承する。空欄《1》,《2》を埋めなさい。また、Student のメンバをすべて挙げなさい。

リスト **11.17** クラス Person とサブクラス Student

```
1   class Person {
2     private String name; // 氏名
3
4     void set(String name) {
5       this.name = name;
6     }
7   }
8
9   class Student《1》 {
10    private String stid; // 学籍番号
11
12    void set(String name, String stid) {
13      《2》.set(name); // Personのsetの呼び出し
14      this.stid = stid;
15    }
16  }
```

第 12 章

インタフェースとクラスライブラリ

▶▶▶ねらい

本章では、クラスがそなえるべき特徴や性質を設計しておくためのしくみであるインタフェースについて説明します。インタフェースはクラスの継承とならんでコト・モノの関係を表現するためにたいへん役立つしくみです。

たとえば、バスはクルマの一種ですが、それと同時に公共交通機関でもあり、予定にしたがって運行されるモノでもありますね。このような関係までもプログラムの中で表現しようとすると、実はクラスの継承だけではしくみとして十分ではありません。そこで活躍するのがインタフェースです。

さらに本章では、互いに関係するクラスをひとまとめに管理するときの単位であるパッケージについても説明します。

Java プログラミングを支援するために、 Java にはあらかじめたくさんのクラスが用意されています。これらのクラスをクラスライブラリといいます。クラスライブラリは、クラス、継承、インタフェース、パッケージといったしくみにもとづいて構築されています。

この章の項目

インタフェース
抽象メソッド
定数
インタフェースの実装
パッケージ
クラス階層
クラスライブラリ

12.1 インタフェース(1) 基本的な考えかた

クラスの特徴や性質だけを設計しておくためのクラスもどきがインタフェースです。クラスがクラスを継承することができるように、クラスはインタフェースを実装することができます。1つのクラスは同時に複数のインタフェースを実装することもできます。

▶[多重継承はできない]
継承に継承を重ねることはできます。
たとえば、クラスAのサブクラスBを作り、さらにBのサブクラスCを作ることはできます。
この場合、A←B←Cという2段階の継承があります。Cは間接的にAをも継承しますから、CはA, Bの両方を継承することになりますが、これを多重継承とはいいません。

複数のクラスを同時に継承することはできない

前章で学んだ継承には制限もあります。Javaでは、2つ以上のクラスを同時に継承（多重継承）するサブクラスを作ることはできません。extendsのあとに書けるクラス名は1つだけです。

例を挙げて理由を説明します。バスはクルマの一種であると同時に、予定にしたがうモノの一種で、公共交通機関の一種でもあります（図12.1）。もしこれを継承で表現するなら、クラスCar, Scheduled, Transportの3つを継承するサブクラスBusを作る、というところでしょう。

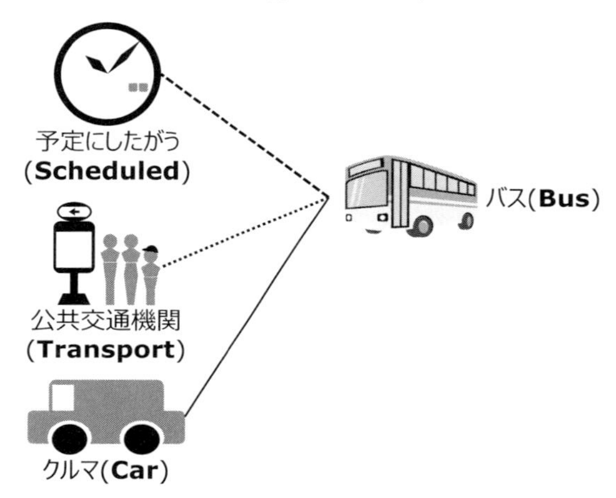

図 12.1　似たようなコト・モノたちの関係・パート2

▶[多重定義]
1つのクラスに同名メソッドを複数作ることです。メソッドどうしは同名であっても引数の型の並びが違えば区別されます。10.4節、10.5節も参照。
呼称が多重継承とまぎらわしいのですが、取り違えないようにしましょう。

ここで仮に、Car, Scheduled, Transportのそれぞれに同名のインスタンスメソッドinfoがあるとしましょう。どれも引数なしで、処理の中身は異なるとしましょう。この3つのinfoのうち、Busに受け継がれるのはどれでしょうか？（図12.2）

同名で、引数の型の並び（引数なし）も同じですから、この3つは多重定義の関係として共存できません。しかし、処理の中身は違うのですから、どれを採用しても他の2つのクラスとはつじつまがあわなくなります。どのような決めかたをしても人間にとっては複雑で、アイマイに見えてしまいます。

▶[多重継承を禁止]
ただし、Java 8からはアイマイさの問題が生じることがあります。次節の《発展》も参照。

プログラミング言語によってこの問題の解決のしかたは異なります。Javaを設計したひとたちは、多重継承を禁止することにしました。1つのクラスが同時に継承することができるクラスは1つだけという制限を

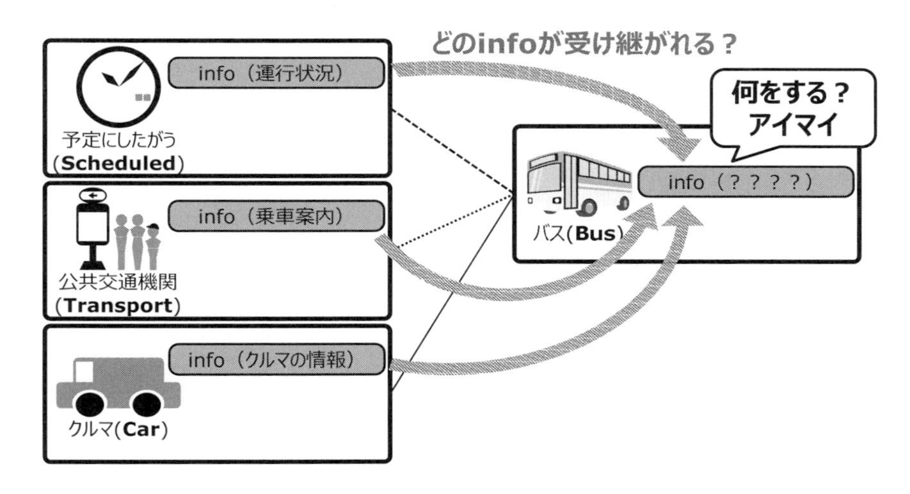

図 12.2　多重継承はアイマイさを生む

つけて、そのかわり別のしくみを導入したのです。そのしくみが、本章で登場するインタフェースです。

そこでインタフェース登場

インタフェースとは、クラスのようでクラスでない、クラスの特徴や性質だけを設計しておくための、いわばクラスもどきです。

バスの例で説明すると、まずバス (Bus) がクルマ (Car) の一種であることを継承によって表現します。さらに、「予定にしたがう」という特徴や性質 (Scheduled) と、「公共交通機関」という特徴や性質 (Transport) を、それぞれインタフェースとして用意します。クラス Bus は、これらの特徴や性質をそなえることの表現として、インタフェース Scheduled, Transport を実装します (図 12.3)。Car, Scheduled, Transport のそれぞれと Bus には is-a 関係があります。

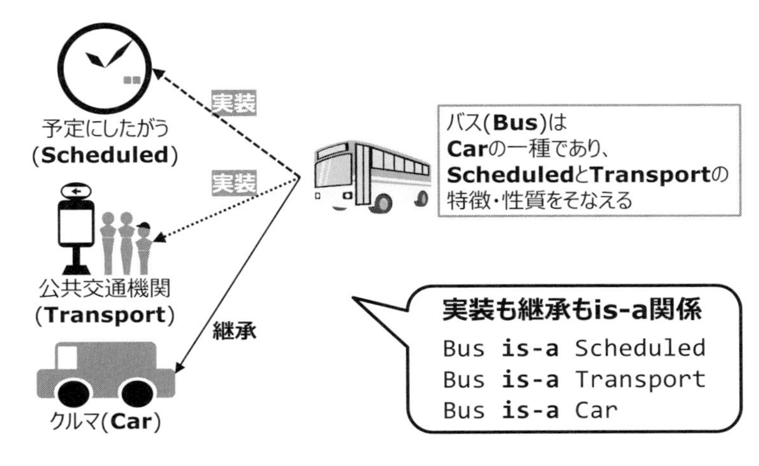

図 12.3　クラスの継承とインタフェースの実装による表現

▶[インタフェース]
カタカナで「インターフェース」や「インターフェイス」と表記されることもありますが、どれも英語では同じ interface です。
英語の interface は一般的には「境界面」といった意味をもちます。IT の文脈では、人間がシステムを操作するための機構（ユーザインタフェース）や、システムとシステムの接触部分を指すこともあります。
Java におけるインタフェースは、クラスの「境界面」として特徴や性質だけを設計しておき、他のクラスから操作しやすくするためのしくみともいえます。

▶[is-a 関係]
11.3 節を参照。

▶[継承と実装による表現]
継承でできないことがインタフェースの実装でできるなら、継承は無用の長物だろうと思ったひともいるかもしれません。しかし、何ごとにも長所があれば短所もあるものです。次節から、インタフェースのしくみを短所も含めて学びましょう。

12.2 インタフェース(2) インタフェースの宣言

インタフェースの宣言にはinterfaceを用います。インタフェースの構成要素としては、処理の中身がからっぽの抽象メソッドや、値を変更できないフィールドである定数を宣言することができます。

インタフェースの宣言

インタフェースの宣言は、interfaceという語を用いて次のように書きます。ここに構成要素（メンバ）として宣言できるものは、クラスの場合よりも限られています。インタフェースのメンバとして代表的なものは、これから説明する抽象メソッドと定数です。

インタフェースの宣言

```
interface インタフェース名 {
  メンバの宣言
  メンバの宣言
  ...
}
```

抽象メソッドとは、処理の中身がからっぽのインスタンスメソッドです。インタフェースの抽象メソッドの宣言は次のように書きます。

抽象メソッドの宣言

```
public abstract 返り値の型 メソッド名(仮引数並び);
```

ただし、先頭のpublicとabstractは省略可能で、省略されてもインタフェースの抽象メソッドは暗黙のうちにpublicかつabstractであるとみなされます。本書のサンプルプログラムでは原則的にこれらを省略します。また、処理の中身は書かれず、丸カッコ閉じ「)」のあとにはセミコロン「;」が続きます。

処理の中身がないのですから、もちろんこのままでは実行できません。この処理の中身は、インタフェースを実装するクラスの宣言に書きます。具体的には次節で説明します。

定数は値を初期値から変更できない静的フィールドです。定数フィールドの宣言は次のように書きます。

定数フィールドの宣言

```
public static final 型 定数名 = 初期値;
```

こちらも先頭のpublic, static, finalは省略可能です。なお、定数はなんらかの値でなくてはなりませんから、イコール「=」と初期値は省略できません。

▶[抽象メソッド]
抽象メソッドは11.8節でも登場しましたが、本節でもあらためて説明します。
なお、インタフェースの抽象メソッドはかならずpublicです。この点は抽象クラスのものと異なります。

▶[public]
パッケージの外部にまで公開するためのアクセス修飾子です。9.6節を参照。

▶[abstract]
Javaの修飾子の1つです。9.6節の表9.1に先行登場していました。

▶[セミコロン「;」]
抽象メソッドの最後に書くのを忘れやすいので気をつけましょう。

▶[静的]
メンバの宣言にstaticがついていれば、それは静的メンバです。9.7節を参照。

インタフェース Scheduled の宣言を書いてみる

例として、「予定にしたがうモノ」のインタフェース Scheduled（図 12.4）の宣言をリスト 12.1 に示します。Scheduled のメンバは 1 つの定数 DEFAULT_TIMEZONE と 2 つの抽象メソッド getTime, show です。このうち getTime は引数をもちません。また、show は現在時刻を表す int 型の引数 1 個をもちます。

これらのメソッドはいずれも、予定にしたがうモノの特徴や性質の表現です。getTime は「予定の出発時刻がある」という特徴を表現します。show は「その時点での状況を表示する」という性質を表現します。

▶ [時刻]
ここでは時・分を 3～4 ケタの整数値で表現することを想定しています。この値の範囲は 0～2359 です。たとえば、午前 9 時 30 分は 930、午後 4 時ちょうど（16 時 0 分）は 1600 といった具合です。
実際の Java プログラムでは、時刻を long 型の整数値もしくはクラス Date のインスタンスで表現することが多いです。ここでは簡単のために上記の方式を採用します。

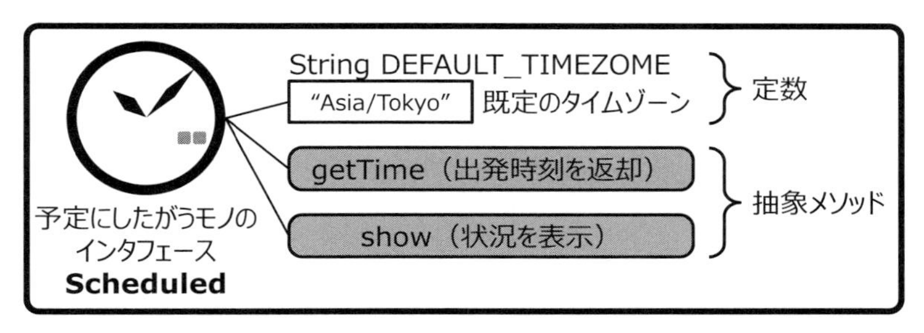

図 **12.4**　インタフェース Scheduled

リスト **12.1**　インタフェース Scheduled の宣言

```
 1  // 予定にしたがうモノのインタフェースScheduled
 2  interface Scheduled {
 3    // 定数フィールドDEFAULT_TIMEZONE (public static finalは省略)
 4    String DEFAULT_TIMEZONE = "Asia/Tokyo";
 5
 6    // 抽象メソッドgetTime (public abstractは省略)
 7    int getTime();
 8
 9    // 抽象メソッドshow (public abstractは省略)
10    void show(int time);
11  }
```

《発展》 インタフェースの他のメンバ

インタフェースのメンバとして抽象メソッドと定数のみを挙げました。これら以外の詳細については本書では割愛しますが、Java 8 でたいへん大きな変更がありましたので、簡単な紹介のみしておきます。

Java 8 からはデフォルトメソッドと静的メソッドが導入されました。これらの宣言には処理の中身を書くことになっています。特にデフォルトメソッドによって、インタフェースを実装するクラスを作りやすくなったり、Java 8 までとの互換性を保ちつつインタフェースの応用範囲が広がったりと便利になりました。それとひきかえに、前節で説明した多重継承におけるアイマイさの問題が生じることがあります。

▶ [他のメンバ]
インタフェースにもメンバクラスやメンバインタフェースを設けることができます。これは Java 8 からではなく初期からある機能です。
なお、インタフェースにコンストラクタを設けることはできません。

▶ [アイマイさの問題]
Java では、アイマイになったインスタンスメソッドの呼び出しはエラーになります。

12.3 インタフェース(3) インタフェースの実装

インタフェースから直接にインスタンスを生成することはできません。インタフェースを実装するクラスが必要です。このようなクラスの宣言には implements を用います。また、この宣言の中では抽象メソッドの処理の中身を記述（メソッドを実装）します。

▶ [new]
「インタフェースは new できない」と覚えましょう。

▶ [実装]
一般的には、機能を実現することや、そのために部品をとりつけることを意味する語です。

▶ [implements]
つづり注意。implement（実装する）に三人称・単数・現在形の s がついたかたちで Java の予約語になっています。仮にクラス名が一人称・二人称や複数形であっても、s はかならずつきます。
長くて覚えづらいでしょうが、しっかり覚えておきましょう。

▶ [public]
この public はとても忘れやすいので注意しましょう。

インタフェースを実装するクラスの宣言

インタフェースから new によってインスタンスを生成することはできません。インタフェースの構成要素（メンバ）を実際にもつインスタンスを生成するには、そのインタフェースを実装するクラスが必要です。

インタフェースを実装するクラスの宣言は、implements という語を用いて次のように書きます。普通のクラスの宣言と違うのは、クラス名のあとに implements インタフェース名をつけるところです。

インタフェースを実装するクラスの宣言

```
class クラス名 implements インタフェース名 {
  メンバの宣言
  ...
}
```

1つのクラスが複数のインタフェースを実装することもできます。そのときの宣言には、次のように implements のあとにカンマ「,」区切りでインタフェース名を列挙します。

複数のインタフェースを実装するクラスの宣言（冒頭のみ）

```
class クラス名 implements インタフェース名, ... {
```

このクラスのメンバとしては、インタフェースにあるすべての抽象メソッドについて、処理の中身を書かなくてはなりません。つまり、メソッドを実装しなくてはなりません。その書きかたは次のとおりです。

インタフェースを実装するクラスにおけるメソッドの実装

```
public 返り値の型 メソッド名(仮引数並び) {
  処理
  ...
}
```

前節で説明したインタフェースの抽象メソッドの宣言とは異なり、こちらの public は省略できません。また、仮引数並びにおける引数の型の並びはもとの抽象メソッドと一致していなくてはなりませんが、仮引数名は違っていてもかまいません。

Scheduled を実装するクラス Plane の宣言を書いてみる

例として、前節のインタフェース Scheduled を実装する「旅客機」のクラス Plane（図 12.5）の宣言をリスト 12.2 に示します。2 行目の implements Scheduled は、このクラスが Scheduled を実装することを示します。

13〜15 行目では抽象メソッド getTime を、18〜25 行目では抽象メソッド show をそれぞれ実装しています。いずれも頭に public があり、処理の中身も書かれています。show の仮引数名 now は前節のリスト 12.1 の 10 行目の time と違いますが、型が同じですからかまいません。

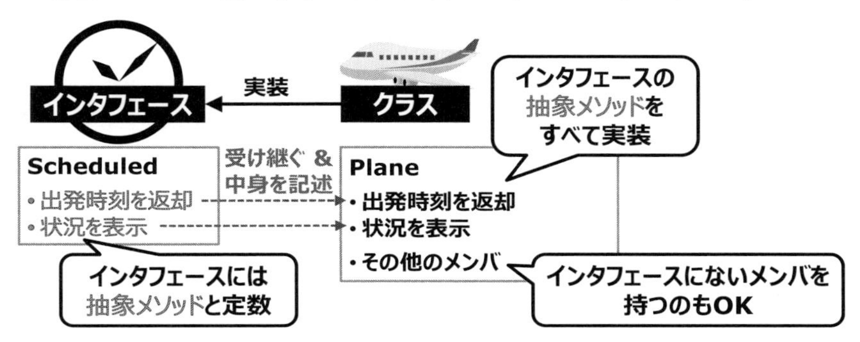

図 **12.5**　似たようなコト・モノたちの関係

リスト **12.2**　インタフェースを実装するクラスの宣言

```
1  // インタフェースScheduledを実装するクラスPlane
2  class Plane implements Scheduled {
3    private String flight_no; // 便名・番号
4    private int d_time; // 出発時刻
5
6    // コンストラクタ
7    Plane(String flight_no, int d_time) {
8      this.flight_no = flight_no;
9      this.d_time = d_time;
10   }
11
12   // インスタンスメソッドgetTime
13   public int getTime() {
14     return d_time;
15   }
16
17   // インスタンスメソッドshow
18   public void show(int now) {
19     if (now < d_time) {
20       System.out.println(flight_no + "␣出発予定␣"
21                 + (d_time / 100) + ":" + (d_time % 100));
22     } else {
23       System.out.println(flight_no + "␣出発済（搭乗できません）");
24     }
25   }
26 }
```

▶［21 行目］

ここでは時・分を 3〜4 ケタの整数値で表現することを想定しています。たとえば、午前 9 時 30 分なら 930 のような値が時刻データとしてフィールド d_time に入ります。

d_time / 100 によって時刻データの上 1〜2 桁（時データ）が算出されます。整数どうしの割り算では小数以下は切り捨てられます。

d_time % 100 によって時刻データの下 2 桁（分データ）が算出されます。%は割った余りを計算する演算子です。

除算 (/) や剰余 (%) については 3.5 節も参照。

12.4 インタフェース(4) インタフェースの応用

インタフェースを実装するクラスのインスタンスは、is-a 関係によってそのインタフェース型の値としても扱うことができます。また、インタフェースと継承を併用することもできます。

▶ [is-a 関係]
「航空便」は「予定にしたがうモノ」の一種であるというような関係です。11.3 節を参照。

▶ [インスタンスを代入]
厳密にいうと、変数に代入されるのはインスタンスそのものではなく、インスタンスのありか、すなわち参照です。詳しくは 8.5 節を参照。

インタフェースを実装するクラスのインスタンスを扱う

前節のリスト 12.2 のようにクラス Plane がインタフェース Scheduled を実装しているとき、Plane と Scheduled のあいだにも **is-a 関係**があります（図 12.6）。Plane から生成された個々のインスタンスは Scheduled のインスタンスでもあるかのように扱うことができます。

リスト 12.3 は、Scheduled 型の変数 upcoming に Plane のインスタンスを代入する例です。ただし、こうすると Java のシステムからは upcoming が Scheduled のインスタンスとしかみえなくなります。そのため、upcoming にドット「.」区切りでつけられるメンバは Scheduled にあるメンバだけになることには注意を要します。

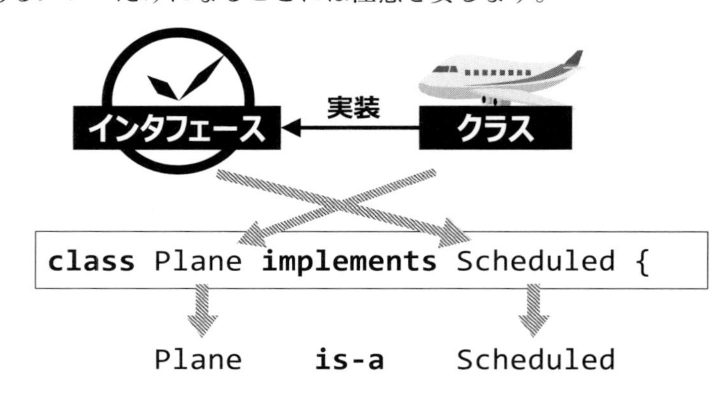

図 12.6　似たようなコト・モノたちの関係

リスト 12.3　インタフェースとそれを継承するクラスの is-a 関係

```
1   Scheduled upcoming = new Plane("海坂␣199便", 930);
```

▶ [static]
インタフェースの定数は、たとえ宣言で static が省略されていても暗黙のうちに static になるのでしたね。12.2 節を参照。
static は静的メンバであることを示す修飾子です。9.7 節を参照。

インタフェースの定数を使う

インタフェースの定数を使うためにはインスタンスを生成する必要はありません。定数フィールドは static ですから、インタフェースそのものにくっついています。リスト 12.4 は、インタフェース Scheduled にある定数 DEFAULT_TIMEZONE の値を画面に表示する例です。

リスト 12.4　インタフェースの定数の使用

```
1   System.out.println(Scheduled.DEFAULT_TIMEZONE);
```

実装も継承もするクラス Bus の宣言を書いてみる

インタフェースの実装とクラスの継承は併用することができます。リスト 12.5 の例では、18 行目の `extends Car` のあとに `implements Scheduled` があります。これによって、クラス Bus はクラス Car を継承するとともにインタフェース Scheduled を実装します。簡単のために Car のインスタンスメソッドは set のみですが、感じはつかめるでしょう。

▶[クラス Bus]
12.1 節の図 12.3 では、Bus はさらにインタフェース Transport も実装することになっていました。次節では Transport も含めたサンプルプログラムを示します。

リスト 12.5　クラス Bus の宣言

```
1  //クラス Car
2  class Car {
3    private String owner; // 所有者の名前
4    private double fuel; // 燃料の残量
5
6    // インスタンスメソッドset
7    void set(String owner, double fuel) {
8      this.owner = owner;
9      if (fuel > 0.0) {
10       this.fuel = fuel;
11     } else {
12       this.fuel = 0.0;
13     }
14   }
15 }
16
17 //クラス Carを継承しインタフェースScheduledを実装するクラスBus
18 class Bus extends Car implements Scheduled {
19   private String line; // 路線名
20   private int d_time; // 出発時刻
21
22   // インスタンスメソッドset
23   void set(String owner, double fuel, String line, int d_time) {
24     super.set(owner, fuel); // スーパークラスCarのsetの呼び出し
25     this.line = line;
26     this.d_time = d_time;
27   }
28
29   // インスタンスメソッドgetTime
30   public int getTime() {
31     return d_time;
32   }
33
34   // インスタンスメソッドshow
35   public void show(int time) {
36     if (time < d_time) {
37       System.out.println("[" + line + "]␣" + d_time);
38     } else {
39       System.out.println("[" + line + "]␣通過ずみ");
40     }
41   }
42 }
```

12.5 インタフェースと継承のサンプルプログラム

インタフェース Scheduled, Transport およびクラス Car, Bus を用いるサンプルプログラムをリスト 12.6 に示します。

▶[アイマイさの問題]
12.1 節で説明した、多重継承をおこなったときに生じうる問題のことです。

Scheduled と Transport のどちらにも同じ抽象メソッド show があることに留意してください（仮引数名は違いますが、引数の型の並びは同じです）。Bus はどちらの show を受け継ぐのでしょうか？ 答えは両方です。処理の中身は Bus 側で実装するのですから、両方を矛盾なく受け継いで、アイマイさの問題を生じさせません。

なお、前節の Car と異なり、この Car にはインスタンスメソッド set のかわりにコンストラクタがあります。継承におけるコンストラクタのありかたについては 11.7 節を参照してください。

▶[見た目には]
あくまでも見た目だけです。くりかえしますが、「インタフェースは new できない」のです。

▶[匿名（とくめい）クラス]
英語で anonymous inner class で、直訳すると「匿名内部クラス」です。「匿名」を「無名」といったり、「内部」を省略したりすることがあります。ちなみに、「匿名外部クラス」などというものはありません。

《発展》 匿名クラス

インタフェースの実装とインスタンスの生成をまとめておこなうことができます。リスト 12.6 の 6〜10 行目はその例です。この中に new Transport という部分があるので、見た目にはインタフェースから直接にインスタンスを生成するかのようです。しかし実際には、名前のないクラスが一時的に用意され、そのインスタンスが生成されます。この一時的なクラスを匿名クラスや無名内部クラスなどといいます。

リスト **12.6**　Sample12_05_Transport.java

```
 1 public class Sample12_05_Transport {
 2   public static void main(String[] args) {
 3     Transport[] t = {
 4         new Bus("新日本バス", 5000.0, "74␣中央駅東", 1600),
 5         new Bus("新日本バス", 5000.0, "75␣中央駅西", 1620),
 6         new Transport() {
 7           public void show(int time) {
 8             System.out.println("ロープウェイは廃止");
 9           }
10         }
11     };
12
13     for (int i = 0; i < t.length; i++) {
14       t[i].show(1610);
15     }
16   }
17 }
18
19 //予定にしたがうモノのインタフェース Scheduled
20 interface Scheduled {
21   String DEFAULT_TIMEZONE = "Asia/Tokyo"; // 定数
22   int getTime(); // 抽象メソッド
23   void show(int time); // 抽象メソッド
24 }
25
26 // 公共交通機関のインタフェース Transport
```

```
27 interface Transport {
28   void show(int jikoku); // 抽象メソッド
29 }
30
31 //クラス Car
32 class Car {
33   private String owner; // 所有者の名前
34   private double fuel; // 燃料の残量
35
36   // コンストラクタ
37   Car(String owner, double fuel) {
38     this.owner = owner;
39     if (fuel > 0.0) {
40       this.fuel = fuel;
41     } else {
42       this.fuel = 0.0;
43     }
44   }
45 }
46
47 //CarのサブクラスBus
48 class Bus extends Car implements Scheduled, Transport {
49   private String line; // 路線名
50   private int d_time; // 出発時刻
51
52   // コンストラクタ
53   Bus(String owner, double fuel, String line, int d_time) {
54     super(owner, fuel); // スーパークラスのコンストラクタの呼び出
       し
55     this.line = line;
56     this.d_time = d_time;
57   }
58
59   // インスタンスメソッドgetTime
60   public int getTime() {
61     return d_time;
62   }
63
64   // インスタンスメソッドshow
65   public void show(int now) {
66     if (now < d_time) {
67       System.out.println("[" + line + "]␣" + d_time);
68     } else {
69       System.out.println("[" + line + "]␣通過ずみ");
70     }
71   }
72 }
```

リスト **12.7** Sample12_05_Transport.java の実行結果

```
1 [74 中央駅東] 通過ずみ
2 [75 中央駅西] 1620
3 ロープウェイは廃止
```

12.6 《発展》 パッケージ

パッケージとは、互いに関係するクラスやインタフェースどうしをひとまとめにするときの単位です。所属先のパッケージは、Java ソースファイル先頭の package 宣言によって決まります。また、そのクラスファイルはパッケージ名に対応するフォルダになくてはなりません。

クラスやインタフェースはパッケージで管理・分類しよう

たくさんのクラスやインタフェースをすべてひとまとめにすると、管理するのが大変です。うっかり似たようなクラスやメソッドを取り違えてしまったりするかもしれません。自分ひとりで扱うだけならまだしも、複数のひとがかかわるプロジェクトではなおさら、管理や分類をきちんとすることが大切です。

そこで Java では、プログラムをパッケージというしくみを用いて管理します。パッケージとは、互いに関係するクラスやパッケージどうしをひとまとめにするときの単位です。

各パッケージにはドット「.」区切りの名前がつけられます。Java にはもともと java.lang や java.io などのパッケージが用意されています。自分で新しいパッケージを作ることもできます。名前づけの規則もありますが、練習用なら既存のものと重複しさえしなければよいので、適当に renshu や mybook.chapter12 といった名前でかまいません。

さて、これまでに登場したかたちのクラス名やインタフェース名を**単純名**といいます。これに対し、単純名の前にパッケージ名をつけたかたちの名前を**完全修飾名**といいます。たとえば、クラス Test が renshu に所属するとき、その単純名は Test で、完全修飾名は renshu.Test です。

パッケージ名はそのままコンピュータ内のディレクトリ（フォルダ）の階層構造に対応します（図 12.7）。クラスやインタフェースのファイルは、それが所属するパッケージ名に対応するディレクトリになくてはなりません。そうでないと、Java のシステムがプログラムを実行するときにパッケージをみつけられなくなり、エラーが生じます。

▶［名前づけの規則］
パッケージの命名規約は、おおむね次のようなものです。まず、所属組織のインターネットドメイン名（たとえば xxx.ac.jp）を逆に並べます（jp.ac.xxx）。そのあとにパッケージ固有の名前をつけます。これによって jp.ac.xxx.yyy のような名前になり、他の組織との重複は避けられます。
こころみに "package jp.ac" でググってみましょう。日本の大学などで作られたパッケージがみつかります。

▶［ファイル］
クラスファイル（拡張子が class）はそのパッケージ名に対応するフォルダになくてはなりません。
クラスファイルの元となるソースファイル（拡張子が java）はそのフォルダになくてもかまいませんが、あらかじめソースファイルをそのフォルダに保存しておいてからコンパイラでクラスファイルを作るほうが、問題が少なくて簡単です。

所属先パッケージは package 宣言で指定する

所属先のパッケージを指定するには、Java ソースファイルの先頭に package 宣言を書きます。

package 宣言

```
package パッケージ名;
```

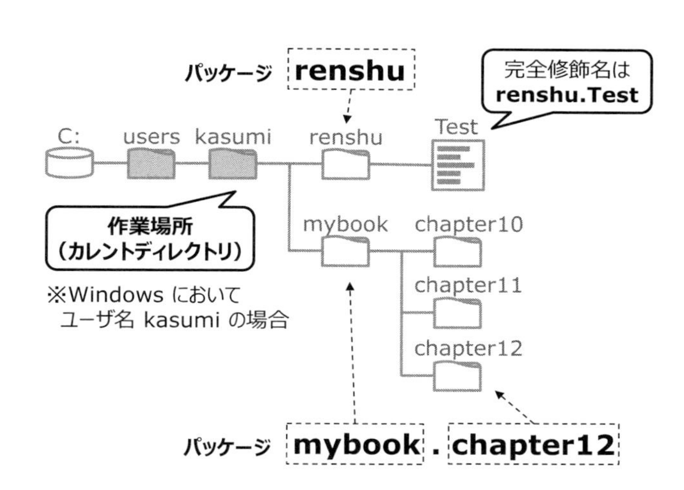

図 **12.7**　パッケージ名に対応するディレクトリ（フォルダ）

▶［カレントディレクトリ］
Java プログラムの開発や実行のための作業場所であるディレクトリ（フォルダ）です。パッケージはこの中にサブディレクトリ（サブフォルダ）として置きます。
これ以外の場所にパッケージを置くには、クラスパスを設定する方法や、JAR ファイルを用いる方法がありますが、本書では割愛します。

package 宣言を書かなければ、その Java ソースファイルで宣言されるクラスやインタフェースは**無名パッケージ**（あるいは**デフォルトパッケージ**）に所属するものとして扱われます。それらのクラスやインタフェースを他のパッケージから完全修飾名によって特定することはできません。ただし、ファイルの置き場所として作業場所そのものを利用することができますので、そのほうが楽なこともあるでしょう。

パッケージを使うには import 宣言が便利

Java プログラムにおいて、同一のパッケージに所属するクラスやインタフェースは、単純名だけで特定されます。また、異なるパッケージに所属するものは完全修飾名で特定されます。

しかし、効率を追求したいプログラミングにおいて、いちいち完全修飾名を書くのは面倒ですね。そこで、import 宣言を用いると、単純名だけでクラスやインタフェースを特定できるようになります。

import 宣言

```
import パッケージ名.単純名;
import パッケージ名.*;
```

2 番目の書きかたを用いると、そのパッケージに所属するすべてのクラスやインタフェースを単純名で使えるようになります。ただし、複数のパッケージに同名のクラスやインタフェースがあるときには、単純名ではどちらのパッケージのものか解決できないので完全修飾名が必要です。

import 宣言は package 宣言のあと、その他の記述よりも前に書きます。なお、java.lang というパッケージだけは特別扱いになっていて、暗黙のうちに import 宣言がおこなわれます。

▶［同名のクラス］
たとえば、同名の Date というクラスが java.util と java.sql の両方にあります。1 つのプログラムで両方を使うときには、少なくとも片方は完全修飾名で使うしかありません。
ちなみに、12.2 節の側注で言及した Date は java.util のほうです。

12.7 《発展》 クラス階層とJavaクラスライブラリ

is-a 関係を重ねることによってクラス階層が作られます。

また、Java では作成ずみのクラスライブラリがプログラミングを助けてくれます。クラスライブラリは java.lang や java.io などのパッケージによって分類されています。

クラス階層において、すべてのクラスの頂点には java.lang.Object という特別なクラスがあります。

▶ [is-a 関係]
バスはクルマの一種であるというような関係です。11.3 節を参照。

クラス階層

クラスの継承やインタフェースの実装によって is-a 関係を重ねると、いくつものクラスやインタフェースがいわば家系図のような構造で結ばれます。この構造をクラス階層といいます。

たとえば、11.1 節に登場したクラス Car とそのサブクラスたちもクラス階層を作っています（図 12.8）。クラス階層をうまく用いると、プログラムの共通部分を 1 つのクラスに集めるなどしてプログラミングを効率化することができます。Java プログラミングとは、クラス階層を適切に発展させることであるともいえます。

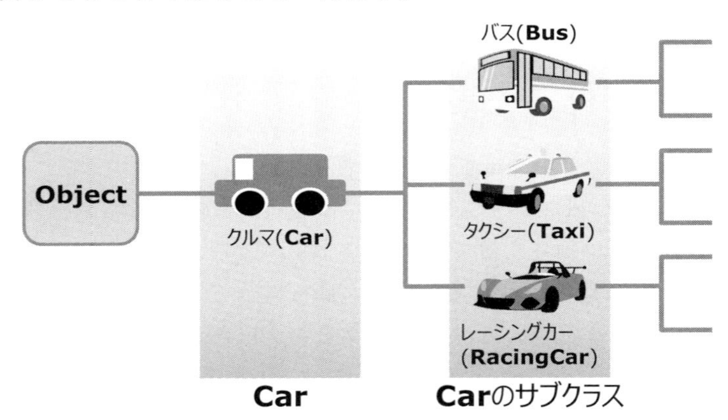

図 12.8　クラス Car とそのサブクラスによるクラス階層

Java クラスライブラリ

Java プログラミングを支援するためにさまざまなできあいのクラス群があります。自作のクラス群をもっているプログラマもいます。このようなクラス群のことをクラスライブラリといいます。

▶ [java.lang]
標準パッケージの中でも特別扱いの、import 宣言を書く必要がないパッケージです。前節も参照。

▶ [API]
Application Programming Interface の略。

特に、Java のシステムに最初からついてくるクラスライブラリは java.lang, java.io, javax.swing などのパッケージに分類されています。これらは標準パッケージや API などとよばれます。とにかくたくさんのクラスがありますので、本書で詳しくとりあげることはとてもできません。ここでは java.lang からごく一部だけを紹介します。完全修飾名で表記しますが、java.lang は特別なパッケージですので、通常はこれらのクラスを単純名だけで使うことができます。

java.lang.Integer 整数データをクラスのインスタンスとして扱うためのクラスです。int 型の値との相互の変換が容易です。

java.lang.Math 円周率、平方根、三角関数など、数学で比較的なじみのある定数や関数をメンバとしてもつクラスです。

java.lang.Object クラス階層においてすべての頂点にあるクラスです。このあととりあげます。

java.lang.String ふだん文字列型として頻繁に用いられますが、その実体はクラスです。次節でとりあげます。

▶[Math]
3.6 節では Math.sqrt が登場しました。
7.6 節では Math.max が登場しました。
これらはいずれもクラス Math のクラスメソッドです。

クラス階層の頂点には java.lang.Object がある

Object はとびきり特別なクラスです。このクラスは他のすべてのクラスによって直接、間接に継承され、クラス階層全体の頂点にあります。ここで「すべて」や「全体」というのは文字どおりの意味です。

実は、クラスの宣言に `extends` を書かないと、そのクラスは暗黙のうちに Object を継承します。したがって、あらゆるクラスは Object から受け継いだフィールドやメソッドをかならずもっています（ただし、クラス階層のどこかでオーバーライドされているかもしれません）。

Object のインスタンスメソッドの一部を次に紹介します。

▶[暗黙のうちに Object を継承]
本書に例として登場したクラス Person, Car, Bus なども、知らないうちに Object を継承していたというわけです。したがって、これらのクラスは見かけよりずっと多くのメンバをもちます。

`public boolean equals(Object o)`

インスタンスメソッド equals は、そのインスタンス自身と引数のインスタンスとが等しいかどうかを調べ、その結果を真偽値として返します。

equals はオーバーライドされなければ、単にインスタンスの参照が同一かどうかだけを調べます。クラス String の equals は文字列向けにオーバーライドされており、文字の並びを調べます。

▶[equals]
自前のクラスでオーバーライドするときには一般規約や汎用規約とよばれるルールを守る必要があり、なかなか奥が深いです。興味があるひとは調べてみてください。

`public String toString()`

インスタンスメソッド toString は、そのインスタンスに関する情報を文字列として返します。

toString は文字列の連結と関係づけられている特別なメソッドです。文字列にインスタンスをプラス「+」で連結すると、暗黙のうちにそのインスタンスの toString が呼び出されます。実際に文字列に連結されるのは toString の返り値です。

toString はオーバーライドされないままではあまり意味のある情報を返しません。本書で例示したインスタンスメソッド info のような処理で toString をオーバーライドしておくと便利です。

▶[オーバーライド]
スーパークラスのインスタンスメソッドをサブクラスで宣言しなおして処理を変更することです。11.4 節を参照。
`public` のメソッドを自作のクラスでオーバーライドするときには、その宣言にもアクセス修飾子 `public` をつけるのを忘れないようにしましょう。

12.8 《発展》 文字列のクラスString

これまでに何度も登場した文字列の型であるStringは、Javaにあらかじめ用意されているクラスの1つです。文字列を比較するための方法であるequalsの正体もインスタンスメソッドです。

▶[equals]
2つの文字列を比較するときに用いられます。8.6節を参照。

Stringはクラス

intやlongは整数型で、doubleは浮動小数点型で、Stringが文字列型であることはすでによくご存知でしょう。このうちint, long, doubleなどは、Javaにおいてあらかじめ意味の決められた予約語であり、変数名やメソッド名やクラス名として用いることはできません。

一方、Stringはクラスです。クラスライブラリのjava.langというパッケージに含まれています。

Stringは予約語ではないので、別のものとして宣言しなおすこともできます。たとえば、リスト12.8のように変数Stringの宣言も可能です(ただし、混乱を招くだけですからやめましょう)。

リスト 12.8　変数Stringの宣言（まねしないこと）

```
1 /* まねしないで！普通はこんなプログラムは書きません */
2 public class TestString2 {
3   public static void main(String[] args) {
4     int String = 256; // 変数Stringを宣言
5     System.out.println(String);
6   }
7 }
```

▶[参照型]
インスタンスの置かれた「どこか」を表すデータを参照といいます。参照の型が参照型です。詳しくは8.5節を参照。

文字列はStringのインスタンス、String型は参照型

文字列はクラスStringのインスタンスです。つまり、文字列そのものは「記憶領域内のどこか」に存在します。また、String型は参照型であり、その値は参照です。String型の変数に文字列を代入するようなプログラムを書いても、実際にその変数に入るのは文字列のありかであって文字列そのものではありません。

▶[文字列リテラル]
プログラム中に直接書かれたとおりの値をリテラルといいます。詳しくは3.3節を参照。

文字列はプログラムの中で頻繁に用いられるので、JavaにおいてStringは特別扱いされています。たとえば、"hello"のような文字列リテラルはそのままクラスStringのインスタンスとして扱われます。文字列を用いるたびにいちいちnewでインスタンスを生成する必要はありません。なお、1つのJavaプログラムに文字の並びが同じ文字列リテラルが複数あると、それらは同一のインスタンスとしてまかなわれます。

リスト12.9のように、newで別のインスタンスを生成することもできます。この場合、文字の並びは同じなのにありかの違うStringのインスタンスが2つできることになります。

リスト **12.9**　同じ文字の並びをもつインスタンスを生成

```
1    String x = new String("hello");
```

文字列の連結はプラス「+」で表記できます。考えてみると文字列の連結とは、2つのインスタンスに含まれる文字データをもとに新しいインスタンスを生成する処理です。理屈からいって、この処理をおこなうためのインスタンスメソッドが必要であるはずです。しかし、Javaではプラス「+」で簡単に連結をおこなえるよう配慮されています。

▶[プラス「+」]
文字列の連結に用いられます。3.5節も参照。

String のインスタンスメソッド

文字列はクラスStringのインスタンスメソッドをもちます。8.6節で登場したequalsもインスタンスメソッドです。

奇妙に思えるかもしれませんが、"hello"のような文字列リテラルもStringのインスタンスですから、それらのインスタンスメソッドを呼び出すことができます。たとえば、リスト12.10のif文（2行目）はインスタンスメソッドequalsを用いて変数testとの比較をおこないます。

▶[equals]
クラスStringのインスタンスメソッドequalsは文字の並びを比較します。なお、文字列どうしの比較を==でおこなうと、文字の並びではなくインスタンスのありかを比較してしまうので要注意です。8.6節を参照。

リスト **12.10**　文字列リテラルとの比較

```
1    String test = "good␣day";
2    if ("hello".equals(test)) {
3      System.out.println("一致");
4    } else {
5      System.out.println("不一致");
6    }
```

さて、前述のとおり、同じ文字の並びの文字列リテラルが複数あると、それらは同一のインスタンスとしてまかなわれます。このため、文字列どうしを==で比較するプログラムを誤って書いても、たまたま比較対象が文字列リテラルどうしだと、見かけ上は正しく動作します。たとえば、リスト12.11は画面に「一致」を表示します。しかし、この1行目をString s1 = "he" + "llo";などに置き換えると、文字の並びは同じなのに実行結果は「不一致」になります。

▶["he" + "llo"]
2つの文字列リテラルを連結して、Stringの新しいインスタンスを生成します。このインスタンスは新しく生成されたのですから、すでにある文字列リテラルと（文字の並びは同じでも）同一のインスタンスにはなりません。

リスト **12.11**　文字列リテラルどうしの比較

```
1    String s1 = "hello";
2    String s2 = "hello";
3    if (s1 == s2) {
4      System.out.println("一致");
5    } else {
6      System.out.println("不一致");
7    }
```

12.9 ■ 章末問題 ■

▶[ヒント1]
プログラムにおける interface および implements の役割をよく確認しましょう。

問1

12.5節のリスト12.6のSample12_05_Transport.javaを入力して実行し、結果を確認しなさい。

▶[ヒント2]
空欄《1》,《3》には1語ずつ、空欄《2》,《4》には2語ずつが入ります。

問2

次のリスト12.12において、クラスShipはインタフェースMovableを実装する。空欄《1》～《4》を埋めてこのプログラムを完成させなさい。

リスト **12.12** インタフェースMovableとクラスShip

```
1  《1》 Movable {
2    void moveTo(String place); // 抽象メソッドmoveTo
3    String locate(); // 抽象メソッドlocate
4  }
5
6  class Ship《2》 {
7    private String water; // 海、湖、川などの名前
8
9    《3》 void moveTo(String water) {
10     this.water = water;
11   }
12
13   《4》 locate() {
14     return "現在位置=" + water;
15   }
16 }
```

▶[ヒント3]
インタフェース名の登場するところと、インタフェースを実装するクラスの宣言をよく見ること。
なお、紙面の都合上、誤りを修正したうえで実行しても何も表示されないプログラムになっています。あしからず。

問3

次のリスト12.13のプログラムには誤りがある。エラーの原因となる2つの誤りを指摘しなさい。

リスト **12.13** Pr12_03.java

```
1  public class Pr12_03 {
2    public static void main(String[] args) {
3      Enjoyable[] works = { new Enjoyable(), new Movie() };
4    }
5  }
6
7  interface Enjoyable {
8    void evaluate(int score);
9  }
10
11 class Movie implements Enjoyable {
12   int stars; // ★の数
13
14   void evaluate(int stars) {
15     this.stars = stars;
16   }
17 }
```

参考文献

1) Ken Arnold, James Gosling, David Holmes（著）, 柴田 芳樹（訳）：『プログラミング言語 Java 第 4 版』, 東京電機大学出版局 (2014)
2) Joshua Bloch（著）, 柴田 芳樹（訳）：『Effective Java プログラミング言語ガイド』, ピアソン・エデュケーション (2001)
3) David Flanagan（著）, 鷲見 豊（監訳）, イデア コラボレーションズ株式会社（訳）：『Java クイックリファレンス 第 3 版』, オライリー・ジャパン (2000)
4) James Gosling, Bill Joy, Guy Steele, Gilad Bracha, Alex Buckley, Daniel Smith（著）：『The Java Language Specification』 (2019)
`https://docs.oracle.com/javase/specs/jls/se12/html/index.html`
5) Michael Kölling（著）：『進化するインタフェース』, Java Magazine 日本版, Vol.29 (2016)
`https://www.oracle.com/webfolder/technetwork/jp/javamagazine/index-29.html`
6) Sun Microsystems, Inc.：『Java プログラミング言語』 (2005)
`https://docs.oracle.com/javase/jp/6/technotes/guides/language/enhancements.html`
7) 清水 美樹：『Java ではじめる「ラムダ式」』, 工学社 (2017)

索　引

さ

ら

わ

著者略歴

古井　陽之助（ふるい　ようのすけ）
1991 年　九州大学工学部情報工学科卒業
1993 年　九州大学大学院工学研究科情報工学専攻修士課程修了
1993 年　日本アイ・ビー・エム(株)
2001 年　九州大学大学院システム情報科学府知能システム学専攻博士後期課程(2004 年単位取得後退学)
2004 年　神奈川工科大学情報学部助手
2005 年　九州大学　博士(情報科学)
2007 年　九州産業大学情報科学部講師
2012 年　九州産業大学情報科学部准教授
2017 年　九州産業大学理工学部准教授
2019 年　フリーランス

神屋　郁子（かみや　ゆうこ）
2006 年　九州産業大学情報科学部卒業
2011 年　九州産業大学大学院情報科学専攻博士後期課程修了　博士(情報科学)
2011 年　九州産業大学情報科学部助手
2014 年　九州産業大学情報科学部助教
2018 年　九州産業大学理工学部講師
2020 年　福岡女子大学国際文理学部講師

下川　俊彦（しもかわ　としひこ）
1990 年　九州大学工学部情報工学科卒業
1992 年　九州大学大学院工学研究科情報工学専攻修士課程修了
1992 年　東芝、同社総合研究所情報システム研究所所属
1997 年　九州大学大学院システム情報科学研究科助手
2001 年　九州大学　博士(情報科学)
2002 年　九州産業大学情報科学部助教授
2007 年　九州産業大学情報科学部教授
2017 年　九州産業大学理工学部教授

合志　和晃（ごうし　かずあき）
1992 年　九州大学工学部電子工学科卒業
1994 年　九州大学大学院工学研究科情報工学専攻修士課程修了
1997 年　九州大学大学院システム情報科学研究科情報工学専攻博士課程修了　博士(情報科学)
1997 年　九州大学大学院システム情報科学研究科助手
(うち 1998 年 5 月～ 1999 年 12 月英国 北アイルランド ベルファストクイーンズ大学にて
Visiting Research Fellow)
2002 年　九州産業大学情報科学部助教授
2009 年　九州産業大学情報科学部教授
2017 年　九州産業大学理工学部教授

見ひらきで学べるJavaプログラミング

2019年 8月 31日 初版第1刷発行
2020年 4月 30日 初版第2刷発行

著 者 古井 陽之助
神屋 郁子
下川 俊彦
合志 和晃

発行者 井芹 昌信

発行所 株式会社 近代科学社

〒162-0843 東京都新宿区市谷田町 2-7-15
電話 03-3260-6161 振替 00160-5-7625
https://www.kindaikagaku.co.jp

藤原印刷 ISBN978-4-7649-0597-9

定価はカバーに表示してあります.